쿰란 공동체와 초기 그리스도교

김 판 임

비블리카 아카데미아

쿰란문서 연구에 첫발을 들이게 하시고,
그리스도교의 가장 핵심적인 주제를 가르쳐주시며,
학문하는 자세와 인간애를 모범적으로 보여주신
나의 Doctorvater 쉬테게만 교수님
(Prof. Dr.Dr. H. Stegemann, 1933-2005)의
영전에 이 책을 바칩니다.

머리말

    60년 전의 일이다. 2000년 가까이 동굴에 묻혀 있던 거룩한 문서들이 발견되기 시작했던 것은. 그것은 잃어버린 염소를 찾아 헤매던 베두인에 의한 우연한 발견이었다. 제2차 세계대전이 끝나고 얼마 지나지 않은 시간, 아직도 많은 것이 어수선하고 자리가 잡히지 않은 때였다. 팔레스타인의 베두인들은 예전과 다름없이 여전히 염소들을 먹이기 위해 인적이 드문 광야를 다니고 있었다.

    1947년 동굴을 처음 우연히 발견한 이후, 예루살렘 성서와 고고학 연구소 소장이며 고고학자인 롤랑 드보를 중심으로 발굴팀을 형성해 사해 부근 쿰란 지역을 탐색하여 1956년까지 10년 동안 11개 동굴을 발견했다. 그 때에도 여전히 베두인의 활약이 컸다.

    발견된 문서들의 수는 900개 정도이고 일부 아람어와 헬라어로 기록된 것이 소수있지만, 대부분의 문서들은 히브리어로 기록된 것들이다. 미국과 영국, 프랑스, 독일, 핀란드, 캐나다 등, 이 발견된 문서에 관심을 가진 세계의 고고학자, 문헌학자, 성서학자, 신학자들은 개인적으로 혹은 팀을 이루어 연구에 착수했고, 60년간의 연구결과 이 많은 문서들을 보관하고, 집필하고 연구하고 가르쳐온 이 집단이 누구인지, 언제 활동했는지, 이들의 주된 관심은 무엇인지, 생활과 사상에 대해 어느 정도 합일된 결론을 도출하기에 이르렀다.

    발견된 문서들의 공식판은 옥스퍼드 대학에서 출간되는 Discoveries in the Judean Desert(DJD) 시리즈에 수록되는데, 1955년부터 현재에 이르기까지 30권이 넘게 출간되었다. 사진본도 나와 있다. 신뢰할 만한 수준의 영어번역과 독일어 번역도 나와 있다. 누구든지 원한다면 쿰란문서에 접근할 수 있게 되었다.

    필자가 쿰란 문서에 관심을 가지게 된 것도 우연이라고 할 수 있다. 대학에서 가장 가치있는 공부를 선택한다는 것이 신학의 길에 들어서게 되었고, 하나님을 아는 지식이 세상 그 어떤 지식보다 깊고 심오하리라 기대하며 공부하다보니 박사과정까지 하게 되었고, 1983년 유학길에 올랐다. 독일 괴팅엔 대학에 유학을 가기 전에 쿰란 문서에 관해서는 단 한 번 불트만의 논문을 강독하면서 접한 적이 있다. 그것은 역사적 예수 논쟁과 관련된 글인데, 쿰란 문서가 발견되어 많은 학자들이 관심을 가지고 있지만, 역사적 예수에 대한 자신의 견해가 크게 달라질 것이 없으리라고 확신한다는 단 한 문장이었다.

　쿰란문서에 대한 관심은 괴팅엔 대학에서 만난 나의 학위논문 지도교수인 하르트무트 쉬테게만(Hartmut Stegemann) 덕분이다. 그는 매학기 신약성서 관련 강의와 세미나를 주관하는 것 외에 쿰란문서 강독시간을 병행하고 있었고, 거의 일 년에 두 편 정도 쿰란 관련 논문을 발표하곤 하였다. 학자로서의 그의 열정이 나의 호기심을 발동시켰다. 필자는 독일에서 유학하는 동안 신약성서와 구약성서, 그리고 조직신학과 관련된 과목들 중심으로 수강하였을 뿐만 아니라, 매학기 쉬테게만 교수가 인도하는 쿰란문서 강독에도 참여했다. WCC 장학금이 2년 이상 지급되지 않게 되자, 쉬테게만 교수가 이끄는 쿰란 연구소(Qumran Forschungsstelle)의 조교로 일할 수 있는 기회도 허락되었다. 마침내 1993년에는 쿰란 필사본을 직접 보기 위해 이스라엘을 방문할 기회를 얻게 되었고, 그 후로 매해 여름 마다 방문하여 학위를 마치고 난 후인 1996년까지 네 차례 방문하여 필사본 연구를 하였다. 결국 박사학위 논문도 신약성서의 구원이해와 쿰란문서의 구원이해를 비교하는 주제인 "바울에게 있어서 구원의 현재. 쿰란 문서, 세례요한, 예수와 바울에 나타난 죄의 용서와 성령수여에 관한 종교사적, 신학적 연구(Heilsgegenwart bei Paulus. Eine religionsgeschichtlich-theologische Untersuchung zu Sündenvergebung und Geistgabe in den Qumrantexte sowie bei Johannes dem Täufer, Jesus und Paulus, 1996)"로 마치게 되었다.

쿰란동굴에서 발견된 문서들은 구약성서 사본들과 외경 위경 문서들, 그리고 공동체 자체의 필요에 의해 집필된 규율이나 찬양시, 성서해석 등 900여개에 달할 정도로 풍부하며, 실로 다양한 각도로 접근할 수 있다. 종교사적으로, 인류문화적으로 접근할 수도 있다. 구약성서학자들은 쿰란에서 발견된 구약성서사본들에 관심을 가질 것이다. 신구약 중간기 문헌에 관심을 가진 분들에게도 쿰란 문서들은 보물과 같다. 필자와 같은 신약성서학자에게도 쿰란 문서는 매우 흥미로운 연구를 제공한다.

쿰란 문서에 관심을 가지고 60년간 연구했던 세계의 석학들의 결과들은 다음과 같은 것이다. 1) 쿰란에서 발견된 문서들을 소장하고 보관하고 집필 제작한 그룹은 유대사가 요세푸스가 보도하는 세 종파 중 하나인 에세네파이다. 2) 이 그룹은 마카비 혁명을 전후한 BC 2세기 중엽부터 로마군에 의해 예루살렘성전과 쿰란 도서관이 파괴된 AD 68년까지 존속했던 그룹이다.

이러한 연구결과를 기초로 할 때 신약성서와 초기 그리스도교의 형성과 생활, 그리고 신학에 관심을 기울였던 필자에게 흥미로운 질문들이 쏟아져 나온다. 가령, 신약성서에, 특별히 지상의 예수와 관련하여 이야기를 전하는 복음서에 바리새파와 사두개파는 언급되는 반면, 왜 에세네파에 대한 언급은 일절 없는가? 그리고 신약성서에서 언뜻 그려볼 수 있는 초기 그리스도교 공동체의 모습과 쿰란-에세네파 공동체는 세례, 공동식사, 금욕생활, 메시아에 대한 대망, 임박한 종말에 대한 기대 등, 왜 이리도 유사한 점이 많은가? 세례 요한은 쿰란공동체에 속했을까? 예수는 쿰란 공동체를 알았을까? 혹시 초기 그리스도인들은 에세네파 사람들이 아니었을까?

본서는 쿰란문서 발견 초기에 여러 학자들이 한 번 쯤 품었던 법한, 이러한 질문들을 중심으로 두 공동체의 유사한 점을 중심으로 비교 검토한 것이다. 연구 결과는 물론 네가티브로 나타났다. 가장 유사한 것들의 비교에서 가장 다른 점이 두드러진다고나 할까? 코발트 블루와 그레이 블루가 가까이 가면 확연히 차이가 드러나듯이. 가장 가까운 형제와 나의 차이점이 확연히 드러날 때, 형제와 나의 서로 다른 존재의 의미가 동시에 부각되듯이, 쿰란문서와 신약성서의 비교를 통해 쿰란공동체의 모습은 유대교의 한 특징으로, 초기 그리스도교의 모습은 그리스도교의 특징으로 부각되었다.

필자가 박사학위를 마치고 귀국한 지 만 12년이 흘렀다. 쿰란 문서에 관심을 가지게 해 주었던 쉬테게만 교수는 안타깝게도 그 사이 타계하셨다. 함께 쿰란문서를 공부하며 오랫동안 친구로 지냈던 아네테 쉬토이델(Annette Steudel) 박사, 방문하면 항상 친절하게 대해주는 예루살렘의 성서 고고학 연구소의 여러 사제들, 특히 가히 쿰란문서 연구의 일인자라고 할만한 에밀 푸에쉬(Emile Puech)교수, 이미 작고하신 마리 에밀(Marie Emile)교수를 사랑으로 회고하게 된다.

필자는 귀국 후 10년간 여러 대학에서 강의하였다. 사랑의 빚 외에는 지지 말라는 성경의 말씀에 의지하여 어려운 시절 베풀어주는 사랑의 마음들을 여과 없이 받았다. 매학기 강의할 기회를 주고자 마음을 써 주셨던 여러 대학의 많은 교수님들, 만나면 언제나 차와 식사를 베푸시던 교수님들께 감사를 드린다. 그리고 이제 또한 전임교수로 일할 기회를 제공한 세종대학교에 대해서도 감사를 드린다. 채플 시간을 통해 하나님께 예배를 드리고 학생들로 하여금 학교의 건학이념을 따라 그리스도교의 가치관과 경건 생활을 맛볼 수 있게 하며 성경의 가치를 깨달을 수 있도록 가르치는 일은 신학자이고 목사인 내게 참으로 귀한 직분이다.

이 책의 출판을 흔쾌히 승낙하신 비블리카 아카데미아 원장이신 이영근 목사님, 교정과 편집으로 수고해주신 신윤수 목사님, 그리고

머리말 9

교정과 색인 작업으로 수고한 박지온 목사후보생에게 감사드린다. 성서를 사랑하고 참되신 하나님의 뜻을 찾아 가고자 마음 쓰는 이 땅의 경건한 모든 그리스도인들과 함께 하고 싶다.

2008년 부활절 아침에
김판임

목 차

머리말 ··· 5

제1부 공동체의 구성

제1장 입회 과정과 자격, 입회자의 의무

1. 쿰란공동체의 입회 과정과 자격, 입회자의 의무 ·········· 23
   1) 입회 과정 ·· 23
   2) 입회 자격 ·· 26
   3) 입회자의 징계와 추방을 결정하는 기관 ················ 33
   4) 입회자의 의무와 혜택 ·· 35
   5) 쿰란공동체의 자기 이해 ·· 38
2. 초기 그리스도교 공동체의 입회 과정과 자격, 입회자의 의무 ·· 38
   1) 입회 과정 ·· 38
   2) 입회 자격 ·· 44
   3) 입회와 출교를 결정하는 기관 ···································· 48
   4) 입회자의 의무와 혜택 ·· 49
   5) 공동체의 자기 이해 ·· 51
3. 비교 ·· 52

제2부 공동체 생활편

제2장 공동식사

1. 쿰란공동체의 공동식사 ·· 55
   1) 공동식사 참여자 ··· 55
   2) 공동식사 방식 ·· 56
   3) 공동식사의 음식과 음료 ·· 59
   4) 공동식사의 신학적, 공동체적 의미 ························ 61
2. 초기 그리스도교 공동체의 공동식사 ························· 62
   1) 공동식사 참여자 ··· 62
   2) 공동식사 방식 ·· 63
   3) 공동식사의 음식과 음료 ·· 68
   4) 공동식사의 유래와 신학적 의미 ···························· 71
3. 비교 ··· 73

제3장 혼인생활

1. 쿰란공동체의 혼인생활 ·· 75
   1) 적령기: 20세 ·· 75
   2) 일부일처제, 재혼불가 ··· 76
   3) 혼인생활과 정결예식 ·· 77
   4) 쿰란-에세네 공동체가 독신자 그룹으로 보인 이유 ····· 78
2. 초기 그리스도교 공동체의 혼인생활 ························ 82
   1) 적령기: 없음 ·· 82
   2) 일부일처제, 재혼불가? ··· 82
   3) 혼인생활과 정결예식 ·· 91
   4) 초기 그리스도교가 독신생활을 선호한 것으로 보인 이유 ····· 92
3. 비교 ··· 96

제4장 예배생활

1. 쿰란공동체의 예배생활 ·· 98
   1) 성전제의에 대한 입장 ·· 98
   2) 성전제의를 대체한 예배생활 ··································· 99
      (1) 전체 축제(연례 행사) ······································· 99
      (2) 공동식사와 찬양과 기도(매일) ························· 103
      (3) 성서 연구 ·· 108
2. 초기 그리스도교 공동체의 예배생활 ···························· 110
   1) 성전제의에 대한 입장 ·· 110
   2) 공동체 예배의 가장 옛 모습(고전 14:26) ················ 112
      (1) 정기적인 모임: 성령의 은사의 장 ······················ 112
      (2) 공동식사와 찬양과 기도 ··································· 113
      (3) 성서 연구 ·· 117
3. 비교 ·· 118

제3부 공동체 사상편

제5장 메시아 이해

1. 쿰란공동체의 메시아 이해 ·· 126
   1) 메시아 관련 본문들의 번역과 해설 ························· 126
      (1) 1QS IX,9b-11 ·· 127
      (2) 1QSa II,11-21 ··· 127
      (3) 다마스커스 문서 ··· 129
      (4) 4Q521 2 II ·· 131
      (5) 4Q175 ··· 134
   2) 쿰란문서에 나타난 종말론적 예언자와 메시아의 특징 ·· 136

2. 초기 그리스도교 공동체의 메시아 이해 ·················· 137
   1) 이미 오신 메시아(그리스도) ······························ 137
     (1) 바울과 바울 이전 전승에서의 그리스도 ············ 138
     (2) 마가복음서의 예수 그리스도 ························· 139
     (3) 마태복음서의 예수 그리스도: 성서를 재정비하는
         종말론적 예언자 ······································· 142
     (4) 히브리서의 예수 그리스도: 종말시의 대제사장
         멜키세덱 ·· 143
   2) 다시 오실 그리스도 ·· 145
3. 비교 ·· 147

제6장 성령 이해

1. 쿰란공동체의 성령 이해 ······································ 151
   1) 미래적 성령 심판(1QS IV,18-25) ······················· 151
   2) 현재적 성령 수여 ·· 155
     (1) 의의 선생의 찬송시들 ································ 155
     (2) 공동체의 찬양시들 ··································· 161
   3) 종합 ··· 164
2. 초기 그리스도교 공동체의 성령 이해 ··················· 166
   1) 바울의 성령 이해 ··· 166
     (1) 모든 그리스도인들은 성령을 받았다 ··············· 166
     (2) 성령의 활동의 시초(롬 1:3-4) ······················ 168
     (3) 성령의 은사와 열매 ··································· 170
   2) 요한복음의 성령 이해 ····································· 171
   3) 누가복음과 사도행전의 성령 이해 ····················· 172
   4) 종합 ··· 174
3. 비교 ·· 175

제7장 현재 이해

1. 쿰란공동체의 현재 이해 ················· 178
   1) 아하릿 하야밈(날들의 마지막) ············ 178
   2) 현재의 과제: 성서 연구 ················ 183
   3) 현재와 미래, 개인과 공동체의 관계 ········ 188
2. 초기 그리스도교 공동체의 현재 이해 ········ 189
   1) 현재는 구원의 때-그러나 고난도 함께 있음 ···· 189
   2) 현재의 과제: 사랑하라 ················ 198
   3) 현재와 미래, 개인과 공동체의 관계 ········ 200
3. 비교 ································ 201

제4부 공동체 인물편

제8장 쿰란공동체와 세례요한

1. 쿰란공동체 ·························· 208
   1) 쿰란공동체의 활동지역 ················ 208
   2) 이사야 40:3의 인용과 의미(1QS Ⅷ,13-16) ····· 209
   3) 쿰란공동체의 정결목욕 ················ 211
   4) 의의 선생의 자기 이해와 현재 이해 ········ 213
2. 세례요한 ···························· 217
   1) 세례요한의 활동지역 ·················· 217
   2) 이사야 40:3의 인용과 의미(막 1:2-3) ······· 220
   3) 세례요한의 세례 ····················· 224
   4) 세례요한의 자기 이해와 현재 이해 ········· 228
3. 비교 ································ 230

제9장 쿰란공동체와 예수

1. 들어가는 말 ·· 234
2. 역사적 관계 ·· 238
   1) 쿰란공동체의 리더였던 의의 선생과 예수의 관계 ······· 238
   2) 쿰란공동체와 예수의 관계 ······························· 243
3. 신학적 관계 ·· 248
   1) 공통점 ·· 248
     (1) 성서 중시 ·· 248
     (2) 종말론적 사고 ·· 250
   2) 차이점: 구원의 미래와 현재 ····························· 254
     (1) 성서해석 ··· 254
     (2) 종말심판과 구원의 때 ································ 255
4. 나오는 말 ·· 256

제10장 의의 선생과 바울

1. 의의 선생과 그의 찬송시들 ································ 258
   1) 인물 의의 선생에 관하여 ································ 258
   2) 의의 선생의 찬송시에 관하여 ··························· 264
   3) 1QH II, 20-30의 본문, 번역과 해설 ····················· 265
     (1) 본문과 번역 ·· 265
     (2) 해설 ·· 266
   4) 의의 선생의 현재 이해와 자기 이해 ···················· 270
2. 사도 바울과 그의 서신들 ··································· 272
   1) 인물 사도 바울에 관하여 ································ 272
   2) 고린도전·후서의 특징 및 고후 6:1-10 문맥 이해 ······ 274
   3) 고후 6:1-10의 본문, 번역과 해설 ······················· 279

(1) 본문과 번역 ·· 279
　　(2) 해설 ·· 281
　4) 바울의 현재 이해와 자기 이해 ························· 286
3. 의의 선생과 바울 ··· 287
　1) 형식적 비교 ·· 287
　2) 내용적 비교 ·· 288

에필로그 ·· 290
참고문헌 ·· 293
색인 ··· 307

제1부

공동체의 구성

쿰란공동체는 어떤 사람들로 이루어졌을까?
초기 그리스도교 공동체는 어떤 사람들로 이루어졌을까?
공동체 가입을 위한 조건은 무엇인가?
어떤 방식으로 공동체 가입이 이루어졌을까?
쿰란 공동체 규율집과 신약성서를 중심으로 살펴본다.

제1장 입회 과정과 자격, 입회자의 의무

1947-1956년 사해 북서쪽 쿰란 동굴에서 많은 문서들이 발견되었다.[1] 발견된 문서들은 성서사본들과 유대교 후기 문서들, 그리고 공동체 생활을 위한 규율집과 성서 주석 등 900여 문서에 달한다. 약간의 그리스어 단편과 아람어로 되어 있는 문서들을 제외하면 거의 히브리어로 기록되어 있다.

쿰란 동굴에서 발견된 문서들을 소장 보관하고, 나름대로 공동체를 이루고 살았던 공동체를 쿰란공동체라 부른다. 그리고 많은 학자들에 의해 인정되고 있듯이 요세푸스[2]가 보도하고 있는 에세네파와 일치한다는 것을 전제로 한다.[3] 이 공동체는 기원전 168-기원후 68

---

1) 발견의 역사와 문서에 관한 보고에 관해서는 P.R. Davies · G.J. Brooke · P.R. Callway, *The Complete World of The Dead Sea Scrolls* (London: Thames and Hudson, 2002); F. Mebarki · E. Puech, *Les manuscrits de la mer Morte* (Rodez: Rouergue, 2002); W.W. Fields, "Discovery and Purchase", *Encyclopedia of the Dead Sea Scrolls 1*, L.H. Schiffman · J.C. VanderKam(eds.) (Oxford: Oxford University Press, 2000), 208-212; W.W. Fields, *Dead Sea Scrolls and Discovery* (Leiden: Brill, 2006) 참조. 이 책은 『사해사본과 그 역사』라는 제목으로 번역되어 국내에서도 구입할 수 있다. 그 외 국내 자료로는 민영진, 『히브리어에서 우리말까지』(서울: 두란노, 1996), 29-40; 김창선, 『쿰란 문서와 유대교』(서울: 한국성서학연구소, 2002), 23-62 등이 있다.
2) 요세푸스의 생애와 저작에 관한 한국어로 된 최근 소개로는 이상규, "요세푸스는 초기 기독교를 어떻게 이해했을까?", 『헤르메니아투데이』 26 (2004 봄), 119-130.
3) J. Maier · K. Schubert, *Die Qumran-Essener*, UTB 224 (München: Ernst Reinhardt, 1982), 41-72; H. Stegemann, *Die Entstehung der Qumrangemeinde* (Bonn: Diss., 1972), 21-22; H. Stegemann, *Die Essener, Qumran, Johannes der Täufer und Jesus* (Freiburg: Herder, 1993), 194-198; E. Puech, *La croyance des*

에 존속했던 유대교의 한 종파로 알려져 있다.

흥미로운 것은 바리새파와 사두개파에 대해서는 복음서에 예수의 적대자들로 종종 등장하고 있으나, 에세네파는 신약성서 전체를 통해 전혀 언급이 되고 있지 않다는 점이다. 그럼에도 불구하고, 쿰란-에세네파의 생활과 신약성서를 기록한 초기 그리스도교 공동체의 생활에 있어서 유사한 점이 많다는 사실은 더더욱 신약성서 학자들의 관심을 사로잡는 요소이다. 이 두 공동체 사이에 무슨 역사적 연관성이나 신학적 연관성이 있을까? 쿰란공동체와 초기 그리스도교 공동체의 생활과 사상 면에서 유사한 사항들을 중심으로 각 공동체의 특징을 살피고 비교해보려는 것이 본 연구의 목적이다.

본 연구는 이러한 관심에서 출발했다. 비교 사안으로서 두 공동체의 가장 유사한 현상들을 선별하였다. 가령, 정결예식과 세례, 공동식사, 독신생활 선호, 성전제의 거부 등과 관련하여 쿰란문서와 신약성서의 텍스트들을 연구함으로써 두 공동체의 공통점과 차이점을 찾아내 비교하는 방식으로 수행하였다.

누가 과연 이 그룹의 구성원이 될 수 있는가? 어떻게 될 수 있을까?

Esseniens en la vie future; immortalite, resurrection, vie eternelle? Histoire d'une croyance dans le Judaisme ancien I (Paris: Gabalda, 1993), 25-28; H. Lichtenberger, "Qumran", *TRE* 28 (1997), 65 이하; J.C. VanderKam, *The Dead Sea Scrolls Today* (Grand Rapids: Eerdmans, 1994), 71; G. Vermes, *The Complete Dead Sea Scrolls in English* (London: The Penguin Press, 1997), 48; 김창선, 앞의 책, 63-90; 천사무엘, 『사해사본과 쿰란공동체』(서울: 대한기독교서회, 2004), 51-82. 쿰란공동체가 에세네파와는 다른 종류라고 보는 이해도 여전히 존재한다. 이에 관해서는 Ch. Hempel, "Qumran Community", *Encyclopedia of the Dead Sea Scrolls 2*, 746-751 참조. 동의하기 어려운 가설이지만 쿰란공동체를 사두개파의 하나로 보려는 L.H. Schiffman, "Sadducean Origins of the Dead Sea Scroll Sect", *Understanding the Dead Sea Scrolls*, 35-49; L.H. Schiffman, *Reclaiming the Dead Sea Scrolls* (New York: Doubleday, 1994)과 유대 그리스도교의 움직임으로 보는 R. Eisenmann, *The Dead Sea Scrolls and the First Christians* (Shaftesbury: Element, 1996) 등이 있다.

구성원에 관한 자격 규정과 절차는 어떤 것이었을까? 이러한 질문들에 관하여 요세푸스의 보도4) 뿐만 아니라 그들 자체의 문헌을 통해 알 수 있다는 점이다. 그들은 매우 엄격한 위계질서를 가지고 있었고 매우 엄격한 입회과정을 거쳐 구성원들을 영입했다는 사실이다.

많은 사람들이 알고 있듯이 이 공동체는 독신남성들만의 공동체였을까? 유대인들만 받아들여졌을까? 여자와 어린 아이들은 배제되었을까? 공동체 구성원이 되기 위한 민족적, 성적, 신분적, 연령적 제한이 있었는지의 여부와 관련하여 쿰란 공동체와 초기 그리스도교 공동체를 비교 고찰하고자 한다. 아울러 엄격한 입회과정과 자격 조건을 요구하는 데에는 어떠한 공동체의 자기 이해가 있었던 것인지, 입회과정과 자격 조건에서 차이를 보이고 있는 그리스도교 공동체는 어떤 남다른 공동체 이해가 있었는지 살펴보고자 한다.

1. 쿰란공동체의 입회 과정과 자격, 입회자의 의무

1) 입회 과정

쿰란-에세네 공동체에 입회과정은 매우 엄격한 것이었다. 에세네파의 구성원이 되려는 사람은 적어도 3년 정도 노력을 해야 한다. 이러한 사실은 요세푸스의 보도5)나 쿰란 공동체의 규율집의 규정들을

---

4) 에세네파에 관한 요세푸스의 보도는 유대전쟁사(BJ) 21, 119-161, 그리고 유대고대사(Ant) XVIII, 11, 18-22에 나온다. 이에 관해서는 T. Beall, *Josephus' Description of the Essenes Illustrated by the Dead Sea Scrolls*, SNTSMS 58 (Cambridge: Cambridge University Press, 1988); R. Bergmeier, *Die Essener-Berichte des Flavius Josephus. Quellenstudien zu den Essenertexten im Werk des juedischen Historiographen* (Kampen: Kok Pharos Publishing House, 1993) 참조.
5) 아래에서 인용되는 에세네파 관련 요세푸스의 보도는 천사무엘의 번역(천사무엘, 앞의 책, 59-68 참조)을 기초로 한다.

통해 확인할 수 있다.

> "그 종파에 들어가기를 원하는 사람들은 입회를 바로 허락받지 못한다. 지원자는 일 년 동안 밖에서 기다린다. 똑같은 생활방식이 그에게 적용된다. 그리고 그는 손도끼, 내가 언급한 허리에 차는 옷, 그리고 흰색 옷을 받는다. 이 기간 동안 그의 금욕을 입증하면 그는 생활방식에 더 근접하여 높은 수준에 있는 정결 예식에 참여하지만, 아직도 친교에 허용되지 않는다. 실제로 그가 그의 불변성을 보여준 이후에 성격이 다른 이 년 동안 시험받는다. 그리고 그가 유덕하게 보일 때 영구히 그 공동체에 받아들여진다"(BJ II, 137-138).

쿰란 공동체의 규율집인 1QS VI, 13-23에 의하면 신규 회원들의 입회과정이 적어도 삼 년이 걸리는 것을 알 수 있다.

> "이스라엘에서 자발적으로 이 공동체의 의회에 들어오려는 사람에 대해 감독자는 많은 사람들[6]의 우두머리로서 그의 지식과 행위를 평가해야 한다. 만일 그가 적합하다고 인정되면, 그를 계약(=공동체) 안으로 들여와, 진리를 위해 회개하고 악으로부터 멀어지도록 그를 공동체의 모든 규정들로써 가르쳐야 한다. 많은 사람들 앞에 나오기 위해 들어온 다음에는 그의 기회에 관해 모든 사람이 질문을 해야 한다. 많은 사람들의 의회에 따라 운명이 결정되는 대로 가까이 오거나 멀어져야 한다. 만일 공동체 의회에 가까이 올 수 있다 해도, 그의 정신과 행위와 관련하여 시험을 받지 않는 한, 일 년이 될 때까지는 많은 사람들의 정결에 참여할 수 없다. 똑같은 방식으로 많은 사람의 소유에 손댈 수 없다. 그리고 공동체 생활에 일 년이 지나면, 많은 사람들은 그의 지식과 행위에 상응하여 그의 기회에 관해 토라 안에서 시험을 해야 한다. 그리고 만일 그가 공동체 의회에 들어올 것이 결정되면, 제사장과 계약(공동체)의 모든 사람들이 그의 소유와 소득을 모든 사람의 소득을 감찰하는 사람의 손에 넘겨야 한다."(1QS VI, 13-20)[7]

---

[6] 여기서 "많은 사람들(하라빔, הרבים)"이란 쿰란공동체의 정회원들, 혹은 정회원들이 모두 모이는 총회를 의미한다.

쉬테게만에 의하면 3년 과정은 다음과 같이 진행된다.8) 첫 해는 토라를 배우는 일로 이루어진다. 현대적 의미의 신학을 공부하는 것이라기보다는 토라, 그 중 적어도 신명기는 거의 다 외울 수 있도록 배우는 것을 의미한다. 그 해 끝에 시험이 있고, 시험을 통과하면 '적어도 신명기는 외운다'는 증명서를 얻을 수 있다는 것이다. 그 외에 그 사람의 삶의 방식이 토라에 입각해서 이루어졌는지 평가받는다. 즉 적어도 두 사람이 입회 지원자와 일 년 동안 동행하면서 입회지원자가 매일 토라의 계명들을 매일 실천했는지 관찰하고 시험 때에 증인 역할을 한다는 것이다. 만일 성서 지식이 부족하거나 토라의 계명을 소홀히 다루었을 경우 일 년 유급되어 반복해야 한다.

첫 번째 시험에 합격한 자는 공동체에서 시행하는 침수예식에 참석할 수 있다. 일반 유대교에서는 손을 씻는 정도로 정결예식을 시행했다면, 쿰란 공동체에서는 하루에 적어도 두 차례 정도 식사 전에 온 몸을 씻는 행위로 정결예식을 실시하였던 것이다. 두 번째 해에는 예언서를 배울 차례이다. 예언서 중에서 적어도 이사야서 1-66장까지 외울 정도로 공부해야 하며, 그 다음에 다시 지원자의 삶의 방식도 평가받아야 한다. 그 다음 마지막 세 번째 해에는 좀 더 많은 성서 구절을 외워야 한다. 즉 시편 1-150편까지, 그리고 가능하면 잠언이나 그 외 지혜문학서 중에서 외울 수 있어야 한다. 그러한 추가 지식은 특별 점수를 얻게 되어 그가 얻을 계급에서 좀 더 높은 지위를 얻게 된다. 물론 이 단계에서도 실천적인 생활방식이 평가된다.

이 모든 시험에 통과되어야만 정회원이 된다. 경우에 따라서는 한

---

7) 쿰란 텍스트의 번역은 주로 E. Lohse(hg.), *Die Texte aus Qumran. Hebräisch und Deutsch* (Darmstadt: Wissenschaftliche Buchgesellschaft, 1981), 22-27 참조.

8) H. Stegemann, op.cit.(1993), 61, 157, 211-212, 274-275 참조; H. Stegemann, "Qumran und das Judentum zur Zeit Jesu", *Theologie und Glaube* (1994), 175-194, 그 중 특히 186-187 참조.

두 해 유급되는 경우도 있다. 이러한 입회 과정을 통해 에세네 사람들은 그 당시 다른 유대교 종파에서는 찾아볼 수 없을 만한 유례없는 놀라운 성서지식을 가지게 된다.

요세푸스가 보도하는바 예수 당시 유대교의 다른 종파들 중에는 에세네처럼 엄격한 입회과정은 찾아보기 어렵다. 사두개파의 입회과정에 관해서는 알려진 것이 없고, 바리새파에 입회하려는 사람은 가장 중요한 성결법과 십일조에 관해 중요한 것만 알면 되었고, 그것을 증인들 앞에서 적절히 표현하면 되었던 것이다.

2) 입회 자격

(1) 민족적 제한에 관해

일반적으로 쿰란-에세네파는 이스라엘인으로 구성되어 있다고 알려져 있다. 이는 요세푸스의 보도와 쿰란문서에 의해 확인된다.

요세푸스는 유대전쟁사와 유대고대사에서, 바리새파, 에세네파, 사두개파에 관해 보도할 때 이들 세 그룹을 모두 유대종파라고 소개한다.

> "사실, 유대인들 가운데는 세 개의 철학 종파가 존재한다. 바리새파가 첫째이고, 사두개파가 둘째이며, 특별히 거룩한 삶을 연마하려는 사람들이 셋째인데, 에세네파라고 불린다. 그들은 혈통적으로 유대인이지만, 더 나아가 서로 사랑함으로써 다른 사람들보다 더 밀접하게 연합하고 있다"(BJ II, 119).

공동체 규율집인 1QS I, 1-III, 12의 내용은, 일 년에 한 번 씩 모이는 총회에서의 지시이다. 이에 의하면 연례 행사인 총회 모임에서 제사장들이 할 일과 레위인들, 그리고 그 외 일반 유대인들이 할 일이 지시되고 있다. 제사장들은 찬양의 말을 하고, 레위인들은 저주의 말을 하며, 그 때마다 일반 유대인들은 아멘으로 화답하라는 내용이다. 이 본문에 의하면 유대인 아닌 사람이 회원으로 존재한다는 것을 상상하기 어렵다.

또한 가장 오래된 규정집으로 인정되고 있는 1QSa의 경우 그 표제어가 "이것은 날들의 마지막(아하릿 하야밈, אחרית הימים)[9]에 이스라엘 전 공동체를 위한 규정이다"(1QSa I, 1)로 되어 있고, 다시 한 번 6열에서도 "이것은 그 공동체의 모든 참가자들, 이스라엘에서 태어난 모든 사람들을 위한 규정이다"라고 되어 있다. 이러한 표현을 근거하여 볼 때 이 공동체는 이스라엘 내의 공동체로 여겼던 것이 분명하다.

쉬테게만은 쿰란공동체의 구성원으로 제사장, 레위인, 일반 이스라엘인 외에 이스라엘로 귀화한 이방인들을 포함하여 네 그룹으로 분류한다.[10] 그러나 그렇다고 해서 이방인도 포함하는 공동체라고 할 수는 없을 것이다. 왜냐하면 이들은 이미 할례를 통해 이스라엘인에 귀속된 것으로 볼 수 있으므로, 1QS의 묘사와 마찬가지로 세 부류로 보는 것이 타당할 것이다.

이처럼 쿰란 공동체는 이스라엘인들로 구성된, 극히 민족적 그룹이라고 하겠다. 이는 그들이 가지고 있던 구원 이해와 밀접한 관련이 있다. 그들은 구원을 민족적인 유산으로 생각했기 때문이다. 이스라엘만이 하나님의 백성이며, 구원은 하나님의 백성인 이스라엘에 국한되는 것이다. 쿰란 공동체가 집필하지는 않았지만 소장하고

---

[9] 1QSa의 표제어에 나오는 "아하릿 하야밈 אחרית הימים"이 미래에 있을 "종말의 날", "마지막날"로 이해되어 1QSa를 the Messianic Rule로 불리기도 했다. 그러나 아하릿 하야밈이 쿰란 문서에서 미래 종말의 날을 의미하는 것이 아니라 그들의 현재, 즉 여전히 벨리알이 판치고 악과 죄가 일상화되어 있는 현재를 의미한다는 쉬토이델(A. Steudel, "אחרית הימים in the texts from Qumran", RdQ 16, 1993, 225-246)의 주장 이래 1QSa는 메시아시대를 위한 규정이 아니라, 쿰란공동체의 가장 옛규정집으로 이해하는 시도들이 있다. 가령, H. Stegemann, "Some Remarks to 1QSa, to 1QSb and to Qumran Messianism" RdQ 17 (1996), 479-505 특히 488-495 참조.

[10] H. Stegemann, op.cit.(1993), 264-265.

있었던 문서인 전쟁두루마리(1QM)[11]에 의하면 종말 때에 하나님이 전쟁의 총지휘관이 되고 이스라엘이 그의 군대가 되어 안식일마다, 안식년마다 쉬어가면서 40년간 종말 전쟁을 수행하신다는 내용이다. 철저히 민족적 구원 이해가 바탕에 깔려 있는 문서이다.

(2) 신분 제한에 관해

쿰란공동체는 입회 지원자들에게 신분의 제한을 두지 않았다. 이는 요세푸스의 보도와 쿰란문서에서 확인된다. 요세푸스는 사두개인들은 주로 귀족과 상류층으로 구성되어 있던 반면, 바리새파와 에세네파는 이스라엘의 모든 계층이 참여할 수 있다고 보도한다. 이미 위에서 본 바와 같이 1QS I, 1-III, 12에서 총회 때 제사장 그룹과 레위 그룹, 그리고 일반 이스라엘인에 대해 상이한 규정이 있는 것으로 보아 분명하게 말할 수 있다.

다만 이스라엘 안에도 자유인과 노예가 있었을텐데, 쿰란 공동체가 노예도 일반 자유인과 똑같이 구성원으로 받아들였는지 궁금증이 생긴다. 공동체 규율에 의하면 시험을 거쳐 입회가 결정되면, 그 사람은 자신이 가지고 있는 "지식과 힘과 소유"를 공동체에 가지고 와야 한다는 규정이 있다(1QS I, 11-12). 여기서 지식이란 성서와 관련된 것이고, 힘이란 노동력, 소유란 재산을 의미하는데, 노예란 바로 재산에 속한 것이기 때문이다. 그렇다면 노예도 공동체에 속한다고 볼 수 있다. 그러나 그 노예인 이스라엘인이나 이방인의 경우, 자신의 자발적인 의사로 상전이나 다른 구성원들과 똑같은 회원 자격을 얻을 수 있는지, 혹은 노예 신분 자체를 지니면서 존재했는지는 확정하기가 어렵다. 왜냐하면 요세푸스와 필로 모두 이들 공동체 안에 노예가 없다고 기록한 반면, 그 공동체가 소유했던 규정집(CD)에는 노예에 관한 규정이 있기 때문이다.

---

11) 1QM에 관해서는 H. Stegemann. op.cit.(1993), 145-147 참조.

요세푸스는 유대고대사에서 에세네 사람들은 노예 제도를 부당한 것으로 여기고, 노예가 없다고 기록하고 있으며, 필로도 에세네 사람들에게 종이 없다고 말한다.

"그들에게 종은 전혀 없으며 모든 사람들은 자유인이고 서로 봉사한다. 그들은 종을 가진 주인을 경멸한다. 이들은 동등성을 훼손하기 때문에 불의한 자일 뿐 아니라 자연의 규정을 파괴하기 때문에 불경건한 자이기도 하다는 것이다"(Ant XVIII, 21).
"그들은 공동체 안으로 아내를 데려오지도 않고, 종도 데려오지 않는다. 왜냐하면 종을 데려오는 행위는 불의에 기여하는 것이며, 아내를 데려오는 행위는 불화의 근원이 된다고 믿기 때문이다"(Philo, Prob 79).

그러나 다마스커스 문서에는 노예에 관한 규정이 엄연하게 나오고 있다:

"남종이나 여종, 혹은 일당 노동자에게 안식일에는 성을 내서는 안 된다"(CD XI, 12).
"그의 남종이나 여종을 이방인들에게 팔아넘겨서는 안 된다. 왜냐하면 그들은 그와 함께 아브라함의 언약에 들어왔기 때문이다"(CD XII, 10-11).

(3) 성별 제한에 관해

지금까지 쿰란-에세네파는 남성 독신자들로 구성된 수도원적 공동체로 알려져 왔다. 이는 다음과 같은 요세푸스의 보도에 의한 것이다:

"그들은 아내를 두지 않고 노예도 없다. 사실 그들은 노예 제도를 부당한 것으로, 그리고 결혼을 불화로 이끄는 것으로 여긴다. 그러므로 그들은 자신들끼리 살며 서로에게 봉사한다"(Ant V, 21).

그러나 동저자의 다른 저서인 유대전쟁사에서는 남자들이 아내와 자녀도 가지고 있다고 보도한다:

"에세네파는 쾌락을 악으로 간주하여 포기하고, 정욕에 대한 억제와 금욕을 미덕으로 여긴다. 그들은 결혼을 경멸하나, 철없는 나이에 있는 다른 사람의 아이들을 입양하여 가르친다. 그들은 그 아이들을 혈통적으로 자신들에게 속해 있다고 생각하고, 자신들의 관습에 순응하도록 만든다. 그들은 결혼을 폐지하거나 결혼으로 인한 종족의 번식을 포기한 것은 아니다. 다만 그들은 여자들의 음탕한 유혹을 경계하고, 어떤 여자도 한 남자에게 충실하지 않는다고 믿는다"(BJ II, 120-121).

요세푸스의 보도가 두 종류인 것에 근거해서 에세네파 안에는 혼인한 그룹과 혼인하지 않은 그룹 두 종류가 있다고 여겨지기도 했다.12) 그러나 여성이 공동체의 멤버가 될 수 있었는지, 아니면 여성이기 때문에 공동체 멤버의 가족은 될 수 있으나 멤버는 될 수 없었는지에 관한 질문은 아무도 제기하지 않았다.

1994년 슐러가 "사해문서에 나타난 여성들(Women in the Dead Sea Scrolls)"이라는 논문을 발표함으로써 여성 멤버에 대한 토론이 시작되었다. 슐러는 다마스커스 문서(CD)와 1QSa, 제4 동굴에서 발견된 법적 문서들(가령 4QMMT, 4Q159, 513, 514, 251, 265)과 제의문서들(4Q512, 502)과 지혜문서들(4Q415-416, 461, 184)등을 살펴 얼마나 많은 텍스트들이 여성과 관련해서 언급하고 있는지 지적한다.13) 그리고 특별히 가장 오래된 규정집이라고 알려진 1QSa에서 그들의 모임에 관해 언급할 때, 어린이들과 여성들이 언급된다는 점을 주목한다:

---

12) 가령 J. Maier · K. Schubert, op.cit.(1982), 41-47; E. Qimron, "Celibacy in the Dead Sea Scrolls and the Two Kinds of Sectariens", The Madrid Qumran Congress: Proceedings of the International Congress on the Dead Sea Scrolls, Madrid 18-21 March 1991, J. Trebolle Barrera · L. Vegas Montaner (eds.) (Leiden: Brill, 1992), 287-294.

13) E. Schuller, "Women in the Dead Sea Scrolls", *The Dead Sea Scrolls after Fifty Years, Vol. II*, P. W. Flint · J. C. VanderKam(eds.) (Leiden: Brill, 1995), 117-144.

"그들이 모일 때에 그들은 어린 아이에서부터 여자들에 이르기까지 모든 사람들이 모이도록 해야 한다. 그리고 그들의 귓전에 공동체의 모든 규정들을 읽어주어야 한다. 그들이 잘못된 길로 빠지지 않도록 하기 위하여"(1QSa I, 4-5).14)

1QSa I,1에 나오는 표제어에서 "날들의 마지막(아하릿 하야밈 אחרית הימים)"이란 표현이 "(미래적 의미의) 종말"이란 뜻이 아니라 그들의 현재를 의미하는 말로 이해되면서 1QSa는 공동체의 가장 오래된 규정집으로 인정되고 있다. 이렇게 볼 때에 이 규정은 분명히 공동체에 여성 멤버를 의식하고 있다는 것으로 해석하고 슐러는 쿰란-에세네 공동체에 여성 멤버도 있었다는 주장을 전개하였다. 그러나 고대의 가부장적 문화권을 전제할 때 여성이 남성과 똑같은 멤버쉽을 얻는다는 것은 상상할 수 없는 것 또한 사실이다. 그래서 쉬테게만은 쿰란 문헌에 여성에 관한 언급이 많은 것은 정회원들의 아내나 딸과 같은 가족들을 염두에 두고 있기 때문이며, 만일 여성들이 회원이라면 정회원이 아니라 준회원 정도가 아니었을까 정도로 생각하고 있다. 실제로 쉬테게만의 추측은 그럴 듯하다.15)

유대교 안에서 여성들은 지금도 율법 규정 중에 모든 조항을 지킬 의무는 없고 다만 금지 조항만 지키면 된다. 또한 유대교에서는 일반적으로 여성은 성서를 연구할 자격이 없다고 여기기도 하였다. 그렇다면 유대교의 한 종파로서 에세네파가 하나님의 뜻을 준수하기 위해 행해야 할 성서연구를 회원들의 주요 과제로 제시할 때에 여성들도 남성들과 똑같이 성서연구에 전념할 수 있었을지 의심스럽다. 뿐만 아니라, 그들의 1QS에서 그들 멤버들을 지칭하는 말로써 "공동체의 남자들(안쉐 하야핫 אנשי היחד)"16), "계약(공동체)의 남자

---

14) E. Lohse, op.cit., 46-47. D. Barthelemy · J.T. Milik, *Qumran Cave I*, DJD I (Oxford: Clarendon Press, 1955), 108-110 참조.

15) H. Stegemann, op.cit.(1993), 70-72.

들(안쉐 브리탐 אנשי בריתם)"17)이 자주 사용되고 있다는 점도 유의할 필요가 있다.

(4) 연령 제한에 관해

미성년자도 정회원이 될 수 있었느냐는 문제는 여성 회원 문제와 같다. 1QSa I, 4-5에 언급된 바에 의하면 여성들과 마찬가지로 어린 아이들도 에세네파 사람들의 집회에 참석했던 것으로 보인다. 그러나 그 다음에 이어지는 규정들을 보면 문제를 그리 쉽게 단정하기는 어려운 것을 알 수 있다.

> "이것은 공동체에 속한 모든 사람들, 이스라엘에서 태어난 모든 사람들을 위한 규정이다. 어린 시절부터 사람은 하기 책(בספר ההגי)으로써 그를 가르쳐야 한다. 그리고 그의 연령에 따라 언약 규정들로 가르쳐야 한다. 그리고 그는 10년 동안 그 규정들로 교육을 받아야 한다. 만일 그가 20세가 되어 제대로 발전을 이루었다면, 거룩한 공동체에 속하기 위해 그의 마을에서 추첨을 받을 수 있게 된다. -그리고 선과 악을 인식할 나이인 20세가 완전히 되기 전에는 여자와 동침해서는 안 된다."(1QSa I, 6-11)

이 본문에 의하면, 최소한 20세가 되어야 정회원이 될 수 있고, 20세가 되어야 혼인을 할 수 있다. 그렇다면, 유대교에서 일반적으로 다른 고대 사회와 마찬가지로 남자 16-17세면 혼인을 했던 반면, 에세네파는 좀더 늦은 나이에 혼인을 했다고 볼 수 있다. 일반적으로 혼인을 하고 아이를 출산하여 아버지가 되면, 가장으로서 어른 취급을 받았는데, 에세네파는 어른이 되는 나이를 20세로 보았던 것 같고, 그 기준은 20세가 되어야 선과 악을 분별할 능력을 갖춘 것으로 이해했다고 볼 수 있다.

---

16) 가령 1QS V, 2, 15; VI, 21; VII, 20; VIII, 11, 16; IX, 5, 7, 10 등.
17) 가령 1QS V, 1, 9; VI, 19 등.

그렇다면, 가령 쿰란-에세네파 정회원의 자녀의 경우, 에세네파에서 자동적으로 회원자격을 얻었을까? 아니면, 그들도 입회를 원하는 다른 신청자들과 똑같이 3년의 시험 과정을 치러야 했을까? 혹시 그 시험이 15세에는 가능하지 않았을까? 등의 질문들이 대두된다.

1QSa I, 4-8에 근거해 볼 때, 에세네파 사람의 자녀의 경우, 늦어도 10세에는 교육이 시작되어야 하며 -그래야만 10년 정도 배울 수 있으므로- 틴에이저 때에 입회를 원한다 해도 적어도 20세가 되어야만 정회원이 될 수 있었을 것으로 보인다.

이상의 것을 종합하면 쿰란-에세네 공동체의 구성원들은 20세 이상 성인 남성 이스라엘인들이라고 규정할 수 있을 것이다. 최소한 3년의 엄격한 성서 연구와 시험을 통해 입회가 가능하다. 이 공동체의 회원들의 가족들도 성서를 공부하고, 공동체 회원들의 전체 모임에 모일 의무가 있다.

3) 입회자의 징계와 추방을 결정하는 기관

쿰란-에세네파는 공동체의 질서 유지를 위해 자체 내에 사법 기구를 둔다. 요세푸스도 회원들의 추방을 관장하는 법적 기관에 대해 언급한다:

"심각한 잘못을 해 붙잡힌 사람들은 공동체에서 추방된다. 이렇게 배제된 사람은 죽게 되는데, 가장 비참한 운명의 먹이다. 왜냐하면 그의 맹세와 습관으로 그는 다른 사람들의 음식을 나눠 먹을 수 없기 때문이다. 풀을 먹다가 죽게 되는데, 배고픔으로 그의 몸은 말라 버린다. 그들은 동정심 때문에 마지막 숨이 헐떡이는 많은 사람들을 다시 받아 주는데, 죽음에까지 이른 그들의 혹독한 고통이 그들의 잘못을 지울 수 있을 만큼 충분하다고 판단해서다. 재판할 경우 그들은 매우 정확하고 공정하다. 그들은 백 명 이상의 총회에서 판결한다. 그들의 결정은 번복될 수 없다"(BJ II, 143-145).

쿰란공동체의 규율집(1QS)에도 회원이 잘못을 하였을 때 징계와 추방을 선언하는 규정을 찾아볼 수 있다:

> "만일 소유에 관해 고의로 거짓말을 하는 사람이 있다면, 그는 일 년 동안 많은 사람의 정결로부터 배제될 것이고, 그의 음식량의 1/4을 감축하는 처벌을 받게 될 것이다"(1QS VI, 24-25).
>
> "공동체 의회에 들어온 지 십 년이 되는 사람도 그의 영이 공동체를 배반하여, 그의 마음의 완고함을 따라 살기 위해 많은 사람을 떠나려고 돌아선 사람이라면, 그는 공동체 의회에 다시는 돌아올 수 없다"(1QS VII, 22-24a).

이들은 입회 신청자들의 시험을 관장하여 입회를 결정하고, 또 회원들의 잘잘못을 판단하며, 경우에 따라 벌을 부과하거나 심한 경우에는 공동체로부터의 축출을 선언할 수 있는 최고 사법기관이라고 할 수 있다. 회원들의 징계와 추방에 관해 결정을 하는 사법 기관의 구성 조건은 규율집에 따라 자격조건과 구성원 수에 대해 다소 차이가 있다. 1QSa에 의하면, 이 기관의 구성원은 30세 이상이어야 한다(1QSa I, 13-14). 그리고 다마스커스 문서에 의하면 25세 이상 60세 이하여야 한다. 그리고 성서 지식이 정확하고 풍부해야 한다:

> "이것은 공동체의 법정을 위한 규정이다: 그것은 정해진 기간에 공동체에서 선출된 10 명의 남성으로 구성된다. 그 중 넷은 제사장과 레위 가문에서, 그리고 여섯은 일반 이스라엘 사람들 중에서 나와야 한다. 그들은 하기 책과 언약의 기본법에서 잘 배운 사람들이어야 한다. 그리고 나이는 25세에서 60세까지여야 한다. 60세 이상 된 사람은 공동체를 재판하는데 나올 수 없다"(CD X, 4-8).

1QS VIII, 1-4에 의하면 최고 사법 기관은 열 두 명의 일반인과 세 명의 제사장들로 구성된다. 이들은 신실하고, 의롭고 공정하며, 자비와 겸손한 행동 등으로 이웃에게 온전한 자로 인정받은 사람들이

어야 한다는 자격 규정이 언급된다. 다마스커스 문서가 에세네 공동체 이전의 문서임을 감안할 때, 1QSa에서 사법기관의 구성원의 연령을 25세보다 5년 높여 사법 기관 구성원을 30세 이상으로 규정한 점, 그리고 최고 사법 기관의 인원수가 다마스커스 문서에서 10명이던 것이 1QS에서는 15명으로 수를 늘린 점 등은 이 사법기관의 중요성이 시간이 지날수록 인지되었기 때문인 것으로 보인다.

공동체 회원들의 추방을 관장하는 이 사법기구가 입회자의 자격 조건과 시험을 관장했는지에 관해서는 쉽게 대답하기 어렵다. 1QS VI, 13-23에 의하면, 입회를 결정하는 시험관을 감독자(하이쉬 하파키드 האיש הפקיד)로 표현된 것으로 보아, 어떤 사법 기관이 결정하는 것이 아니라, 개인이 시험을 하고 결과를 보고하면, 공동체 정회원들이 투표로 결정했을 것으로 여겨진다.

4) 입회자의 의무와 혜택

3년간의 성서 연구와 시험을 거쳐 입회가 확정된 사람은 공동체의 멤버로서 의무와 혜택이 주어진다.

(1) 입회자의 의무

① 먼저 그들은 선서를 해야 한다(BJ II, 139-142; 1QS V, 8-9).

요세푸스와 쿰란 문헌 모두 가입 때에 행해야 할 회원의 맹세에 대해 언급한다.

"공동 식사에 임하기 전에 그는 형제들 앞에서 엄숙히 서약한다. 첫째로 그는 하나님께 대한 경건을 행할 것을 서약한다. 그 다음에 사람들에게 정의를 지킬 것과 자발적으로 다른 사람의 명령에 의해서든 어떤 사람에게도 잘못을 하지 않을 것, 항상 사악한 자를 미워하고 정의로운 사람들과 함께 싸울 것을 서약한다. 그는 모든 사람에게, 그러나 특히 권세를 가지고 있는 사람들에게 부단히 충성할 것을 서약한다. 왜냐하면 권위는 하나님의 뜻이 아니고서는 사람에게 오지 않기 때문이다. 그는 자신이 명령하여 행해져야 하는 임무를 수행함에서 오만함을 보이지 않을 것과 옷이나 증가하는 장식물에 의해서 그의 하급자들을 무색하게 하지 않을 것을 서약한다. 그는 항상 진리를 사랑하고 거짓말하는 사람을 추적해낼 것, 그리고 도적질로부터 손을 깨끗케 할 것과 불의의 이익으로부터 영혼을 깨끗케 할 것을 서약한다. 역시 그는 그 종파의 회원들에게 아무 것도 숨기지 않고 외부인들에게는 죽음에 이르는 폭력이 있을지라도 어떤 것도 발설하지 않을 것을 서약한다. 더 나아가 모든 것으로부터 절제하면서, 스스로 받아들이는 경우를 제외하고 어떤 교리도 전수하지 않을 것과 종파의 책들을 천사들의 이름들처럼 보전할 것을 서약하나. 이것이 그 종파에 들어가는 사람들의 충실함을 보여주는 맹세다"(BJ II, 139-142).

쿰란 문헌에서는 선서의 내용을 다음과 같이 표현하고 있음:

"모세가 명하는 모든 것에 따라 온 마음과 혼신을 다해 모세의 율법에로 돌아올 것, 사독의 자손들, 즉 언약을 수호하고 그의 의지를 연구하는 제사장들에게 계시된 모든 것에로 돌아올 것"(1QS V, 8-9).

② 지식, 노동력, 재산을 공동체에 바쳐야 한다(1QS I, 11-12).

"그분의 진리에 자발적으로 헌신하려는 모든 사람들은 그들의 모든 지식과 힘과 소유를 하나님의 공동체 안으로 가져와, 그들의 지식을 하나님의 율법의 진리를 통하여 정결하게 하며, 그들의 힘을 그분의 온전하신 길을 따라서 사용할 것이며 또한 그들의 모든 소유를 그 분의 의로우신 결정을 따라 활용할 것이다"(1QS I, 11-12).

여기서 언급되는 지식이란 성서 연구를 통해 획득되는 지식을 의미한다. 그리고 힘이란 노동력, 소유는 재산을 의미한다. 이 공동체는 성서연구를 함께 할뿐만 아니라, 함께 노동을 하며 생산의 1/10, 즉 십일조를 드림으로써 공동 소유로 삼는다.[18]

---

18) 종교적 집단의 공동소유라 하면 일반적으로 부동산과 동산을 포함한 모든

③ 상위계급에 복종해야한다(1QS VI, 2-3).

쿰란-에세네파가 엄격한 계급사회라는 것[19])은 요세푸스에 의해서도 알려져 있으며, 쿰란 문헌에도 계급에 따라 앉는 자리까지 지정될 정도로 엄격한 계급사회이다(1QS VI, 2-6):

"그들은 작업일이며 소유와 관련하여, 낮은 자는 높은 자에게 순종해야 한다"(1QS VI, 2).

(2) 입회자의 혜택
① 정결예식에 참여

요세푸스의 보도와 쿰란 공동체의 문헌에 의하면 이 공동체의 입회를 원하는 사람은 최소한 3년의 기간이 필요하며, 처음 일 년이 지난 후 시험에 합격한 자에 한하여 정결 예식에 참여할 수 있다. 정회원이라도 공동체 규율을 어겼을 경우는 정결 예식에 참여할 수 없다(1QS V, 13-14).

② 공동식사에의 참여

정결예식에 참여한 후로 2년 동안 모든 시험에 합격한 자는 공동식사에 참여할 수 있다. 공동식사에 참여하는 것은 정회원으로 받아들여졌다는 것을 의미한다. 다시 말해서 3년이 지난 후 공동식사에 참여하기 전에 회원으로서 선서를 하고 난 후 공동식사에 참여하게 된다. 1QS VI, 2-6에 의하면, 공동식사가 이루어지기 위해서는 적어도 10명의 멤버가 있어야 하며, 그 중 적어도 한 사람은 제사장이어야 한다. 그래서 식사 전에 제사장이 축사를 하여야 한다.

재산을 공동체에 헌납하는 것으로 생각하지만, 쉬테게만은 토라에 언급된 대로 모든 소득의 1/10을 내어 그것으로 공동 생활에 사용했을 것으로 본다. H. Stegemann, op.cit.(1993), 245-264 참조.

19) 이에 관해서는 H. Stegemann, op.cit.(1993), 227-231; H. Stegemann, op.cit. (1994), 183-185 참조.

"작업일이며 소유와 관련하여 낮은 자는 높은 자에게 순종해야 한다. 그리고 그들은 함께 식사를 해야 하며 함께 찬송하며 함께 조언을 구한다. 그리고 공동체 중 열 사람이 모인 곳에서는 그들 중에 제사장이 빠져서는 안 된다. 그들은 저마다 자신의 신분에 따라 그 앞에 앉아야 한다. 그렇게 하여 문제가 있을 때마다 그들의 조언을 들을 수 있다. 그리고 그들이 식사하기 위하여 식탁을 놓을 때나 마실 과실주를 차릴 때에 제사장은 자신의 손을 뻗어 빵과 과실주에다 축도를 한다. 그리고 열 명이 모인 곳에서 결코 한 사람이 빠져서는 안 되는데, 그는 밤낮으로 끊임없이, 돌아가면서 차례로 율법을 연구해야 한다"(1QS VI, 2-6).

5) 쿰란공동체의 자기 이해(종말론적 구원 준비 공동체)

3년이란 긴 기간 동안 엄격한 시험을 통해 성인 남성들에게 입회를 허용하는 유대 종파인 쿰란-에세네 공동체는 하나님의 종말 심판이 가까이 왔음을 가르치고 이에 대비해서 구원을 얻도록 준비하는 공동체이다. 이 공동체의 멤버들에겐 미래적 구원이 보장되었다. 유대인들은 구원이 하나님의 뜻대로 사는 자에게만 가능하다고 보았다. 이들은 입회 과정에서부터 하나님의 뜻이 반영 되어있는 성서지식을 기본적으로 갖추게 함으로써 하나님의 뜻대로 살고자 한다는 의지를 확고히 한 자들을 멤버로 받아들이고, 입회 후에도 꾸준히 성서 연구를 수행함으로써 끊임없이 하나님의 뜻을 깨닫고 실천하고자 했다.

2. 초기 그리스도교 공동체의 입회 과정과 자격, 입회자의 의무

1) 입회 과정

그리스도교 공동체로 받아들여지는 과정은 세례에 의해 이루어졌던 것으로 볼 수 있다.[20]

"그 말을 받은 사람들은 세례를 받으매 이 날에 제자의 수가 삼천이나 더하더라"(행 2:42)과 "너희가 회개하여 각각 예수 그리스도의 이름으로 세례를 받고 죄사함을 얻으라. 그리하면 성령을 선물로 받으리라"는 행 2:38에 나오는 베드로의 명령은 모두 세례에 의한 공동체 입회 방식을 보여준다.

세례를 받기 위한 조건으로 성경시험과 같은 절차를 거쳤는지에 관해서는 아무런 증거를 찾을 수 없다. 다만 회개한다는 것이 세례의 선행단계임을 짐작하게 한다. 세례를 받기 위해 회개가 중요한 조건이었던 세례요한의 세례의 경우, 세례요한은 세례받으러 오는 사람들에게서 그들이 참된 회개를 하였는지, 아니면 가식행위인지를 분별하고 참된 회개를 한 사람에 한해서 세례를 주었다(마 3:7-10/ 눅 3:7-9). 그 때 판별기준은 세례요한 자신이 가진 권위, 사람을 보고 심중을 꿰뚫어 볼 수 있는 영적 능력이었을 것이다.

그런데, 예수 그리스도를 전하고 세례를 주는 초기 그리스도인들은 무슨 기준으로 회개를 심사했을까? 그들은 세례요한처럼 개인적인 권위는 가지지 않았을 것으로 여겨진다. 그렇다면, 그리스도교에서 말하는 회개란 오히려 세례를 받아 공동체의 구성원이 되고자 하는 의지, 즉 과거와는 다르게 살겠다는 회개(=돌아섬)의 의지가 아니었을까? 그러한 의지가 있다는 것을 표현하면 세례는 가능한 것이었을 것으로 짐작된다.[21]

쿰란 에세네파 사람들이 입회를 위해 3년의 대기기간을 가졌다

---

20) 바울 이전 초기 그리스도교 공동체가 공동체 허입예식으로 세례를 베풀었다는 것에 대해서는 불트만/허혁 역, 『신약성서신학』(서울: 성광문화사, 1976), 132-144 참조.

21) 실제로 회개(μετάνοια)의 기본 의미는 "돌아섬"으로서, 이방인들에게는 개종을 의미하거나(살전 1:9 참조)혹은 종교를 바꿀 필요가 없었던 유대인의 경우라면, 이전의 삶의 방식이나 가치관을 바꿈, 사고의 전환 등을 의미한다고 할 수 있다.

면, 신약성서의 초기 그리스도교 공동체는 그러한 기간을 가지지 않았을 것으로 사료된다. 왜냐하면 바울과 같은 사도와 그를 통해 기독교인이 된 많은 사람들은 자신이 생존시에 예수께서 다시 오실 것으로 기대했다(살전 4-5장 참조). 그리고 그가 다시 오시기 전에 많은 사람들에게 예수의 이름을 전하고 예수를 믿게 하여 구원에 참여하도록 하는 것이 사도의 주된 관심이었기 때문이다. 예수께서 몇 년 뒤에 오실 것인지, 아니면 내일 오실지 모르는 입장에서 시간을 지체할 수 없었던 긴박한 상황에서 초기 그리스도교인들은 선교를 했을 것이다. 그러므로 쿰란-에세네인들과 같은 대기 기간 같은 것은 생각지 못했을 것이다.

현재 개신교회에서는 6개월-1년 정도 기간을 두고 본 후에 세례를 주는 것이 상례지만, 당시엔 그러한 기간도 두지 않고 믿기를 결심하고 희망하는 자에게 세례를 주지 않았을까 사료된다. 마치 1950년대에 한국의 부흥사들이 예수를 믿기로 결단하는 자들에게 즉석에서 세례를 주는 것이나, 오늘날 군복무 중에 있는 병사들에게 부흥집회를 열어 믿기를 결단하는 자에게 즉석에서 세례를 주는 것과 비슷한 방식이었을 것이다.

사도행전보다 40-50년 전에 쓰여진 바울의 편지에도 초기 공동체가 세례를 통해 멤버쉽을 주고 얻었다는 것을 알 수 있다:

"너희는 예수 그리스도의 이름과 우리 하나님의 성령 안에서 씻음과 거룩함과 의롭다하심을 얻었느니라"(고전 6:11).

고전 6:11이 바울 이전 전승에서 왔고, 세례와 관련된 문장이라는 것은 이미 쉬넬레의 지적이후 많은 학자들에 의해 호응을 받고 있다.[22] 이 구절이 세례와 관련된 것이라는 사실은 "예수 그리스도의

---

22) U. Schnelle, *Gerechtigkeit und Christusgegenwart* (Göttingen: Vandenhoeck und Ruprecht, 1983), 39-44; A. Lindemann, *Der erste Korintherbrief*, HNT 9/1 (Tübingen: J.C.B. Mohr, 2000), 141. 박익수,『누가 과연 참그리스도인인가?』

이름으로"라는 부사구와 "씻음을 받았다"는 동사로 인해 의심의 여지가 없다. 초기 그리스도교에서 세례를 줄 때, 세례를 누가 베푸느냐 보다는 누구의 이름으로 세례를 주느냐가 중요한 사안이었던 것 같다. "주 예수 그리스도의 이름으로" 세례를 주면서 세례자는 수세자(受洗者)와 예수 그리스도를 맺어주는 역할을 했을 것이다. 주 예수 그리스도의 이름으로(ἐν τῷ ὀνόματι τοῦ κυρίου Ἰησοῦ Χριστοῦ) 세례(고전 6:11)를 받은 자는 "그리스도 안으로 들어가는"(εἰς Χριστὸν) 세례(갈 3:27)를 받은 것이고, 그래서 "그리스도 안에(ἐν Χριστῷ)" 있다(갈 3:26, 28). 예수 그리스도의 이름으로 세례를 받음으로 수세자는 세상의 권력자들과 관계를 끊고, 오직 예수만을 주로 여긴다. 예수그리스도의 이름으로 인침으로써 그리스도의 사람임을 확증해준다. 즉, 세례는 그리스도교의 멤버로 확정하는 예식이라고 할 수 있다.

고전 6:11은 세례를 통해 수세자는 인생이 과거와 달라졌다는 초기 그리스도교의 세례이해를 반영한다. 세례를 통해 새로워진 그리스도인의 존재 규정은 이 구절에 나오는 세 가지 동사를 통해 알 수 있다.

(1) "씻음받았다": 이 동사는 세례가 물로 시행되었다는 점과 세례가 죄사함이란 의미를 가지고 있다는 사실을 말해 준다.

(2) "거룩하여졌다": 세례 받은 그리스도인의 새로운 존재 양상을 표현하는 말로써 "거룩"이란 개념이 사용되었다. "거룩"이란 구약성서에 근거해서 보면, 하나님만 거룩하시다. 그러나 그가 선택하신 백성들도 그의 소유라는 점에서 그의 거룩을 통해 거룩하다.[23] 유대 문헌에서도 이스라엘인들은 하나님에 의해 선택된 백성이란 의미에서 "카도쉼(קדשים: 거룩한 사람들)"이라고 불렸다.

(서울: 대한기독교서회, 2002), 189.
23) O. Proksch, "αγιος κτλ.", *ThWNT* I, 88-97 참조.

신약성서에서 "거룩한 사람들"(고전 6:1), "그리스도 예수 안에서 거룩하여진 자들"(고전 1:2)이라는 표현은 세례받은 그리스도인을 지칭하는 말로 사용하고 있다(고전 1:30; 롬 6:19,22; 살전 4:3, 4, 7). 그리고 교회 밖에 있는 사람들을 표현하는 말인 "외인", "불신자", "불의한 자"와 구별되는 대립어로 사용되고 있다. 거룩의 가장 기본적인 의미는 "하나님에게 속하였다", 그리하여 세상과는 구별되었다는 의미이다.

(3) 세례를 받아 변화된 그리스도인을 표현하는 세 번째 동사는 "의롭다함을 받았다"이다. 이 동사가 갈라디아서와 로마서에서 취급되고 있는 바울 자신의 신학인 "의인론"과 관련이 있는 용어인지에 관해서는 오랫동안 토론되어 왔다. 고전 6:11이 바울 이전 전승에서 왔다는 것을 지적하기 훨씬 이전에 하이트뮬러는 이 구절에서 "의롭다함을 받았다"는 동사는 갈라디아서와 로마서에 나오는 바울 전문적인 의인론과는 상관이 없다는 것을 주장하였다. 그리고 그의 주장의 근거는 의인론과 세례가 바울신학에서는 아무런 관련이 없다는 점을 내세운다.24) 또한 불트만도 하이트뮬러의 의견을 따라 이 구절에서 의롭다함을 받았다는 표현은 바울 특유의 의인론과는 상관이 없다는 견해를 제시한다.25)

이 구절이 바울 이전의 전승이라는 것을 전제로 한다면, 바울이전에 이미 세례와 의로움의 개념이 연결되어있었던 것으로 추정할 수 있다. 구약과 유대교 전통에서 의로운 자는 구원의 대상으로 여겨졌으므로, 세례를 베풀면서 공동체의 멤버쉽을 주었던 그리스도교 공동체에서는 세례와 함께 죄사함, 그리고 구원이 자연스럽게 연결되었을 것으로 생각해 볼 수 있다.

---

24) W. Heitmüller, *Taufe und Abendmahl* (Göttingen: Vandenhoeck und Ruprecht, 1903), 12.
25) 불트만/허혁 역, 앞의 책, 139; U. Schnelle, op.cit., 40.

끝으로 고전 6:11에서 알 수 있는 세례에 관련해서 중요한 사항은 세례와 하나님의 영의 작용이 매우 밀접하게 연관되어 있다는 사실이다. "우리 하나님의 영 안에서(ἐν τῷ πνεύματι τοῦ θεοῦ ἡμῶν)"라는 부사구가 그것을 말해준다. 하나님의 영은 세례를 통해 수세자(受洗者)를 과거와 구별시키고 구원받은 새로운 피조물로 만드는 하나님의 능력이다. 세례 때에 수세자(受洗者)는 하나님으로부터 영을 수여 받았다는 표상은 초기 그리스도교에서 일반적으로 알려져 있었다(고전 12:13; 고후 1:22; 엡 1:13; 4:30; 행 2:38 참조).

고전 12:3에 의하면 성령의 힘에 의지하여 그리스도인들이 "주 예수(Κύριος Ἰησοῦς)"라고 외치는 것을 알 수 있다: "누구든지 성령으로 말미암지 않고는 주 예수라 할 수 없느니라". 그리스도인은 성령을 받아 "주 예수"라 소리침으로써 세례가 완료된다. 즉, 주 예수라는 외침말은 세례로 인해 새로운 주인인 예수와 관련 맺었다는 선언이며 신앙고백이다. 그리하여 세례는 예수 그리스도의 사람이 되었음을, 그리하여 그리스도 안에 들어왔음을, 그리고, 그리스도에게 속한 그리스도인임을 확인하는 예식이었다고 볼 수 있다.

고린도전서보다 몇 년 후에 로마서를 쓸 때 바울은 세례와 그리스도의 죽음을 연관시킨다: "그리스도 예수 안으로 (들어가는) 세례를 받은 우리는 그의 죽음 안으로 (들어가는) 세례를 받음으로써, 그와 함께 죽은 것입니다. 이는 아버지의 영광을 통해 그리스도를 죽은 자 가운데서 살리심 같이 우리로 하여금 생명의 새로움 안에서 행하게 하려 하심입니다"(롬 6:3-4). 이 구절에 의하면, 그리스도교의 세례는 그리스도와 관련을 맺는 일이며, 또한 그의 죽음에 동참하는 일이다. 그리스도의 죽음에 동참함으로서 수세자(受洗者)는 그 이전에 그를 지배하고 있던 죄의 세력에 대해서 죽은 것이다. 고전 6:11에서는 "씻음을 받았다"는 표현으로 죄사함의 의미를 표현했다면, 롬 6장에서는 그리스도의 죽음에 동참함으로서 죄로부터 자유를 표현하고 있다.

  이러한 구절들을 종합해서 볼 때 허입예식으로 베풀었던 초기 그리스도교의 세례의 특징은 다음과 같이 요약해볼 수 있을 것이다:

  1) 세례의식은 일생에 한 번 받는다.

  2) 세례는 물로 한다(고전 6:11).

  3) "예수 그리스도의 이름으로"(행 2:38; 고전 6:11) 세례를 주었다.

  4) 세례는 "그리스도 안으로 들어가는"(갈 3:27) 허입예식으로 이루어졌다. 그래서 세례를 받은 사람은 교회의 멤버로서 "그리스도 예수 안에" 있다.

  5) 세례를 통해 예전과 다른 새로운 존재라는 의식을 갖는다(고전 6:11).

  6) 세례는 죄사함의 의미를 갖는다(행 2:38; 고전 6:11; 롬 6:1-11).

  7) 세례를 통해 세례자는 예수 그리스도의 죽음에 동참하다(롬 6:3-4).

  8) 세례는 성례전적 의미를 갖는다: 세례를 통해 신적인 권위(성령)을 부여받는다(고전 6:11).

  9) 세례를 받은 자는 성령에 힘입어 "주 예수"를 외친다(고전 12:3).

2) 입회 자격

(1) 민족적 제한에 관해

  그리스도교 공동체가 입회의식으로 세례를 줄 때, 민족적 제한이나 혹은 성별 제한 혹은 성별 제한, 사회적 신분에 제한을 두었는지에 관해서는 갈 3:28[26)]이 해답을 제공한다:

---

26) 이 구절이 바울 이전 전승에 속하며, 세례와 관련된 내용을 담고 있다는 사실은 많은 학자들에 의해 지지를 받고 있다. 가령 J. Becker · H. Conzelmann · G. Friedrich, *Die Briefe an die Galater, Epheser, Philipper, Kolosser, Thessalonicher und Philemon*, NTD 8 (Göttingen: Vandenhoeck und Ruprecht,

"너희가 다 믿음으로 말미암아 그리스도 예수 안에서 하나님의 아들이 되었으니, 누구든지 그리스도 안으로(들어가는) 세례를 받은 자는 그리스도로 옷을 입었느니라. 너희는 유대인이나 헬라인이나 종이나 자유인이나 남자나 여자나 다 그리스도 예수 안에서 하나이니라"(갈 3:26-28).

그리스도 예수 안에서 유대인이나 헬라인이 하나라는 것은, 세례를 베풀어 그리스도교 공동체의 멤버쉽을 줄때, 민족적 차별을 두지 않았다는 것을 의미한다. 유대인만 구원받을 수 있다는 것은 모든 유대인들의 사고방식이지만, 예수를 믿고 전하는 유대계 그리스도인들은 민족적 제한을 두지 않고, 예수를 믿고 세례받기를 원하는 모든 사람들에게 세례를 베푼 것으로 이해할 수 있다. 롬 9-11장에서 동족의 구원 문제에 대해 심히 안타까워하고 있는 바울의 표현으로 미루어 볼 때 초기 그리스도교에서 유대인들보다 이방인들이 복음을 쉽게 받아들였던 것으로 짐작해볼 수 있다.

(2) 신분 제한에 관해

초기 그리스도교 공동체는 자유 시민만 세례를 준 것이 아니라 종의 신분을 가진 사람들에게도 세례를 베풀었다는 사실 역시 갈 3:28에서 확인할 수 있다. 상전이 그리스도를 믿는 경우 혼자만 세례를 받는 것이 아니라 그에게 속한 아내와 자녀, 종들까지 세례를 주도록 했을 것이다(가령, 빌레몬-오네시모). 그 외에 상전과 상관없이 스스로 결단해서 세례를 받았을 경우도 있었을 것에 관해서는 이론적으로는 가능하지만, 과연 얼마나 많은 노예 신분의 사람들이 주인과 상관없이 독자적으로 그리스도인이 되었는지에 관해서는 정확한 자료를 찾기가 어렵다. 몇몇 로마서 주석가들은 롬 16장에 언급

1981), 45-46; H.D. Betz, *Galatians* (Philadelphia: Fortress Press, 1984), 181-185; 김경희, "갈라디아서 3장 28절을 통해서 본 원시 기독교의 평등비전", 『신약성서의 교회론(신약논단 7)』 (서울: 한들, 2000), 48-82 참조.

된 문안인사 명단에 나오는 사람들 25명 중 15명이 전형적인 종의 이름을 가지고 있다고 지적했다.27)

　세례를 받은 모든 개개인은 그가 종이든, 자유인이든, 하나님을 아버지로 예수를 주로 고백하면서(고전 8:6 참조) 새로운 자기 이해를 가졌을 것으로 여겨진다. 세상에선 여전히 상전에게 소속한 종이지만, 영적으로는 하나님께 속한 종이라는 것, 그래서 상전의 아버지도 하나님이고, 종의 아버지도 하나님이라는, 그래서 모든 세례받은 그리스도인들은 하나님의 자녀로서 서로 형제자매라는 의식이 생겨났을 가능성을 배제 할 수 없다.

(3) 성별 제한에 관해

　초기 그리스도교 공동체는 남성만 아니라 여성에게도 원하면 세례를 주었다. 가부장적 문화권에서 종이나 아내는 모두 상전, 남편에게 속한 자였다. 그런 의미에서 유부녀는 남편이 세례받을 때 함께 받았을 것이다. 가정을 가진 가장이 세례를 통해 기독교인으로 귀화할 때 혼자만 받은 것이 아니라 아내와 자녀, 종들 가족 모두에게 세례를 받도록 했을 것이기 때문이다(행 16:31 참조).

　혹은 과부된 여자가 개종을 할 경우, 개인의 결단이 고려되었을 것이고, 그의 자녀들과 종들도 함께 세례를 받았을 것으로 사료된다. 경우에 따라 남편이 있으나 복음에 대해 관심이 없고 아내 혼자만 예수 믿고 세례 받기를 원할 경우도 세례를 주었을 것으로 여겨진다.

　남편이 세례를 받아 그리스도교 공동체의 멤버가 될 때, 그에게 속한 자로서 세례를 받은 유부녀의 경우든, 혹은 스스로 복음을 듣

---

27) H. Lietzmann, *An die Römer* (Tübingen: J.C.B. Mohr, 1928), 125-127; J.D.G. Dunn, *Romans 2(9-16)*, WBC 38a (Dallas: World Books, 1988), 890-900; E.W. Stegemann · W. Stegemann, *Urchristliche Sozialgeschichte* (Stuttgart: Kohlhammer Verlag, 1995), 225.

고 그리스도교에 귀속할 것을 결심하고 세례를 받은 여성이든 간에, 세례받은 모든 여성들은 그리스도 안에서 하나님의 자녀라는 의식을 갖게 된다(갈 3:26). 그리하여 교회의 한 멤버로서 하나님께 속한 자라는 의식을 가지고 교회 활동에 열성적이었을 가능성에 대해서는 신약성서에서 많은 전거들을 찾아볼 수 있다.[28]

(4) 연령 제한에 관해

갈 3:28에는 교회 안의 구성원에 대해 "유대인과 이방인, 종과 자유인, 남자와 여자"라는 세 가지 카테고리에 대해서만 언급을 하고 있다. 이 구절을 통해 민족적 제한, 신분 제한, 그리고 성별 제한 등의 문제에 대해 쉽게 답변을 얻었지만, 연령 제한에 대해서는 조금 문제 상황이 다르다. 그러나 "주 예수를 믿으라. 그리하면 너와 네 집이 구원을 얻으리라"는 행 16:31의 표현에서 힌트를 얻을 수 있다. 이 구절은 예수 그리스도의 이름으로 세례를 받을 때에 결단하는 개인에게만 주는 것이 아니라 그 사람과 그 가정에 속한 가족 구성원 모두에게 세례를 주었음을 짐작하게 해준다. 자신이 스스로 결단해서 세례를 받았든, 혹은 아버지나, 남편, 혹은 상전의 결단에 의해 세례를 받았든 간에, 일단 세례를 받으면 누구나 그 공동체의 구성원

---

[28] 가령, 롬 16장에 나오는 문안인사 명단에 언급된 25명 중에 8명이 여성이라는 것, 그들 중에는 사도(유니아)도 있고, 바울의 동역자로서 선교활동을 하며 가정 교회를 개척한 사람도 있으며(브리스가), 바울과 그의 동역자들의 후원자(뵈뵈)도 있었다. 초기 그리스도교에서 여성들의 역할은 남성들의 역할과 분리되어 있었던 것은 아니라는 것을 알 수 있다. 수잔네하이네/정미현 역, 『초기 그리스도교의 여성들』(서울: 이화여자대학교출판부, 1998); 김경희, "원시 기독교의 여성 선교자들", 『신학과 현장』 9 (1999), 35-56; , 다우첸베르크, "바울로의 교회들에서 여성들이 차지한 위치", 『원시 그리스도교의 여성』다우첸베르크/메르클라인/뮐러(엮음)/윤선아 역,(왜관: 분도출판사, 1992), 231-284; 로핑크, "신약성서의 여성 부제", 앞의 책(1992), 335-358; B. Brooten, "Junia… Outstanding among the Apostles (Romans 16:7)", *Women Priests,* L. Swidler · A. Swidler(eds.) (New York: Paulist Press, 1977), 141-144.

이 된다.

　가장이 세례를 받을 때 나이 어린 자녀들도 세례를 받았을 것이라는 점에 대해서는 이의가 없다. 그러나 부모가 그렇지 않을 때 (가령 부모가 믿지 않을 때 미성년자나 부모가 없는 고아의 경우) 예수를 믿고 세례를 받기를 원할 때 연령의 제한이 있었을 지에 관해서는 적절한 자료가 없다. 막 10:13-16을 참고하여 짐작한다면, 미성년자들에게도 입회를 허락했을 것으로 짐작할 수 있지만, 그 연령을 정확히 몇 세 이상이라고 제한을 두었을 지의 여부에 대해서는 정확한 자료를 찾기가 어렵다.

3) 입회와 출교를 결정하는 기관

　고전 5:1-13에 의하면, 공동체 멤버 중에 어떤 사람이 계모와 혼인을 하는 사건[29])에 대해 바울이 강력하게 있을 수 없는 일로 규정하면서 그런 사람은 "너희 중에서 내어 쫓으라"(5:2,5,8,13 참조)고 축출 명령을 내린다. 이로써 초기 그리스도교 공동체도 공동체의 입회와 출교를 결정하는 기관을 있었을 것으로 생각해 볼 수 있는데, 그것이 어떤 방식으로 구성되었는지에 관해서는 정확한 자료를 찾기가 어렵다. 다만 바울 같은 사도가 교회 안에 있을 때에는 그의 개인적인 판단으로 할 수 있었는지의 여부에 관해 의문이 생긴다. 그렇지 않다면, 공동체 내의 연장자나 혹은 명망을 받는 사람이 했을 것인데, 여러 명이 구성되어 민주적인 방식으로 이루어졌을지, 한 두 명의 지혜와 판단으로 이루어졌을지 정확한 자료를 찾기 쉽지 않다.

　특별히 공동체 가입과 관련하여, 예수를 믿고 세례 받기를 원하는 자가 있을 경우 아무런 시험이나 학습 없이 입회를 원하는 자의 지원 의지만이 입회 결정의 주된 사안이었는지, 아니면 이를 결정하는

---

29) 고전 5:1-11에서 다루어지고 있는 문제가 과연 무엇이었는지에 관해서는 박익수, 앞의 책(2002), 172 참조.

기관 나름대로 기준을 가지고 있었을 지에 관해서도 자세한 정보를 얻기 쉽지 않다.

4) 입회자의 의무와 혜택

(1) 입회자의 의무
① "주 예수"를 부른다

예수 그리스도의 이름으로(고전 6:11), 그리스도 안으로 들어가는 (갈 3:27) 세례를 받은 사람은 그리스도 예수 안에 있다(갈 3:26). 그리스도 예수 안에 있다(갈 3:26), 그리스도로 옷 입었다(갈 3:27)는 표현들은 모두 그리스도인이 되었다는 것, 즉 그리스도교 공동체에 멤버가 되었다는 것을 의미한다. 예수 그리스도의 이름으로 세례를 받은 사람은 "주 예수"라고 외침으로써 공동체의 멤버가 됨을 확인하였던 것으로 여겨진다. 고전 12:3에 의하면, 성령이 아니고서는 아무도 "주 예수"라고 외칠 수 없다. 즉 세상에 많은 주(퀴리오스)가 있고(고전 8:5), 모든 사람이 주인에게 소속해 살고 있는 가부장적 사회에서 그 주인을 옆에 두고 "주 예수"라고 외치는 일은 매우 어렵고 심각한 일이었을 것이다. 아내에게는 남편이 주인이고, 노예들에게는 상전이 주인인 사회에서, 세례를 받음으로써 그 이전과는 달리 "주 예수"를 외치는 일은 겁나는 일이기도 했을 것이다. 그래서 주 예수를 부르는 일은 성령의 작용(고전 12:3)이라고 할 수 있다.

그리스도교 공동체는 쿰란 공동체와는 달리 무슨 선서 같은 것은 없을 지라도 주 예수라는 외침말로써 주 예수 그리스도에게 소속함, 곧 공동체의 한 멤버임을 확고히 하였다고 볼 수 있다. 벵스트에 의하면, "주 예수"는 교회 멤버들이 함께 보였을 때 한 목소리로 외치며, 교인들끼리 단합을 과시하고, 세상의 권세자들과 거리를 둘 수 있는 주술적인 역할을 담당할 수 있었던 구호 내지 외침말로 보고 있다.30) 롬 10:9에 "네가 만일 네 입으로 주 예수를 시인하면… 구원을 얻으리라"는 표현으로 미루어 볼 때, 세례로써 입회를 허용하는 그리스도교는 그 공동체에 속하는 것과 구원을 얻는 것이 같은 의미로 이해되었음을 알 수 있다.

② 새로운 삶을 영위해야한다

세례를 받아 그리스도교의 멤버가 되는 사람은 그 순간부터 과거와는 질적으로 다른 사람이 된다. 고전 6:11에 의하면, 세례받은 그리스도인은 죄사함 받았고, 성령받아 과거와는 구별된 사람이다. 과거에는 죄의 노예가 되어 끌려 다녔다면, 세례 받은 후로는 그럴 수 없다(롬 6:1-23). 바울에 의하면 과거에는 율법, 죄, 죽음의 권세 하에 있었지만, 세례받아 새로워진 그리스도인들은 새로운 주인이신, 예수 그리스도, 의, 성령, 하나님에게 속한 자이다. 이러한 직설법적 표현은 결국 그리스도인들은 과거와는 구별된, 새로운 삶을 살아야 한다는 의무(명령법) 이행의 과제 하에 있다고 볼 수 있을 것이다.

(2) 입회자의 혜택

① 공동식사에의 참여

초기 그리스도교 공동체가 공동식사를 행해왔다는 것은 고전 11:17-34에서 알 수 있다. 공동식사를 시행하게 된 신학적 근거는 "하나님 아버지"(고전 8:6)라는 신앙적 고백에 있다. 세례 받은 그리스도교 공동체 멤버들이 모두 한 분 아버지이신 하나님을 고백하는 한, 그들은 형제자매인 가족 공동체인 것이다. 하나님을 아버지로 부르며, 세례를 받은 모든 공동체 멤버들을 서로 형제자매로 부르는 거룩한 "성가족 공동체" 이념을 가장 구체적으로 실천하는 방법은 매일 함께 나누는 공동식사였을 것이다.

물론 초기 그리스도교 공동체는 다양한 민족과 신분, 성별, 연령

---

30) K. Wengst, *Christliche Formeln und Lieder des Urchristentum* (Güterloh: Güterloher Verlag, 1972).

으로 구성된 집단으로서, 그 특성상 민족적, 문화적 차이로 인한 여러 문제들이 발생하지만,[31] 초기 그리스도교에서의 공동식사는 공동체 멤버들이 모두 한 가족이라는 이념을 실천한다는 점, 그리고 생활이 어려운 멤버들에게 생활이 넉넉한 멤버가 구제사업을 행하는 방식, 즉 경제적 측면에서 편을 나누는 방식이 아니라, 모두가 가족이기 때문에 함께 식사한다는 방식으로 굶어 죽는 이웃이 없도록 하는 구제사업을 실천했다는 점에서 독특함을 지적할 수 있다.

5) 공동체의 자기 이해(=구원공동체)

세례로써 멤버쉽을 주는 그리스도교 공동체는 세례와 함께 성령을 받아 새로워진 존재들로 구성되었다고 스스로를 이해하고 있다. 고전 6:11과 12:3에 의하면 세례 때 하나님의 성령이 작용하여 세례 받은 자를 새로운 존재로 만드시며(씻음 받았고, 거룩하여지고, 의롭다함을 받았다), 성령의 힘을 빌어 "주 예수"라고 외치게 된다. 공동체 멤버들은 이미 성령을 구원의 은사로 받은 자로서, 세상과 구별된 존재로 살아가야 한다. 그래서 그들은 자칭, 타칭 거룩한 자들(성도들)이라고 불리운다(롬 1:7; 고전 1:2; 고후 1:1).

---

[31] 공동식사로 인해 그리스도교 공동체 안에 문제가 발생했다는 사실은 신약성서 안에 여러 구절들에서 확인할 수 있다. 롬 14장에서 바울이 형제를 비판하지 말라, 형제를 걸려 넘어지게 하지 말라고 권면하고 있는데, 이는 모두 식사와 관련된 문제 상황을 전제로 하고 있다. 무엇을 먹든, 무엇을 마시든, 다 주를 위해서 하라고 권함으로써 식사로 인한 문제를 마무리하고자 하는 바울의 의도를 엿볼 수 있다. 고전 11:17-34도 공동식사와 관련된 문제에 대해 조언하는 내용이다. 이에 의하면, 누구는 먼저 와서 먹고 마심으로 취하기까지 하는데, 누구는 나중에 와서 먹을 것이 없어서 부끄러운 마음이 들어 교회가 하나가 되지 못하는 사실에 대해 언급하고 있다. 또한 식사 내용과 관련해서도 문제가 되었음을 알 수 있다. 이에 관해 김판임, "공동식사에 관한 제언 - 고린도전서 11장 17-34절을 중심으로", 「말씀과 교회」 42(2007.1), 181-195 참조.

3. 비교

비교 내용	쿰란 공동체	초기 그리스도교 공동체
1. 입회를 위한 대기기간	3년	없음
2. 입회방법	성서연구와 시험	세례
3. 입회자 자격제한	민족적, 성별, 연령 제한 있음(유대인 20세 이상, 흠 없는 성인 남자만 가능), 유대인 중 신분 제한 없음	민족적, 연령적, 성별적, 사회 신분적 제한 없음. 누구라도 가능
4. 입회자의 의무	지식, 노동력, 재산을 공유할 것과 상위계급에 복종할 것을 선서	주 예수를 부름 새로운 생활 영위
5. 입회자의 혜택	정결예식, 공동식사 참여	공동식사 참여
6. 공동체의 자기이해	구원준비 공동체	구원 공동체

제2부

공동체 생활편

쿰란공동체 사람들은 어떻게 생활하였는가?
이들은 혼인을 기피한 독신주의자들인가?
공동식사는 어떤 방식으로 이루어졌는가?
성전제의를 거부하고 대체한 이들의 종교생활은
어떠한 모습일까?
성생활, 식생활, 영적 생활을 중심으로
초기 그리스도교 공동체의 생활과 비교해 본다.

제2장 공동식사

　동서고금을 막론하고 식사는 대개 가정에서 한다. 부모가 책임을 지고 자녀들을 먹여 살리는 일은 가정을 중심으로 이루어진다. 종교 집단에서 매일 공동식사를 하는 것은 드문 일이다. 그런데 초기 그리스도교 공동체가 출발 초기부터 공동체 멤버들이 모여 공동식사를 했다는 것은 성서 기록을 통해 알 수 있다. 또한 그리스도교 형성 이전에 유대교의 한 종파인 쿰란-에세네파도 공동식사를 해왔다고 알려져 있다. 누가, 어떤 방식으로, 어떤 의미에서 공동식사를 했는지, 두 공동체를 비교함으로써 두 공동체 간에 역사적, 신학적 연관성이 있는지 알아보고자 한다.

1. 쿰란공동체의 공동식사

1) 공동식사 참여자

　쿰란 공동체나 초기 그리스도교 공동체 모두 공동식사 참여자는 공동체의 정회원이다. 쿰란 공동체에서는 정회원이 되기까지 3년이라는 입회과정을 거치지만, 그리스도교에서는 세례를 통해 즉각 정회원이 될 수 있었다. 쿰란공동체는 유대인 성인 남자들만 정회원이 되기 때문에 남자들만 모여서 하는 식사였다. 만일 그에게 딸린 처자가 있는 가장이 정회원이라면, 그의 아내와 자녀들은 집에서 식사를 하고 가장인 정회원만 공동식사에 참여하였다고 볼 수 있다.[1]

---

[1] 쿰란공동체 멤버들이 독신남성으로 구성되어 있다고 하는 오해는 요세푸스의 보도에 의한 것이다. 그러나 요세푸스 자신이 다른 저서에서 혼인한 에세네파 멤버에 관해 언급하기도 하거니와, 유대교의 관습상 혼인을 하지 않고 독신으로 있다는 것은 하나님의 법을 범하는 것이기 때문에 쿰란 공

2) 공동식사 방식

쿰란 공동체의 공동식사는 엄격한 규정대로 이루어진다.[2] 엄격한 공동식사 방식에 관하여는 요세푸스의 유대전쟁사와 쿰란공동체 규율집(1QS)에서 알 수 있다.

"하나님에 대한 그들의 경건은 특별한 형태를 띤다. 해뜨기 전 그들은 세속적인 말을 결코 하지 않으나 태양을 향해 조상들의 기도문을 암송하는데 마치 해가 오르기를 간청하는 것처럼 한다. 이 기도 후에 상급자들이 그들을 해산시키면 각자는 자기에게 익숙한 일에 참여한다. 그 다음 제 5시까지 쉼 없이 일한 후에 같은 장소에 다시 모여 허리까지 올라오는 아마포 옷을 걸치고 찬물에 들어가 목욕을 한다. 이 정결예식이 끝나면 그들은 동일한 신앙을 갖지 않은 사람은 아무도 들어올 수 없는 특별한 건물에 모인다. 그들은 깨끗하다면 스스로 큰 식당에 들어가는데 마치 거룩한 영역에 들어가는 것과 같다. 그들이 조용히 앉을 때, 빵 굽는 사람이 빵 덩어리를 차례로 나누어주고 요리하는 사람이 음식을 한 사람에 한 접시씩 나눠준다. 식사 전에 제사장은 기도를 하는데, 기도 전에 음식을 먹는 것은 어느 누구에게도 허용되지 않는다. 그리고 그들이 음식을 먹고 난 후 다른 기도문을 암송한다. 처음과 마지막에 그들은 생명을 주신 하나님을 찬양한다. 그 후에 그들은 식사를 위해 입었던 옷

동체 사람들의 혼인에 관하여는 연구의 대상이 되었다. 쿰란 공동체 사람들이 혼인을 하지 않았을 리 없다는 것이 쿰란 공동체 연구가인 쉬테게만의 견해이다. 그에 의하면, 쿰란 공동체 멤버들이 혼인을 한 기혼남성들임에도 불구하고 요세푸스 눈에는 독신남성들의 종교단체로 보였을 가능성에 대해 다음과 같이 추론한다. 즉, 일반 유대인들보다 늦게 혼인을 하고, 또 한 번 혼인한 후에 일찍 상처했을 경우 다른 유대인들은 재혼을 하지만, 쿰란공동체 멤버들은 한번 혼인하는 것이 하나님의 뜻으로 보고 재혼을 하지 않았다는 점을 든다. H. Stegemann, *Die Essener, Qumran, Johannes der Täufer und Jesus* (Freiburg: Herder, 1993), 267-274; H. Stegemann, "Qumran und das Judentum zur Zeit Jesu", *Theologie und Glaube* 84 (1994), 190-192.

[2] H. Stegemann, op.cit.(1993), 264-267.

을 벗는다. 왜냐하면 그것은 거룩한 옷이기 때문이다. 그리고 다시 저녁 때까지 일하였다. 그 다음 그들은 돌아와 똑같은 방식으로 저녁 식사를 한다. 지나가는 손님이 있을 경우, 그들도 그 식탁에 앉는다. 어떠한 큰 소리나 소란도 결코 그 집을 더럽히지 않는다. 그들은 차례로 말하는 것을 서로에게 허용한다. 외부에 있는 사람들에게 안에 있는 사람들의 이러한 조용함은 커다란 신비인 것 같다. 그러나 그것의 원인은 그들의 변하지 않는 침착함이다. 그들이 먹는 것과 마시는 것은 일정량씩 분배되기 때문에 그들은 만족하고 더 이상 원치 않는다"(BJ II, 128-133).[3]

1QS VI, 2-5 본문과 번역[4]

ויחד יואכלו 2

3 ויחד יברכו ויחד יועצו מקום אשר יהיה שם עשרה אנשים מעצת היחד
אל ימש מאתם איש

4 כוהן ואיש כתכונו ישבו לפניו וכן ישאלו לעצתם לכול דבר והיה כיא
ערוכו השולחן לאכול או התירוש

5 לשתות הכוהן ישלח ידו לרשונה להברך בראשית הלחם או התירוש

2 그들은 공동으로 식사하고,
3 공동으로 찬양하며, 공동으로 결정해야 한다.
그리고 공동체 모임 중에 열 사람이 있는 장소에서는 그들 중 제사장이 없어서는 안 된다.
4 그들은 각자 자신의 지위에 따라 정해진 자리에 앉아야 한다.
그리고 그들은 모든 경우마다 그들의 조언을 구해야 한다.
그들이 먹기 위해 식사를 차리거나 마시기 위해 포도즙을
5 준비할 때, 제사장은 손을 뻗어 빵과 포도즙에 먼저 축복의 말을 해야 한다.

---

3) 위 번역은 천사무엘, 『사해사본과 쿰란공동체』(서울: 대한기독교서회, 2004), 60-61.
4) 1QS 히브리어 본문과 번역을 위해서는 E. Lohse, *Die Texte aus Qumran* (Darmstadt: Wissenschaftliche Buchgesellschaft, 1981), 20-22 참조.

58 제2부 공동체 생활편

1QSa II, 17-20 본문과 번역5)

17 ואם לשולחן יחד יועדו או לשתות התירוש וערוך השולחן
18 היחד ומסוך התירוש לשתות אל ישלח איש את ידו ברשת
19 הלחם והתירוש לפני הכוהן כיא הוא מברך את רשית הלחם
20 והתירוש

17 그리고 그들이 공동식사나 마시기 위해 모일 때에는 공동 식탁이 마련되어야 하며,
18 마실 음료수가 마련되어야 한다. 그리하여, 어느 누구도 빵과 포도즙에
19 제사장에 앞서 손을 대어서는 안 된다. 왜냐하면 그가 축복의 말을 해야 하기 때문이다
   첫 번째 빵과
20 포도즙에.

이 자료들에 근거하여 쿰란 공동체의 공동식사에 관해 요약해 보면 다음과 같다:

a) 공동식사가 이루어지려면, 적어도 10명 이상의 멤버들이 있어야 한다. 그리고 그 중 한 명 제사장은 필수적으로 참석해야 한다.

b) 공동식사 때에 멤버들은 지위에 따라 정해진 자리에 앉아야 한다.

c) 공동식사는 점심과 저녁, 하루에 두 번 시행되었다(요세푸스).

d) 공동식사에 참여하는 모든 멤버들은 식전에 정결 목욕을 해야 한다(요세푸스).

e) 공동식사는 음식과 음료에 대한 제사장의 축복의 말로 시작된다. 아무도 그 축복의 말 이전에 음식에 손을 대어서는 안 된다. 그 외에 식사 때에 성서 낭독이나 예전문이 동반되었을 가능성도 있다.

f) 공동식사 끝에는 짧막한 기도로 마친다. 기도 전에는 아무도 자리

---

5) E. Lohse, op.cit., 50-51 참조.

를 떠나서는 안 된다.

3) 공동식사의 음식과 음료

이천여 년 전 쿰란공동체와 초기 그리스도교 공동체의 멤버들이 공동식사를 위해 무슨 음식을 먹었을 지에 관해서는 문서상의 자료가 적다. 다만 음식 문화는 비교적 변화가 적다는 사실에 근거를 두고 추정해보고자 한다. 20세기 후반기에 일어난, 고기류의 대량 생산과 페스트후드로 인한 식생활 변화를 제외하면, 인류의 음식문화는 비교적 과거와 유사하게 이어져 왔다고 볼 수 있다. 왜냐하면, 음식문화는 그 땅의 기후와 사람들의 생활 방식과 밀접한 연관이 있기 때문이다.

이미 앞에서 살펴본 바와 같이 1QS VI, 2-5와 1QSa II, 17-20에 의하면, 쿰란 공동체가 공동식사를 위해 사용한 음식과 음료로 대표적인 것은 빵(לחם)과 포도즙(תירוש)이라는 것을 알 수 있다. 어떤 종류의 빵을 먹었을까? 쉬테게만에 의하면, 쿰란공동체의 공동식사는 주로 익혀서 만든 더운 음식, 즉 곡물과 채소로 된 죽이나 빵을 주로 했을 것으로 본다.6) 그리고 음료로는 과일주스, 명절 때에는 포도주도 마셨을 것으로 보고 있다. 이것은 문서상의 자료로나 지중해 지방의 당시 음식문화를 생각할 때 무리 없는 주장이다.

머궐론 투생-사마에 의하면, 밀은 기원전 4000년 경 이집트에서 재배되었고, 보리, 기장, 깨, 밀은 기원전 3000경에 바빌론에서 재배되었다.7) 팔레스타인에서는 이보다 오래 전에, 즉, 기원전 1만년-7000년부터 강가에서 보리와 밀(단단한 외알밀, 에머밀)을 재배했다.8) 구약성서 룻 1:22에 의하면 "보리를 거두어들일 무렵"이라는

---

6) H. Stegemann, op.cit.(1993), 264.
7) 머궐론 투생-사마(1987)/이덕환 역,『먹거리의 역사 上』(서울: 까치, 2002) 163 도표 참조.

표현으로 보아 이미 보리 수확이 있었고, 솔로몬 왕 때, 식량을 하루에 "고운 밀가루 삼십 섬, 거친 밀가루 육십 섬"(열상 5:2)라고 표현되는 것으로 보아 이미 밀을 가루로 만들어 빵을 지었다고 볼 수 있다. 가루로 만들기 어려운 보리는 주로 죽을 쒀서 먹고, 밀은 가루로 만들어 빵을 만들었을 것으로 보인다. 무덤 벽화를 보면 기원전 2500년부터 이집트에서 곡식을 빻아서 빵을 만들었던 것을 볼 수 있다. 앗시리아 사람들도 밀과 보리로 만든 빵을 만들어 먹었다.[9] 기원전 5세기에는 아테네에서도 빵을 만들어 먹고, 판매도 하였다.[10]

그 외 다마스커스 문헌에는 메뚜기를 산 채로 굽든지 삶아야 한다는 규정이 나오고 있다(CD XII, 14 이하). 쿰란 공동체가 유대인들로 구성되었다는 점을 감안하면, 공동식사를 위해서도 모세오경에 나오는 음식규정(레 11:1-47/신 14:3-21)을 따라 가끔 육류도 섭취했을 것은 의심의 여지가 없다.

쿰란공동체가 형성, 유지, 소멸된 시기인 기원전 2세기에서 기원후 1세기까지 지중해 지방에서 포도주스는 이미 애호되고 있는 음료수였다. 기원전 6000년에서 4000년 사이 소아시아와 이집트에서 포도나무를 재배하고 이용하는 지혜가 전해졌다. 성서에 포도나무와 포도주에 관한 이야기는 노아와 관련되어 있다: 노아는 포도원을 가꾸는 첫 농군이 되었는데, 하루는 포도주를 마시고 취하였다(창 9:20). 포도는 싱싱한 과일로 먹기도 한다. 언제부터 포도주가 발견되었는지 불분명하지만, 아마도 초기에는 다른 열매와 마찬가지로 돌이나 방망이로 으깨서 먹었다. 곡식으로 끓인 죽을 그대로 두었다가 맥주를 만드는 법을 알아낸 것처럼 실수로 남겨둔 포도즙이 발효되어서 특별한 효과를 내는 것을 발견하게 되었을 것으로 보고 있

---

8) 앞의 책, 158.
9) 앞의 책, 276-277.
10) 앞의 책, 277-278.

다.11) 기원전 5세기경에는 그리스에서도 포도즙과 포도주가 애용되었다.12) 지중해 지역에서 햇빛이 잘 드는 곳에는 포도나무가 많이 심겨졌고, 그 어떤 과일열매보다 즙이 많은 포도가 음료로 사용되었다고 볼 수 있다.

4) 공동식사의 신학적, 공동체적 의미

쿰란공동체는 성전제의를 전면으로 거부한다. 새로운 대제사장13)이 새로운 칼렌다를 사용함으로써 절기와 안식일이 겹치게 됨으로써 의미없는 성전제의를 거부한 것이다. 그리하여 성전 일을 보는 제사장에게 드리는 제물들과 십일조를 성전에 드리는 대신, 자신들의 공동체 내부에 드림으로써 공동식사를 해왔다는 것이 쉬테게만의 주장이다.14) 그래서 그들은 공동식사 참여자로서 제사장은 적어도 한 명 존재해야 한다. 그리고 식사 때에 그의 위치는 계급적으로 최고위에 있다.

그들의 공동식사는 성전제의를 대신하는 것이기 때문에 신체적 결함이 없는 정회원만 참여하였다. 가령 성행위 후나 혹은 가족의 죽음 이후와 같이 잠시 불결 상태에 있는 정회원들은 공동식사의 참여에서 배제되었다. 다시 공동식사에 허락될 때까지 그들은 매일 의무기도를 개별적으로 해야 했고, 식사는 각자의 가정에서 해야 했다.

---

11) 앞의 책, 306-316.
12) 앞의 책, 320-339.
13) 지금까지의 연구에 의하면, 기원후 152년에 대제사장직에 오른 마카비 가문의 요나단을 의미한다. 요나단은 불법으로 대제사장직을 탈취하고, 이전까지 사용하던 이집트의 태양력을 폐기하고 새로운 칼렌다를 도입했는데, 새로운 칼렌다의 문제점을 쿰란공동체의 지도자인 의의 선생이 지적하고 있다는 것이 4QMMT 문서의 연구를 통해 드러났다. 4QMMT는 의의 선생이 요나단에게 보낸 편지로 알려져 있다. 이 문서에 관한 소개를 위해서는 H. Stegemann, op.cit.(1993), 148-151 참조.
14) Op.cit.

쿰란공동체의 공동식사는 공동체의 단합이라는 의미에서도 중요한 것이다. 그래서 공동체를 훼손하는 사안에 대해서는 징벌을 내린다. 가령, 소유에 관해 거짓말을 하는 사람이 있으면, 일 년간 정결예식에서 배제할 것과 공동식사의 양을 1/4 감축하는 처벌 규정이 있다(1QS VI, 24-25).

일반적으로 유대교에서 정결 예식으로 손과 발을 씻는 정도라면, 쿰란 공동체에서는 식사를 하기 위해 모이는 방에 들어가기 전에 전신 목욕을 했다. 이러한 쉬테게만의 의견이 옳다면, 정결예식과 공동식사를 특징으로 하는 그들의 일상생활은 쿰란 공동체가 제의적으로 정결한 공동체라는 것을 유지하고자 했던 것으로 볼 수 있다. 이러한 의미에서 시행해온 공동식사는 올바른 성전 제의를 드릴 수 있을 때까지 계속함으로써 공동체 멤버들간의 단합을 이루고, 그들 공동체만은 잘못된 성전제의를 수행하지 않는 참 이스라엘이라는 자부심을 가졌던 것이다.

2. 초기 그리스도교 공동체의 공동식사

1) 공동식사 참여자

초기 그리스도교에서 공동식사에 참여할 수 있는 사람은 세례받은 정회원이라고 할 수 있다. 갈 3:28에 의하면, 초기 그리스도교 공동체는 유대인에게만 세례를 베푼 것이 아니라 이방인에게도, 자유시민만 아니라 종에게도, 남자만이 아니라 여자에게도 세례를 주었을 것이다. 성인만 아니라 어린이에게도, 부자만 아니라 가난한 자에게도, 그리고 신체 건강한 사람 만 아니라 병든 자에게도 세례를 주어 공동체의 회원이 될 수 있게 하였던 것으로 보인다. 그러므로 민족적, 사회 신분적, 성별, 연령적 차별 없이, 빈부귀천에 상관없이 모든 사람이 세례로써 멤버쉽을 얻어,15) 세례받은 공동체 멤버들은 누구나 공동식사에 참여할 수 있었다.

2) 공동식사 방식

초기 그리스도교의 공동식사는 쿰란공동체 만큼의 엄한 규정은 없었던 것으로 추정된다. 고전 11:17-34이 초기 그리스도교의 공동식사와 관련하여 몇 가지 중요한 정보를 제공해 준다. 이 구절에 의하면, 고린도교회에서 공동식사와 관련하여 몇 가지 바람직하지 않은 일들이 일어났다는 것을 알 수 있다. 즉 공동식사를 하면서도 모두 모여 함께 하는 것이 아니라 누구는 먼저 와서 각각 자기 만찬을 갖다 먹으므로 누구는 배부르고 취하면서, 나중에 온 사람은 먹을 것이 없어서 부끄러운 생각마저 든다고(고전 11:21-22), 당시 공동식사의 문제점을 바울은 지적하고 있다. 이러한 현상은 쿰란 공동체처럼 공동식사를 위한 규정이 정해져 있다면 생기지 않을 일들이다. 이 구절에 근거하여 초기 그리스도교 공동체의 공동식사에 대해 다음과 같은 사실들을 추론할 수 있을 것이다.

(1) 초기 그리스도교 공동체에서는 공동식사를 위해 각자 먹을 음식과 음료를 가지고 왔다.16) 가난한 사람은 빈손으로 왔던 것으로 보인다.17) 아마도 부유한 사람은 자신과 가족들이 먹을 분량보다 더 많은 음식을 제공했을 것이다.18) 여러 사람이 모여서 먹을 수 있는

---

15) 갈 3:26-28 참조.

16) 이는 "각자의 음식(ιδια δειπνα)"이란 표현에서 분명하다.

17) 자기 자신의 식사를 가져오지 못하는 사람들로, 랑은 "가난한 사람들, 노예, 노동자"를 지적했다. F. Lang, *Die Briefe an die Korinther*, NTD 7 (Göttingen: Vandenhoeck und Ruprecht, 1986), 149 참조. 상전은 믿지 않는데, 노예만 예수를 믿은 경우는 자신의 음식을 가져오지 못했겠지만 일반적으로 주인이 예수를 영접함으로 온 가정의 권속에게 세례를 주게 한 경우는 그런 부잣집에서 모였을 가능성이 높고, 당연히 그 집에 속한 노예만 아니라 그 외 교회 멤버들을 위해 더 많은 식사를 제공했을 가능성이 높아 보인다.

18) J. Weiss, *Der erste Korintherbrief*, KEK V (Göttingen: Vandenhoeck und

장소란 부유한 멤버의 집이었을 것이고, 그 집에서 여러 명이 먹을 수 있는 음식을 장만했을 것이다.

(2) 고린도교회와 같은 초기 그리스도교에서는 공동식사를 주로 저녁 만찬으로 했다. 하루 일과를 마치고 해질 무렵 모였다. 그렇기 때문에 시계를 사용하는 사람들처럼 몇 시에 모이라고 정해 놓지는 않았을 것이고, 대략 해질 무렵, 저녁때에 모였다고 볼 수 있다. 어떤 사람은 해가 좀 기울면 저녁때라며 먹자고 했을 것이고, 일일노동자와 같이 해가 다 넘어가도록 일을 해야 했던 사람은 저녁 늦은 시간에 모임에 오는 사람도 있었을 것이다.[19] 공동식사와 관련하여 생긴 불미스런 일을 해결하기 위해 바울이 제안하는 내용은 "먹으러 모일 때에는 서로 기다리라(고전 11:33)"는 것이다. 이것으로 미루어 볼 때 초기 그리스도인들은 멤버들이 모두 모이기 전에 식사를 시작하기도 했던 것을 알 수 있다.

(3) 초기 그리스도교에서는 공동식사를 위해 공동식사 전이나 후에 예배나 기도 모임 같은 것은 없었던 것으로 보인다. 또한 유대교

Ruprecht, 1910/Nachdr. 1970, 1977), 293; H.-J. Klauck, *Herrenmahl und hellenistische Kult*, NTA NF 15 (Aschendorff, 1982), 293; B. Kollmann, *Ursprung und Gestalten der fruehchristlichen Mahlfeier* (Göttingen: Vandenhoeck und Ruprecht, 1989), 40; 타이센(1983)/김명수 역, "사회적 통합과 성례전 행위", 『원시 그리스도교에 대한 사회학적 연구』(서울: 대한기독교출판사, 1986), 368-387.

19) 공동식사를 하면서 누구는 먼저 먹고 누구는 나중에 와서 먹을 것이 없어 배고프고 수치스러운 생각이 드는 상황이 벌어진 이유로, "부자들의 입장에서 볼 때는 각자가 먹을 것을 준비해오는 것이 당연한 일인데도 매번 준비 없이 오는 가난한 교인들의 태도가 못마땅했을 수도 있다"고 보는 박익수의 추론은 적절치 않다. 박익수, 『누가 과연 참 그리스도인인가?』(서울: 대한기독교서회, 2002), 329 참조. 초기 그리스도교 공동체가 출범할 때부터 가난한 사람들을 배려하고 부유한 사람들이 좀더 음식을 많이 했을 가능성이 더 높다고 하겠다. 이런 문제가 생긴 것은 저녁 때 쯤이라고 하는 불분명한 규정 때문에 야기된 일로 보는 것이 더 그럴 듯하다.

의 제사장과 같은 주요 멤버의 축복의 말 같은 것도 없었던 것 같다. 공동식사와 관련하여 무질서한 교회의 상황을 바로 잡기 위해 바울은 이 구절에서 성만찬 제정의 말씀을 전한다:

> "내가 여러분에게 전해 준 것은 주님으로부터 받은 것입니다.
> 곧 주께서 잡히시던 밤에, 빵을 들어 감사를 드리신 다음에 떼시고 말씀하셨습니다:
> '이것은 너희를 위하는 내 몸이다. 이것을 행하여 나를 기억하여라.'
> 식후에 잔도 이와 같이 하시고서 말씀하셨습니다:
> '이 잔은 내 피로 세운 새언약이다.
> 너희가 마실 때마다 이것을 행하여 나를 기억하여라.'" (고전 11:23-25).

이러한 점으로 미루어보아, 초기 그리스도교 공동체에서는 세례 받은 교인들이 저녁마다 먹기 위해 모였던 것 같다.[20] 바울이 이 구절에서 "저녁만찬"이라고 표현하지 않고 "주의 만찬"(고전 11:20)이라고 표현한 것은 무질서한 공동식사를 바로 잡기 위해 유월절 만찬의 말씀을 전함으로써 교회 공동체의 공동식사의 신학적 의미를 제공하려는 의도가 있는 것으로 보인다. 교회에서 편지가 전해지기 전까지 공동식사와 관련하여 먼저 먹는 사람들로 인해 나중에 온 사람들이 먹을 것이 없는 문제를 해결하기 위해 이러한 내용을 적어 보냈고, 편지가 발송된 이후에는 공동식사를 위해 모든 멤버들이 모인

---

[20] 행 2:42-47에 언급되고 있는 예루살렘 원공동체의 생활에서 매일 공동식사를 했다는 것을 이러한 맥락에서 이해할 수 있다. 행 20:7-12에서 매일이 아니라 일주일에 한번 주일날 "빵을 떼기 위해 모였다"는 표현에 근거하여 초기 공동체가 일주일에 한 번 만 모여 식사를 했다고 본다면, 초기 공동체가 초기에는 매일 모여 식사를 하다가 점차 일 주일에 한 번으로 줄여갔다고 볼 수 있다. 그러나 콜만은, 일주일에 한 번 "떡을 떼다"는 표현은 이미 배불리 먹는 식사의 의미를 떠나 예전적인 성만찬의 의미로 보아야 한다고 주장한다. 즉 일주일에 한 번 주일날 떡을 떼는 행위는 예배의 행위라는 것이다. 이에 관해 B. Kollmann, op.cit., 71-78 참조.

후에 유월절 만찬의 말씀을 전한 후 식사를 시작했을 것으로 여겨진다. 그럴 경우 그 공동체에서 신앙이나 인품으로 인정받는 멤버가 유월절 만찬의 말씀을 전하는 임무를 감당했을 것이다.

마태복음보다 20여년 후, 즉 100년경에 쓰여진 디다헤서[21]에 보면, 식전에 드리는 기도문(9장)과 식후에 드리는 기도문(10장)이 있다.[22]

<식전기도문>
감사(례)에 관하여. 여러분은 이렇게 감사드리시오.
우선 잔에 대해서(이렇게 하시오).
우리 아버지, 당신 종 예수를 통해 우리에게 알려 주신대로
당신 종 다윗의 거룩한 포도나무에 대해
우리는 당신께 감사를 드립니다.
당신께 영광이 영원히.
빵조각에 대하여 (이렇게 하시오).
당신께 감사드립니다. 우리의 아버지,
당신 종 예수를 통해 우리에게 알려 주신
생명과 지식에 대해.
당신께 영광이 영원히.
이 빵조각이 산들 위에 흩어졌다가 모여
하나가 된 것같이
당신 교회들도 땅 끝에서부터
당신 나라로 모여들게 하소서.

---

21) "열두 사도의 가르침"이라고도 불리우는 이 책은 정경에는 포함되지 못했지만, 1세기에서 2세기 교회의 질서라는 면에서 발전단계를 볼 수 있는 귀한 문서이다. 특별히 세례와 공동식사와 관련하여 중요한 교회 규정을 가지고 있다. 헬라어 원문과 독일어 번역으로는 K. Wengst, *Didache (Apostellehre), Barnabasbrief, Zweiter Klemensbrief, Schrift an Diognet. Eingeleitet, herausgegeben, übertragen und erlaeutert*, SUC II (Darmstadt: Wissenschaftliche Buchgesellschaft, 1984); K. Wengst/정양모 역,『열두 사도들의 가르침-디다헤』 (왜관: 분도출판사 1993/2003(4)), 64-77 참조.

22) 이에 대한 해설로는 B. Kollmann, op.cit., 79-101 참조.

영광과 권능에 예수그리스도로 말미암아
영원히 당신의 것이기 때문입니다.

주님의 이름으로 세례받은 사람이 아니면, 아무도 여러분의 감사(례)에서 먹지도 마시지도 말아야 합니다. 주님께서도 이것에 대해 이렇게 말씀하셨습니다:
"거룩한 것을 개들에게 주지 마시오"(디다헤 9:1-5).

고후 11:23-26에 나오는 성만찬 제정문과 비교하면 디다헤서의 식전 기도문의 특징은 마실 것에 대해 먼저 기도한다는 점이다. 고후 11:23-26에 의하면 빵을 먼저 축사하고 잔에 대해 축사하고 있다. 그리고 예수의 죽음을 기억할 것을 간구하는 반면, 디다헤서에서는 교회의 모임을 간구하고 있다.

<식후 기도문>
거룩하신 아버지여, 당신께 감사드립니다.
우리의 마음에 머무르게 하신
당신의 거룩한 이름에 대해.
그리고 당신의 종 예수를 통해 우리에게 알려주신
지식과 믿음과 불멸에 대해.
당신에게 영광이 영원히.
당신, 전능하신 주재자여,
당신은 당신의 이름 때문에 만물을 창조하시고,
사람들에게 양식과 음료를 주시어 즐기게 하시고,
당신께 감사드리도록 하셨나이다.
그리고 우리들에게 영의 양식과 음료와 영생을
당신의 종인 예수를 통하여 베풀어주셨나이다.
무엇보다도 우리가 당신께 감사드리는 것은,
당신이 능하시기 때문입니다.
당신께 영광이 영원히.
주님, 당신의 교회를 기억하시어

모든 악에서 교회를 구하시고
당신의 사랑 안에서 완전케 하소서.
교회를 사방에서 모으소서.
당신이 교회에 예비하신 당신의 나라로 모으소서.
권능과 영광이 영원히 당신의 것이기 때문입니다.

은혜는 오고 이 세상은 물러가라!
다윗의 하나님 호산나!
만일 누군가 거룩하거든, 오시오.
만일 누군가 그렇지 못하다면 회개하시오.
마라나타!
아멘.

여러분은 예언자들로 하여금 원하는대로 감사드리도록 허락하시오 (디다헤 10:1-7).

식후기도에서는 예수 그리스도에 대한 감사와 창조주 하나님에 대한 찬양, 그리고 교회를 위한 간구를 내용으로 하고 있다. 마라나타와 아멘으로 정해진 기도가 끝나면 원하는 예언자들에게 기도할 기회를 제공했던 것으로 보인다.

이것으로 미루어볼 때 50년경 바울이 선교하던 당시만 해도 공동식사에 관해 정해진 규정이 없어서 무질서하게 이루어짐으로써 문제가 되었던 것을 알 수 있고, 이 문제를 해결하기 위해 바울이 고린도전서를 보낸 이후로는 기다렸다가 모두 모인 후에 함께 식사함으로써 어느 정도 질서를 잡아가고 있는 것으로 보인다. 그리하여 100년경에는 쿰란 공동체와 유사하게도 식사 전후에 기도문을 낭송 내지 암송하는 식으로 발전했다고 볼 수 있다.

3) 공동식사의 음식과 음료

초기 그리스도교 공동체의 경우, 예루살렘 교회와 같이 거의 유대인들로 구성된 교회의 경우, 토라의 음식규정(레 11:1-47; 신 14;3-21)을 따르는 일반 이스라엘인들의 식사와 다르지 않았을 것으로 볼 수 있다. 그렇다면, 쿰란 공동체와 초기 그리스도교 공동체는 유사한 음식을 먹었을 것으로 여겨진다.

팔레스타인 외부에 있던 그리스도교 공동체의 경우, 이방인들과 유대인들이 함께 있으므로, 음식으로 인해 문제가 생겼던 사실을 알 수 있다. 갈 2:11-12에서 바울이 안디옥교회에서 게바가 이방인들과 함께 식사를 하다가 야고보 편의 사람이 온다는 소식을 듣고 그 자리를 몰래 피신했던 일을 전하고 있다.23) 이 구절을 근거로 하여 모세오경에 쓰여진 음식규정을 지켜오던 유대인들은 이방인들과 함께 있으면, 현실적으로 유대교의 음식규정을 지키기 어렵다는 인식이 우세했던 것으로 추측해볼 수 있다.

음식과 관련하여 초기 그리스도교 공동체에서 논란이 있었다는 것을 단적으로 보여 주는 것은 고전 8:1-13이다.24) 물론 이 구절이 공동체의 공동식사 상황을 반영하는 것은 아닐지라도, 여기서 바울은 고린도교회에서 우상 제물을 먹는 일(고전 8:4)로 인해 문제가 생긴 사실에 대해 언급한다. 우상제물이란 대개 고기를 말하는 것이다. 고기는 당시 음식 문화로 볼 때 흔하지 않은 음식으로서 제사나 축제와 같은 특별한 때에 먹을 수 있는 음식이다. 가령 유대인은 돼지고기를 먹을 수 없다고 음식 규정에 나와 있다(레 11:7-8). 그러므로 유대인의 입장에서는 돼지고기를 먹을 수는 없을 것이다. 그러나 이방인들 사이에서는 고기 자체가 귀한 음식이므로 음식을 먹고자 하는 사람과 우상제물이므로 먹기가 께름칙했던 사람 사이에, 그리고

---

23) 안디옥사건에 관해서는 김창락,『갈라디아서』, 기독교서회 창립 100주년 기념 성서주석 40 (서울: 대한기독교서회, 1999), 204-218 참조.

24) 이에 관한 최근 연구로는 김판임, "지식과 사랑의 이중주: 고린도전서 8장 연구",『말씀과 교회』40 (2006), 64-76 참조.

먹어도 상관없다는 의견과 먹어서는 안 된다는 의견 사이에 대립이 있었을 것이라고 추측할 수 있다.25)

　롬 14장을 보더라도 음식문제로 인해 교회 안에서 갈등이 생길 수 있다는 것을 짐작할 수 있다. 여기서도 문제의 관건은 역시 고기 먹는 문제이다. 이 구절에서 바울은 믿음이 약한 자와 강한 자의 갈등으로 다루되, 믿음이 약한 사람은 채소만 먹는다(롬 14:2)고 함으로써 문제의 핵심이 고기 먹는 일임을 밝힌다. 아마도 채소나 과일은 전혀 문제가 되지 않았던 것 같다. "고기를 먹는 사람은 먹지 않는 사람을 업신여기지 말고, 먹지 않는 사람은 먹는 사람을 비판하지 마시오(롬 14:3)", "먹는 사람도 주님을 위하여 먹고, 하나님께 감사를 드리고, 먹지 않는 사람도 주님을 위하여 먹지 않고 하나님께 감사를 드립니다(롬 14:6)", "음식문제로 그 사람을 망하게 하지 마십시오. 그리스도께서 그 사람을 위하여 죽으셨습니다(롬 14:15)", "고기를 먹는다든가, 술을 마신다든가, 그밖에 무엇이든지, 형제나 자매를 걸려 넘어지게 하는 일은 하지 않는 것이 좋습니다(롬 14:21)"라는 식으로 바울은 먹는 일로 교회 안에서 갈등이 고조되지 않도록 조언하고 있다.

　이와 같이 고기 먹는 문제를 제외하면, 초기 그리스도교 공동체에서 공동식사를 위해 사용되었을 음식은 대개 곡물과 야채, 과일류라고 할 수 있을 것이다. 바울과 당시 선교사들의 활동 영역이 지중해를 중심으로 이루어진 것을 감안할 때, 지중해 지역에서 많이 재배되는 밀과 보리와 같은 곡물26), 올리브와 포도같은 과일들27)을 생각해 볼 수 있다. 지중해 지역은 햇빛이 강하므로 과일이 잘 재배되었

---

25) P. Lang, op. cit.(1986), 108-113.
26) 머귈론 투생-사마, 앞의 책, 157 이하 참조.
27) 기원전 5세기 그리스인들에게 중요한 음식 세 가지는 빵과 기름과 포도주였다고 한다. 머귈론 투생-사마, 앞의 책, 153.

으므로, 음료로는 과일주스나 포도주 같은 것을 마셨을 것으로 추측해 볼 수 있다.

4) 공동식사의 유래와 신학적 의미

초기 그리스도교의 공동식사는 쿰란 공동체와는 완전히 다른 의미에서 이루어졌던 것 같다. 고전 8:6에 의하면, 예수를 믿는 그리스도인들은 하나님을 아버지로 고백한다. 세례 받은 정회원이 하나님을 아버지로 고백하는 한, 그리스도인들은 서로 한 아버지를 모시고 사는 가족 공동체이다. 물론 그 가족 공동체는 혈연 중심이 아니라 믿음 중심으로 이루어진 공동체이며, 가정의 중심인 가장이 하나님이기 때문에 보통 가족이 아니라 성가족 공동체[28]라고 할 수 있다. 초기 그리스도교 공동체는 이러한 성가족 공동체라는 의식을 가지고 공동식사를 시행했을 가능성이 높다. 왜냐하면, 가족 공동체의 구체적인 실천은 공동식사에 있기 때문이다.

초기 그리스도교 공동체가 하나님을 아버지로 부르고 하나님을 아버지로 모시는 가족공동체로 시작할 수 있었던 근거는 역사적 예수의 삶에서 얻었던 것으로 볼 수 있다. 유대교에서 하나님은 멀리만 있었던 것인데, 예수께서 하나님을 아빠 아버지라고 불러 하나님을 가까운 존재로 알게 하였다.[29] 또한 살아서 활동하실 때에 소외

---

[28] "성가족 공동체"란 표현은 이미 하이델베르크의 교수 타이센이 그의 저서 『역사적 예수』에서 사용한 개념이다(288-289, 322-324). 막 3:31-35에 근거해서 예수의 지상 활동 중에 일반적 가족과 구별되는 의미에서 예수 추종자들을 포함하는 개념으로 서술하고 있지만, 사실 이것은 복음서가 기록되기 전, 초기 그리스도교 공동체의 이념을 잘 표현한 개념이라고 할 수 있다.

[29] J. Jeremias, *Abba Studien zu neutestamentlichen Theologie und Zeitgeschichte* (Göttingen: Vandenhoeck und Ruprecht, 1966); J. Jeremias(1979)/김경희 역, *Neutestamentliche Theologie erster Teil: Die Verkuendigung Jesu,*『예수의 선포』 (왜관: 분도출판사, 1999), 97-105 참조. 예레미아스는 예수의 발언 중에 하나님을 아빠 아버지로 부른 것을 진정한 것으로 지적한다. 예수가 유대교 안에

된 사람들과 함께 식사하시던 예수님의 삶의 현장을 초기 그리스도인들도 계속하고 싶었던 욕구가 반영되었을 것으로 보인다. 예수는 죽고 없지만, 그의 영이 함께 하신다는 영적 교류를 나누었을 것으로 추론할 수 있다. 공동식사의 효용성으로는 공동체 멤버들간에 돈독한 단결을 이룰 뿐만 아니라[30] 드러내지 않고 어려운 이웃을 함께 살 수 있게 해주는 아름다운 구제 행위였다고 할 수 있다.[31]

쿰란공동체와 초기 그리스도교 공동체가 유사하게도 멤버들간의 공동식사를 시행하고 있었지만, 그 방식이나 신학적 이유가 매우 다름을 살펴보았다. 그러나 다른 종교에 없는 공동식사를 시행함으로써 공동체 멤버들간의 단결력을 이루고, 공동체의 이념을 멤버들에게 심어준다는 점에서는 두 공동체 모두에게 의미 있는 행사였다.

쿰란공동체는 성전제의의 대체로서 공동식사를 시행하였다. 그리하여 매일매일 모여 엄격한 규정에 따라 식사를 했다. 그들은 하나님이 정하신 구원의 날, 올바르게 성전 제의를 수행할 수 있는 날까지 잠정적으로 공동식사를 함으로서 마지막 때 구원을 얻을 수 있도록 준비하고 노력하는 공동체였다.

초기 그리스도교 공동체는 하나님을 아버지로 모시는 성가족 공동체 의식을 가지고 "한 식구"라는 이념을 실천하는 구체적인 행위로서 공동식사를 시행하였던 것으로 보인다. 공동식사로써 초기 그리스도인들은 감사와 기쁨을 함께 나누는 구원공동체를 몸소 실천

있으면서도 당시 유대교를 뛰어넘는 혜안이 예수에게 있었음을 잘 파악했다고 볼 수 있다. 김판임, "아주 특별한 용기-하나님 아버지를 부름", 『한국여성신학』 61 (2005, 여름), 62-68 참조.

30) 타이센/김명수 역 "사회적 통합과 성례전 행위-고린도전서 11장17-34절에 대한 분석", 『원시 그리스도교에 대한 사회학적 연구』(서울: 대한기독교출판사, 1986), 365-393.

31) 디모데전서와 같이 2세기에 이루어진 문서를 보면, 공동식사로 인해 교회가 재정적으로 부담을 안았던 것을 미루어 짐작할 수 있다(딤전 5:16 참조).

하게 된 것은 매우 뜻 깊은 일이라고 하겠다. 고린도전서가 쓰여지기 전에는 식사에 관한 규정이 정해져 있지 않았기 때문에 무질서했지만, 고린도전서 이후 식사의 질서를 잡기 위한 교회의 노력이 계속되었다. 식전 기도문과 식후 기도문이 기록된 디다헤서에서 그러한 노력의 결과를 엿볼 수 있다.

3. 비교

비교 내용	쿰란 공동체	초기 그리스도교 공동체
1 공동식사 참여자	정회원(20세 이상 유대 남성)	정회원(세례받은 남녀노소, 유대인과 이방인, 노예와 주인)
2 공동식사 횟수	매일 2회(점심, 저녁)	매일 저녁 1회
3 식사예식 (기도문)	1) 식전에 정결 목욕 2) 식전에 기도로 시작하고 식후에 기도로 마침	바울 당시 없다가 주님의 죽음을 전하면서 차츰 식전 식후 기도문이 전승됨
4 음식/음료	빵, 포도주, 죽, 고기	빵, 포도주, 죽, 고기
5 공동식사의 신학적의미	성전제의 대체	하나님의 자녀됨 실현, 하나님의 가족 공동체 구성원으로서 자의식의 구체적 실천
6 공동체적 의미	제의적으로 정결한 공동체	성가족 공동체

제3장 혼인생활

    쿰란공동체-에세네파 사람들은 혼인을 기피하고 독신 생활을 하는 독신주의자들의 모임이었다고 종종 묘사되곤 한다. 그리고 초기 그리스도교 공동체에서도 혼인생활보다 독신생활이 더 우월한 삶으로 가르쳤다고 여기는 사람도 적잖다. 아무나 독신 생활을 하는 것이 아니라, 예수나 바울과 같은 훌륭한 분, 독신의 은사를 받은 사람이나 독신 생활을 할 수 있다고 생각하기도 한다.
    그러나 과연 쿰란공동체나 초기 그리스도교 공동체가 혼인을 저급한 사람들이 하는 일이고, 종교적으로 탁월한 인재는 혼인을 하지 않고 영적인 생활만 한다고 가르쳤는가? 어떤 종교적인 집단이 혼인을 멀리 하고 독신 생활하는 것을 권장하는가? 쿰란-에세네파가 그러했는가? 그리스도교 공동체가 그러했는가? 쿰란 공동체와 예수 그리고 바울 모두 유대인이며 종말론적 의식이 강했던 점이 공통적이다. 흔히 생각하듯이 종말이 다가 왔다는 것이 독신생활의 근거가 될 수 있을까? 독신 생활을 권장했다는 점에서 두 종교 집단은 연결점이 있는가?
    예수도 바울도 쿰란-에세네 사람들도 모두 유대인이라는 공통점이 있다. 그들이 모두 유대인이라는 것은 그들이 성서적 유산을 공동으로 가지고 있다는 것을 의미한다. 고대 유대교에서는 남자가 혼인을 포기한다는 것은 토라의 지시를 거역하는 일이다. 왜냐하면, 인류를 향한 하나님의 첫 번째 계명이 "생육하고 번성하라"(창 1:28)이기 때문이다. 이것은 창조 6일째 하나님이 사람을 만들고 나서 내린 축복이지만, 유대교에서는 이것을 모든 사람은 혼인을 해야 한다는 계명으로 이해하기 때문이다.1) 이러한 계명을 가진 유대인이 혼인을 기피한다는 것은 있을 수 없는 일이다. 예수는 과연 이러한 계명을 깨며 독신을 권장했을까? 바울은 과연 독신을 권장하는 사람이었을까?

이러한 질문들을 가지고 쿰란-에세네 공동체와 초기 그리스도교 공동체의 혼인에 대한 이해를 살펴보고자 한다.

1. 쿰란 공동체의 혼인 생활

1) 적령기: 20세

쿰란공동체가 당시 유대교의 혼인에 비해 독특한 점이 있다면, 혼인 적령기가 늦다는 점이다. 일반적으로 고대 유대교에서 소년이 13세가 되면 종교적으로 성숙한 사람이 되며, 따라서 혼인할 수 있는 연령이기도 하다. 다만 가정을 이루기 위해 경제적인 능력을 갖추어야 하므로 일반적으로 16-17세 정도에 혼인을 한다.2) 여자는 보통 생리가 시작되는 만 12-13세가 되면 혼인이 가능하다. 반면에 쿰란-에세네 사람들은 만 20세가 되어야 종교적으로 성숙하고, 혼인할 수 있는 것으로 본다(1QSa I, 6-11).

현대 사회에서는 30세가 넘은 미혼자도 많지만, 틴에이저 때 혼인을 하는 것이 보편적인 그 당시에 20세가 되어야 혼인이 허락되는 것은 이 공동체가 혼인에 대해 적극적이지 못한, 혼인에 대해 주저하는 모습을 보인 것으로 이해될 수도 있다.

---

1) H. Stegemann, *Die Essener, Qumran, Johannes der Täufer und Jesus* (Freiburg: Herder, 1993), 268.
2) 김판임, "유대교에서의 여성의 역할과 지위 및 이에 대한 예수의 입장", 『한국기독교신학논총』 18 (2000), 109-158 참조.

2) 일부일처제, 재혼불가

일반적으로 유대교에서는 이혼도 있고, 이혼이나 사별 후 재혼도 있다. 혹은 아내를 두고 중복 혼인하는 경우(야곱, 사무엘)나 첩을 두는 경우(아브라함, 야곱)도 있었다. 그런데 쿰란 문서에서는 사람이 일생에 단 한 번만 혼인하는 것을 원칙으로 하고 있다. 일생에 일회 혼인은 그들에게 있어서 원칙이었던 것 같다(CD IV, 20-V, 2).

> IV, 20 그들은 두 가지 방식으로 음행에 빠져 있는데,
> 21 즉 그들이 일생에 두 아내를 가졌다.
> 그러나 창조의 기초는 다음과 같다:
> 남자와 여자로 그가 그들(인간들)을 창조하셨다(창 1:27).
> V, 1 그들이 방주에 들어갈 때, 둘씩 둘씩 방주로 들어갔다(창 7:7).
> 지체 높은 분에 대해서는 다음과 같이 쓰여있다:
> 2 그는 아내들을 가져서는 안 된다(신 17:17).

이 본문에 의하면, 쿰란공동체는 일부일처제를 시행하고 있었고, 또한 일부일처제에 대해 다음과 같은 성서적 근거를 가지고 있음을 알 수 있다.

1) 창 1:27-28. 이 구절은 보통 하나님이 인류를 처음부터 두 가지 성으로 만드셨다고 이해될 수 있다. 즉 인류의 일부는 남자로, 일부는 여자로 만드셨다는 것이다. 즉 사람은 남자 아니면 여자이다. 그런데 그 다음에 창 2장에서 인류의 시초로 아담과 이브라는 개별적인 인간이 하나님에 의해 만들어지는 이야기가 이어지면서, 창 1:27이 "한 남자와 한 여자"라는 의미로 해석되었다. 쿰란-에세네 사람들은 이것을 "원래 쌍으로"라는 의미로 해석하여, 한 남자에 특정한 한 여자가 정해져서 평생 함께 속했다는 것으로 이해했다. 동양에서 "하늘이 맺어준 천상배필"이라는 표현과 같은 의미라고 하겠다.

2) 창 6:18; 7:7,13; 8:16, 18; 9:1. 쿰란-에세네 사람들이 가졌던 엄격한 일부일처제의 성서적 전거는 노아의 방주와 관련된다. 하나님이

홍수로써 모든 악한 인간들을 멸하실 때, 전형적인 의인인 노아가 그의 가족들과 가축들과 함께 방주에 들어갈 때, 모두 각자의 아내들과 함께, 즉 쌍쌍이 들어갔다. 이것으로써 노아 이래 쌍으로 존재하는 인류의 삶의 행태가 일부일처제의 근거가 되었다.

3) 신 17:17. "아내를 많이 두어 그 마음이 미혹되게 말 것이며". 이 구절이 원래 의미하는 것은 왕은 많은 수의 아내와 혼인을 해서는 안 된다는 것이다. 특별히 700명의 아내와 300명의 첩을 두었던 솔로몬 왕(왕상 11:3)을 모델로 삼아서는 안 된다는 의미였다. 쿰란-에세네 사람들은 "아내를 많이 두어서는 안 된다"는 것을 해석하여 "왕이라도 한 명의 아내만을 가져야한다"로 이해하였다.

유대 역사에서 일부일처제가 언제부터 확정되었는지 분명치 않지만, 서서히 일부일처제로 향해갔다고 보고 있다.3) 일부일처제가 확정된 이후에 사람들은 아내가 죽었을 경우나 이혼의 경우 재혼을 어렵게 여기지 않았던 것 같다. 이혼도 재혼도 유대사회에서는 합법적인 일이었다.4) 남자가 독처하는 것보다는 속히 재혼을 해서 남녀가 쌍으로 존재하는 것이 적절하다고 여기는 사람이 많았던 것 같다. 그러나 쿰란-에세네 사람들은 위에 열거한 세 성서적 전거와 그와 관련된 해석으로 인해 일생에 단 한 번의 혼인을 요구했던 것으로 보인다.

3) 혼인생활과 정결예식

쿰란 에세네 사람들은 매일 모일 때나 그들의 전체 생활에서 성전 제의에 참여하는 동안 지켜야 할, 수준 높은 정결 규정에 합당한 삶을 살아야 한다. 그런데 만일 모든 에세네사람들이 항상 예배에 참

---

3) 김판임, 앞의 논문(2000), 110-113 참조.
4) 이혼이 남자의 주도에 의해 이루어지는 것이긴 해도 유대사회에서는 합법적인 일로 이해되었다. 그럼에도 불구하고 이혼 후 다른 남자와 재혼했다가 이혼하고, 첫 번째 남편과 다시 재혼하는 일은 금지되었다(신 24:1-4).

여한다면, 아기를 낳기 위해 행해야 할, 불결해지는 성적 교류가 동반되는 혼인 생활이 어떻게 용납될 수 있었겠는가?

실제로 그들이 성생활을 불결한 것으로 여겼다는 것은 다마스커스 문서(CD XII, 1-2)에서 알 수 있다. 이 구절에 의하면, 여자와 동침할 때에는 거룩한 도시 예루살렘을 떠나 그들이 사는 지역 밖에서 하라고 지시한다:

> "거룩한 도시에서는 어떠한 남자도 여자와 함께 누워서는 안 된다. 거룩한 도시가 그들의 부정으로 더러워지지 않도록"(CD XII, 1-2).

이러한 문제는 다음과 같은 이유에서 극복될 수 있었다. 첫째, 토라에서 창조시의 명령이 모든 제의 규정들보다 선행하고 우선한다는 점이다. 둘째, 성적 교류는 레 15:18에 의하면 일생동안 불결하게 하는 것이 아니라 하루만 불결하게 한다는 것이다. 셋째, 에세네 사람들은 성생활을 아내가 아기를 낳을 수 있을 시기에만 한정했고, 이 시기에도 가끔만 했다는 점이다.

4) 쿰란-에세네 공동체가 독신자 그룹으로 보인 이유

쿰란 문서에 혼인에 관한 규정들이 적잖이 있다는 사실에 근거해 볼 때, 그 공동체가 독신을 지향하지는 않았다고 볼 수 있다. 에세네파가 독신자들의 모임이라는 오해는 다음과 같은 요세푸스의 보도에 의한 것이다.

> "에세네파는 쾌락을 악으로 간주하여 포기하고, 정욕에 대한 억제와 금욕을 미덕으로 여긴다. 그들은 결혼을 경멸하나, 철없는 나이에 있는 다른 사람의 아이들을 입양하여 가르친다. 그들은 그 아이들을 혈통적으로 자신들에게 속해 있다고 생각하고, 자기들의 관습에 순응하도록 만든다"(BJ II, 120).[5]

---

[5] 위 번역은 천사무엘, 『사해문서와 쿰란공동체』(서울: 대한기독교서회, 2004), 59에서 인용.

"그들은 아내도 두지 않고 노예도 없다. 사실 그들은 노예제도를 부당한 것으로, 그리고 결혼을 불화로 이끄는 것으로 여긴다. 그러므로 그들은 자신들끼리 살며 서로에게 봉사한다"(Ant. V, 21).[6]

그러나 유대전쟁사 II, 120에 이어 121에서는 "그러나 그들이 결혼제도를 폐지하거나 결혼으로 인한 종족의 번식을 포기한 것은 아니다"라고 함으로써 혼인을 기피한 단체는 아닌 것으로 서술한다. 뿐만 아니라 그 이후에 언급되는 160-161에 의하면 에세네파의 일부는 아내와 함께 살고 있기도 한다:

"생활 방식, 관습과 풍습에서 다른 사람들과 일치하지만 결혼의 문제에서는 자신들을 분리하는 자들의 모임이 에세네파 안에 존재한다. 실제로 결혼하지 않은 사람들은 삶의 매우 중요한 부분, 즉 종족의 번식을 중단한다고 그들은 믿는다. 그들은 모든 사람들이 같은 견해를 취한다면 인류는 매우 빨리 사라진다는 것을 한결 믿는다(160). 그럼에도 불구하고 그들은 삼 개월 동안 그들의 여자를 관찰한다. 그들이 스스로 세 번 정결 예식을 하여 아이를 낳을 수 있다고 입증하면, 그 다음 그들은 그 여자와 결혼한다. 그리고 그들이 임신하였을 때 아내와 육체관계를 맺지 않음으로써 그들이 쾌락 때문에 결혼한 것이 아니라 아이들을 낳을 필요성 때문에 결혼했다는 것을 보여 준다. 여자들은 세마포를 두르고 목욕을 하고 남자들은 허리에 두르는 옷을 입는다. 이것이 이 단체의 관습이다"(161).[7]

이상과 같이 요세푸스의 보도를 보더라도 쿰란공동체가 독신주의를 표방하는 독신 남자들의 모임은 아니었다고 보인다. 마이어는 위와 같이 요세푸스의 보도에서 에세네파 사람들이 독신생활을 했다 혹은 혼인생활을 했다고 묘사하는 것에 근거해서 쿰란-에세네파 사람들은 독신자 그룹과 혼인생활을 하는 그룹, 두 가지 방식이 공

---

6) 앞의 책, 68.
7) 앞의 책, 67.

존한 것으로 설명한다.8) 그러나 쉬테게만은 유대인으로서 혼인을 안 하는 것은 있을 수 없는 일로 보고 있다. 왜냐하면 창 1:27의 말씀은 유대인들에게 있어서 신적 명령으로 여겨지기 때문이라는 것이다. 그러므로 쿰란공동체의 멤버들도 혼인을 했을 것이 분명하며, 다만 외부에서 보면 여자 없이 독신생활을 하는 것처럼 보일 수 있다는 점을 고려하고 있다. 그 이유는 쿰란 공동체의 엄격한 일부일처제, 즉 일생에 단 한 번만 혼인할 수 있다는 규정 때문인 것으로 보고 있다.

그에 의하면, 당시 생활 여건이 매우 열악하기 때문에 여성들 중에는 만 25세를 넘기기가 어려웠다는 것이다. 많은 여성들이 출산하는 과정에서 일찍 사망하거나 아니면 그 외 다른 병으로 죽거나 불임이 될 경우 이혼을 당하거나 혹은 더 이상 쓸모가 없는 여자로 친정으로 돌려보내졌을 수 있다는 것이다. 이런 경우 일반적으로는 후처를 얻지만, 쿰란-에세네 공동체는 일생에 단 한 번의 혼인을 허용하기 때문에 남자들이 재혼하지 못하고 독신으로 머물 수밖에 없었다는 것이다. 쉬테게만이 추정하기는 이 공동체 사람들의 혼인 생활은 길어야 평균 10년 안팎이었으며, 10년 정도의 혼인생활 이외의 나머지 삶은 독신생활이었을 것이라고 본다.9)

그러므로 쿰란-에세네 사람들이 독신생활을 했다는 것은 사실상 틀린 말은 아니지만, 그들이 평생 독신생활을 했다기보다는 일반 유대인들보다 늦은 나이(20세)까지 미혼 상태이거나, 많은 경우 사별한 홀아비나 이혼남이었다고 보아야 할 것이다.

도시나 팔레스타인의 도시나 시골에 있는 에세네 그룹들에서도 쿰란 주거 지역만큼 혼인관련법이 엄격하지는 않았을 것이다. 그러

---

8) J. Maier · G. Schubert, *Die Qumran-Essener*, UTB 224 (München: Ernst Reinhardt, 1992), 41-47참조.

9) H. Stegemann, op.cit., 270-271 참조.

나 쿰란 폐허지 주변에 있는 공동묘지의 발견물에 의하면, 쿰란 지역에 살았던 남자들의 평균 수명은 30세 정도였다. 그 이유는 당시 그 지역의 살기에 적합하지 않은 기후 상태와 열악한 노동 조건 때문이었을 것이다. 쿰란 지역에서 일하는 사람들의 10%가 가족과 함께 살았고, 다른 사람들은 가끔씩 가족을 방문하곤 했을 것으로 쉬테게만은 보고 있다.10)

에세네파가 독신자들의 모임이었다는 오해를 가져온 데에는 알렉산드리아의 필로도 한 몫을 했다. "유대인을 위한 변증"이란 문서에서 필로는 다음과 같이 썼다:

"다른 한편, 공동생활의 기반을 무너뜨리려고 위협하는 단 하나의 또는 주요한 장애물에 대항하여 생활에 필요한 것들을 잘 공급해 주면서, 그들은 완전한 절제의 실천을 명령함과 동시에 결혼을 금했다. 실재로 에세네파의 어느 누구도 여자를 취하지 않는데, 여자는 이기적이고 극단적으로 질투하며, 어떤 배우자의 도덕성을 유혹하는 것과 끝없는 매혹으로 그를 사로잡는데 능하기 때문이다"11)

이러한 필로의 진술은 필로의 독자들이 유대인이 아니라 이방인이라는 점을 염두해 두고 기록했다고 쉬테게만은 보고 있다. 즉 필로는 당시 많은 비방을 받고 있는 유대교가 에세네파와 같은 큰 "철학종파"의 형태로 독신주의라는 이념을 신봉하는 공동체를 제시하려고 했다는 것이다. 그렇게 함으로써 그리스인들에게 이러한 관점에서 분명한 모본으로 여겨지는 피타고라스학파와 견줄 만한 것으로 제시하려고 했다는 것이다.12)

---

10) Op.cit., 271.
11) 천사무엘, 앞의 책(2004), 79.
12) H. Stegemann, op.cit.(1993), 272.

2. 초기 그리스도교 공동체의 혼인생활

1) 적령기: 없음

초기 그리스도교 문헌에는 멤버들의 혼인 적령기에 관한 기록이 없는 것으로 보인다. 당시 문화를 고려하여 짐작한다면, 유대인이든 그리스인이든, 어려서 부모가 정해준 사람과 10대 중 후반- 여자는 첫 생리가 있은 후 12-14세, 남자는 생활력을 기른 16-18세에 했을 것이다.13)

2) 일부일처제, 재혼불가?

초기 그리스도교 공동체가 언제부터 일부일처제를 지향했는지 알 수가 없다. 초기 문서인 바울 서신에서는 혼인제도에 대해 어떤 규정을 가졌는지 그 흔적을 찾아보기 어렵다. 그러나 후기문서인 목회서신들을 보면, 집사와 감독에 관한 규정에서, "한 아내의 남편" (딤전 3:2, 12; 딛 1:6)이라는 표현이 나오는 것으로 보아 그 때까지 공동체 내에 여러 아내를 가진 사람도 있었다는 것을 짐작할 수 있다.14)

이 규정이 의미하는 바에 대해서는 해석의 여지가 있다.15) 즉 "한

---

13) 얀 토마스 · 앙드레 뷔르기에르 외, "로마시민으로서의 아버지, 아버지의 도시로서의 로마(기원전2세기-기원후2세기)", 『가족의 역사, 오래된 세계, 이질적인 선택』(서울: 이학사, 2001), 267-322, 특히 310-314 참조.

14) M. Dibelius · H. Conzelmann, *Die Pastoralbriefe* (Tübingen: J.C.B. Mohr, 1966), 『목회서신』, 국제성서주석 42 (서울: 한국신학연구소, 1983), 81.

15) 이 구절의 해석의 가능성에 대해서는 H. Merkel, *Die Pastoralbriefe*, NTD 9/1 (Göttingen: Vandenhoeck und Ruprecht, 1991); 윤철원, "그레꼬-로마적 관점에서 본 목회서신의 결혼문제", 『신약논단』 8/1 (2001, 봄), 123-148. 윤철원은 이 구절의 해석에 대한 네 가지 가능성(1) 독신 금지, 2) 중혼 금지, 3) 이혼 후 재혼 금지, 4) 사별 후 재혼 금지)을 점검하고, 여하간 현재 한 명의 아내에게 충실한 삶을 영위하는 자라는 입장을 채택하고 있다.

아내"(μιᾶς γυναικὸς ἄνδρα)라는 표현이 일생에 단 한 명의 아내를 가졌다고 하는 의미인지, 아니면 이혼 후나 사별 후에도 새로운 아내를 가졌어도 한 명의 아내를 가졌다는 의미인지 분명치 않다. 후자가 가능하다면, 그리스도교 공동체에서는 동시에 여러 아내를 가지는 것, 즉 중혼만 옳지 않은 것으로 보았다고 할 수 있다. 그렇지 않다면, 초기 그리스도교에서도 쿰란 공동체와 마찬가지로 일생에 단 한 번 만의 혼인을 권장했으리라는 결론이 나온다. 쿰란공동체가 일생에 단 한 번의 혼인을 성서적인 근거로 주장했어도, 이러한 주장과 실천은 유대교 안에서도 매우 극단적인 것이라고 할 수 있다. 그러므로 초기 그리스도교가 그들과 마찬가지로 극단적인 입장을 취했으리라고는 추측하기 어렵다. 최근에 이 문제에 대해 연구한 윤철원은 이 문맥에서 "한 아내"란 여타 이유에서건 현재 한 명의 아내를 가진 자라는 뜻으로 해석하고 있다. 그렇다면 초기 그리스도교에서도 당시 로마 사회에서 일반적이었듯이[16] 이혼이나 사별 후 재혼이 허락되었다는 것을 의미한다. 이 문제는 그리 간단한 것은 아니다.

먼저 복음서에 예수의 가르침으로 이혼과 재혼을 금하는 내용이 나온다는 사실이다(막 10:1-12/마 5:31-32; 19:3-9/눅 16:18). 막 10:1-12은 혼인과 이혼, 재혼에 관한 예수의 입장을 보여주는 기본적인 본문이다.[17]

이야기는 바리새인과의 논쟁으로 전개되는데, 논쟁의 주제인 이혼의 타당성에 대한 질문은 예수의 말을 유도하는 역할을 한다. 이혼이 타당한 일이냐 여부의 문제는 예수 지상생활 당시의 문제라기보다는 초기 그리스도교 공동체에서 빈번히 일어나는 문제라고 볼 수 있다. 왜냐하면 유대교 내에서는 이혼이 합당한 일이냐 아니냐의

---

16) 얀 토마스·앙드레 뷔르기에르 외, 앞의 책, 301-310.
17) 김판임, "이혼 논쟁에 나타난 예수의 결혼 이해(막 10:1-9를 중심으로)", 『한국여성신학』 44 (2000년 겨울호), 5-10.

논쟁은 무의미한 주제이기 때문이다. 신 24:1-4의 내용은 이혼의 타당성에 관한 것이라기보다는 이혼할 때에 해야 할 일을 제시하고 있다. 반면에 초기 그리스도교 공동체에서는 세례와 관련해서 새로운 자기 이해를 가지게 됨으로써 믿지 않는 남편과의 성생활에 대해 부정적인 생각을 가진 유부녀들이 생기게 되면서 이혼이 고려되는 결과가 있었던 것을 볼 수 있다(고전 7:1-24 참조).[18] 따라서 이혼의 타당성에 대한 논쟁인 이 본문의 삶의 자리는 초기 그리스도교 공동체라고 할 수 있다. 그래서 이혼 금지에 관한 내용은 예수의 사상에서 제외하고, 막 10:10-12에 나오는 재혼 금지에 관한 내용만을 예수의 견해로 보는 학자도 있다.

문학적 요소에 예민한 독자의 눈에도 띄는 것이지만, 막 10:2에서 바리새인의 질문으로 시작된 논쟁은 9절로 마감되고, 10절에서는 주제와 장소, 이야기 파트너가 달라지고 있다. 즉 1-9절에서는 이혼이 주제였다면, 10-12절에서는 재혼이 주제이며, 1-9절이 유대지경과 요단강 건너편에서 일어나는 이야기라면, 10-12절에서는 집이라는 공간이 제시되고 있으며, 1-9절에 바리새인들과 예수의 논쟁이야기이라면, 10-12절에서는 제자들과 예수의 사제대화이라고 할 수 있다.[19]

1-9절과 10-12절이 서로 다른 내용이고, 아마도 서로 다른 맥락에서 이루어진 것이라는 증거는 마태와 누가복음과 비교해도 알 수 있다. 마태는 예수와 바리새인들의 이혼논쟁(마 19:1-9)에 이어 제자들

---

18) 고린도전서 7장과 관련하여 김판임, "바울은 이혼을 허락하였는가(고전 7:1-16을 중심으로)", 『헤르메네이아 투데이』 26 (2004년 여름호), 31-41 참조.
19) R. Bultmann/허혁 역, *Geschichte der synoptischen Evangelien* (Göttingen: Vandenhoeck und Ruprecht, 1967),『공관복음전승사』(서울: 대한기독교서회, 1976), 29-31; 정양모,『마르코복음서』, 한국천주교회 200주년 신약성서 (왜관: 분도출판사, 1981(2000 신정판)), 144-145 참조. 정양모는 "초대교회가 마르코 10:2-9의 논쟁을 꾸몄다"는 표현으로써 이혼 논쟁이 교회에 소급됨을 분명히 하고 있다.

의 독신 제안과 연결된 예수의 말을 연결시키고 있으며, 재혼 금지에 관한 내용은 산상수훈의 간음금지 맥락에 넣고 있다(마5:27-32). 누가는 더 나아가 바리새인과의 이혼논쟁 이야기는 삭제하고 이혼 후 재혼을 금하는 예수의 말씀만을 전하고 있다: "무릇 그 아내를 버리고 다른데 장가드는 자도 간음함이요, 무릇 버리운이에게 장가드는 자도 간음함이니라"(눅 16:18). 아마도 한국교회가 이혼이나 이혼 후의 재혼에 대해 부정적인 입장을 취하면서 사별한 사람의 재혼에 대해 호의적인 이유는 여기에 있는 것 같다.

이혼 금지와 재혼금지가 다른 맥락에서 쓰여졌고, 이혼과 관련된 논쟁은 두 복음서에, 재혼을 금하는 내용은 세 복음서에 나온다는 형식적 기준에 근거해서 이혼에 관한 논쟁은 교회의 말로, 재혼금지에 관한 예수의 말은 진정성이 있는 것으로 평가할 수는 없다. 이것은 역사적 예수의 기본적인 사상과 연결지어 이해해야 한다. 이혼 논쟁 자체는 초기 그리스도교 공동체의 문제이지만, 이 문제를 해결하기 위해 가져온 예수의 말은 꾸며낸 말이 아니라 "예수의 진정한 말"이라고 전해 온 신앙전승에 속한 것일 수 있기 때문이다. 예수의 말은 그와 함께 했던 사람들의 깊은 감동과 인상 속에서 각인되어 전승되었다. 이미 문학 비평 이론에서도 평가되었듯이 인간의 기억이라고 하는 것은 그 어떤 기계의 입력 이상으로 정확할 수 있기 때문이다.[20]

막 10:1-9에 나오는 예수의 말이 실제 예수의 신학적 입장을 대변해 주는 요소는 상당히 많이 있다. 무엇보다도 본문에서 보여주는 토라에 대한 예수의 태도가 유대인들에게 흔히 볼 수 없다는 점이다. 즉 신 24:1-4에 나오는 이혼에 관한 규정이 하나님 뜻이 아님에도 불구하고 "인간이 완악해서 이혼을 하기 때문에 모세가 기록하였다

---

[20] 기억의 힘에 관하여는 독일의 문예 비평가 벤야민에 의해 강조되었다. 이경재, 『현대문예비평과 신학』(서울: 다산글방, 2001) 참조.

(막 10:5)"는 입장은 예수가 아니고서는 어느 누구도 발언할 수 없는 말이라고 하겠다. 지금도 마찬가지이지만, 유대교에서 토라는 하나님의 말씀으로 이해되고 있기 때문이다. 이어서 나오는 혼인에 관한 세 마디 말도 예수의 사상에 어울리는 것이라고 할 수 있다:

  a) "창조시부터 저희를 남자와 여자로 만드셨다"(막 10:6).

  b) "그러므로 사람이 그 부모를 떠나서 그 둘이 한 몸이 될 찌니라. 이러므로 둘이 아니요 한 몸이다"(막 10:7-8).

  c) "하나님이 짝지어주신 것은 사람이 나누지 못할 찌니라"(막 10:9).

  a)에 대해: 이 말은 창 1:27의 인용으로서 창조 이야기에서 남녀 모두를 하나님의 형상으로, 남녀 둘을 동시에 만드는 이 이야기를 선택함으로써 혼인에 임하는 남자와 여자의 동등함을 제시한다. 일반적으로 가부장적 문화권에 대해 비판적인 의식이 없는 사람은 혼인과 관련해서 남녀 평등적인 내용을 선택하지 않는다. 그보다는 '남자가 먼저 만들어졌고, 남자가 독처하는 것이 좋지 않기 때문에, 즉 남자를 (외롭지 않게, 그를 돕도록 하기) 위해 여자가 만들어졌다(창 2:18-20), 여자는 남자의 갈빗대에서 만들어졌기 때문에 남자의 것이다(창 2:21-23) - 그러므로 여자는 자기 주장을 해서는 안 되고 남편의 말에 순종해야 한다(여필종부, 엡 5:22 참조)', 이런 식의 가부장적 질서와 가치를 옹호하는 발언을 하는 것이 보통이다.

  예수도 그러한 문화권에서 살았다. 그러나 하나님 나라의 도래를 보고 있는 그의 비젼[21])은 현존하고 있는 가부장적 문화권의 가치에 동조하기보다는 창세 직후 하나님의 뜻, 즉 남자와 여자가 평등하게

---

21) 이에 관해서는 김판임, "신약성서의 구원 이해: 예수와 바울을 중심으로", 『신약논단』 11/3 (2004, 가을호), 533-575, 특히 542-556; 김판임, "예수와 여성: 하나님나라와 관련하여",『하나님나라, 그 해석과 실천』황성규교수 정년퇴임기념논문집, 김성재(편) (천안: 한국신학연구소, 2000), 115-132.

하나님의 형상으로 지음받은 것을 혼인을 위한 가장 기본 명제로 내세운다. 그러므로 이 구절은 예수를 당시 유대교나 초기 그리스도교와 탁월하게 구별시키는 예수의 진정한 말로 인정된다.

b)에 대해: 이 구절은 유대사회에서 혼인에 대한 성서적 근거로 사용하는 창 2:24의 인용이다. 예수는 성서를 그대로 인용하지 않고 창조적인 변용을 시도하고 있다. 즉 창 2:24이 "남자가 부모를 떠나 그 아내와 연합하여 한 몸을 이룰지니라"라고 되어 있는데, 이 내용에서 남자 대신 사람으로 대체하고, "아내와 연합하여"를 생략함으로써 혼인의 주체가 남성이었던 구약성서의 표현을 남녀가 모두 혼인의 주체인 것으로 수정하고 있다. 가부장적 문화권에서 형성된 성서의 본문을 비가부장적 가치관으로 재해석하여 사용하는 예라고 볼 수 있다. 이와 같이 성서의 창조적 변용을 시도한 사람은 예수 외에 찾아보기 어렵다.

c)에 대해: "하나님이 짝지어주신 것은 사람이 나누지 못할 찌니라"(막 10:9). 앞의 두 마디 말이 성서인용이었다면, 세 번째 선언은 예수 자신이 창조적으로 형성한 말이다. 이 구절에서 예수의 이혼에 대한 이해를 볼 수 있다. 그동안 학계에서는 앞부분은 혼인에 관한 예수의 이해, 뒷부분은 이혼에 관한 이해로 여겨졌다. 즉 예수는 혼인을 "하나님이 짝지어 주는 것", 이혼은 "사람이 나누는 것"으로 이해했다는 것이다. 그래서 그리스도교 역사에서는 하나님이 짝지어 주는 신성한 것으로 혼인을 강조해왔다. 아마도 이혼이 문제되었던 초기 그리스도교 상황에서도 그런 식으로 예수의 말이 이해되기를 바랐을 것이다. 혼인한 이상 이혼은 해서는 안 된다는 이혼 절대 불가설이 예수의 가르침으로 못을 박음으로써 초기 그리스도교 공동체에서 생긴 이혼 관련 문제들을 수습하고자 했을지도 모른다. 그러나 과연 예수가 그런 의미로 이러한 발언을 한 것일까?

실제로 그리스도인의 현실은 이렇게 과격한 윤리를 수용할 수가 없다. 그래서 마태는 "누구든지 음행한 연고 외에 아내를 내어 버리고 다른데 장가드는 자는 간음함이니라"(마 19:9)고 예외 규정을 만들어 놓았다. 즉 음행이 사유가 된다면 이혼을 할 수 있다는 식으로 이혼의 가능성을 열어 주었다. 누가는 아예 바리새인과 예수의 이혼 관련 논쟁 대화를 삭제해 버렸다(눅 16:18 문맥 참조).

부모가 정해준 파트너와 죽을 때까지 해로하라고 가르치듯이 과연 예수도 한 번 혼인한 이상 이혼을 해서는 안 된다는 의미에서 이 발언을 했을까? 불행하고 고통스러운 부부관계에 있는 사람에게 그것은 네 운명이라고 가르치지는 않았을 것이다. 하나님 나라의 도래를 보고 가르치는 예수가 불행한 사람을 그대로 머물라는 식으로 가르치지는 않았을 것이기 때문이다. 그렇다면 이 말을 달리 이해할 수는 없을까?

기존의 해석들은 하나님이 짝지어 주신 것은 혼인, 사람이 나누는 것을 이혼이라고 전제하는 데에서 나왔다고 볼 수 있을 것이다. 그러나 "하나님이 짝지어주신 것"이라는 표현은 "사람이 짝지은 것"과 대구를 이루는 표현이라고 본다면, 예수의 혼인과 이혼 이해를 위해 새로운 면을 찾을 수 있을 것이다. 즉, 인간이 완악하기 때문에 이혼에 관한 규정이 있다는 예수의 이해(막 10:5)로부터, 인간이 완악하기 때문에 혼인하는 일도 있다는 것을 생각할 수 있기 때문이다. 집안의 체면과 재산 유지를 위해 정략결혼을 하는 등, 하나님이 아니라 사람이 짝짓는 일이 얼마나 많은가? "(사람이 짝지은 것은 사람이 나눌 수 있지만) 하나님이 짝지어주신 것은 사람이 나눌 수 없다". 이렇게 이해한다면, 예수의 혼인과 이혼 이해를 위해 새로운 면을 찾을 수 있을 것이다. 즉 모든 혼인관계가 아니라, "(오직) 하나님이 짝지어 주신 것은 사람이 나눌 수 없다"고 하면 동서고금을 막론하여 모든 사람들에게 통용될 진리가 아닌가 싶다. 많은 혼인관계가 이혼으로 인해 나누이고 있으나, 그런 경우는 모두 인간이 맺은 것이라고 할 수 있고, 하나님이 짝지어 주신 것은 나뉘지 않는다는 의미로 볼 수 있을 것이다.

이상과 같이 살펴볼 때 막 10:5-9의 예수의 말들은 예수에게 소급되는 것이라고 볼 수 있다. 그리고 예수는 (사람이 짝지은 것은 사람이 나눌 수 있을지라도), 하나님이 짝지우신 것은 사람이 나눌 수 없다는 말씀으로 이혼에 관한 논쟁에 쐐기를 박는다.

그러나 그 다음에 이어지는 막 10:11-12에 나오는 이혼 후의 재혼 불가에 관한 말들은 예수에게 소급되기보다는 초기 그리스도교 공동체의 주된 문제들 중의 하나인 이혼 문제를 해결하기 위한 강경책으로 보인다. 예수가 재혼을 금지할 이유는 없다고 보이기 때문이다. 피조물인 사람이 행복하게 살기를 원하시는 것이 하나님의 뜻일진대, 이혼이나 사별 후 혼자 있어야 할 이유는 없기 때문이다. 본문에서는 사별 후가 아니라 오로지 이혼 후의 재혼을 강경하게 금하고 있는데, 이는 초기 그리스도교 공동체에서 일어나는 문제를 방지하기 위한 차선책이라고 볼 수 있다.

그렇다면 초기 그리스도교 공동체에서는 어떤 문제가 일어났을까? 이것에 대해서는 고전 7장에 대한 연구를 필요로 한다. 고전 7장은 그 편지가 발송된 이후 그리스도인들의 성생활에 대한 기본 이해가 되어 왔다고 볼 수 있다. 고전 7:1-24은 이혼을 하고자 하는 기혼 여성들에게 이혼을 하지 말고 그대로 지내라는 권면의 내용이다.[22] 이혼을 허락하는 식으로 해석되어 왔던 7:15의 "믿지 않는 자가 갈리거든 갈리게 하라"는 바울의 표현은 결코, 그리스도인은 이혼을 청구해서는 안 되고, 이혼을 당해도 좋다는 식으로 해석될 수 없다.[23] 고린도교회에서 생긴 구체적인 문제는 교회 안의 기혼녀 중에 남편이 예수를 안 믿는데, 아내 혼자만 그리스도인이 된 경우이다.

---

22) 이 문제는 김판임, "바울은 이혼을 허락하였는가"(2004), 31-41 참조.
23) 김판임, 앞의 논문, 39-40 참조.

초기 그리스도교인들은 세례를 통해 정회원이 되었으며, 세례 이해에서 세례를 받은 사람은 이전과는 달라진, 거룩한 존재가 된다는 세례신학을 가지고 있었다(고전 6:11).

가장인 남편이 세례를 받아 그리스도인이 되었다면, 그 아내와 자녀, 종들까지 세례를 주었을 것이므로 이러한 가정에는 별 문제가 안 생기지만, 아내만 혼자 세례를 받았을 경우, 자기만 거룩하여졌는데, 거룩하지 못한 남편과 성생활을 해야 하는 아내된 자로서 문제의식을 가졌을 것이고(고전 7:14와 16 참조), 마침내 이혼을 해야겠다고 주장하게 된 사례라고 볼 수 있다. 그러므로 바울은 이러한 문제에 봉착한 고린도교회가 큰 무리 없이 사회에 적응하기 위해 제안하는 것이 이혼하지 말라는 것이다. 만일 유부녀들이 자신들의 거룩을 유지하기 위해 이혼을 감행하는 일을 지지해 준다면, 1) 교회 외부로부터 비난을 받을 것이 분명하며, 2) 교회 내적으로는 안 믿는 남편과 이혼한 여자가 교회 안의 기혼남에게 관심을 돌림으로써 물의를 일으킬 수도 있고, 혹은 재혼을 하지 않을 경우 혼자 된 여자들을 먹이는 재정적 부담을 안게 될 위험에 처할 가능성을 안고 있다. 그래서 바울은 이혼 절대 불가 선언을 할 수밖에 없었다.

그리고 재혼에 대해서는 원칙적으로 반대할 이유가 없다. 그러므로 바울은 "남편이 죽으면, 자유롭게 재혼할 것"을 권한다(고전 7:39). 오히려 교회의 부담을 덜기 위해서는 재혼을 권하는 것이 낫다. 사별 후의 재혼에 대해서는 무리 없이 시행되었을 것으로 보인다. 그러나 초기 그리스도교 공동체에서는 위에 언급한 이유에서 이혼을 심히 반대하고 있기 때문에, 복음서에 서 예수의 가르침으로 나오는 "이혼 후 재혼 금지"에 관한 말은 이혼을 막아보려는 교회 공동체의 노력이었던 것으로 평가할 수 있다.

위에서 토론한 것을 요약하면 다음과 같다:
(a) 초기 그리스도교 공동체에서는 이혼을 금하고자 하였다.

(b) 이혼 후 재혼 금지 조항(막 10:10-12)은 이혼 금지를 강화하기 위함이다.
(c) 사별 후 재혼은 권장하였다(고전 7:39).
(d) 그러므로 일생에 단 한 번의 혼인을 고집하지 않았다.

따라서 "한 아내의 남편"이란 감독과 집사 규정은 일생에 한 번 만 혼인한 사람을 의미하는 것이 아니라 현재 한 명의 아내를 가진 자라는 의미로 보아야 할 것이다. 이러한 규정은 감독이나 집사 규정은 독신이나 홀아비를 감독과 집사 자격이 없다는 것이 아니라, 여러 아내를 가진 자를 감독과 집사 자격이 없는 것으로 표현한 것이라고 보아야 할 것이다.

3) 혼인생활과 정결예식

초기 그리스도인들이 유대인들처럼 성생활이 불결하다는 의식을 가진 것으로 보이지는 않는다. 오히려 초기 그리스도인들은 하나님으로부터 성령을 받은 거룩한 존재라는 의식을 가지고 있었다. 아마도 성령을 받았다는 의식과 세례는 밀접한 관계가 있는 것으로 보인다. 고전 6:11에 의하면 세례 때 하나님의 영이 작용을 해서 세례 받은 자가 전과 다른 새로운 존재로 된다: "너희 중에 이와 같은 자들이 있더니, 주 예수 그리스도의 이름과 우리 하나님의 성령 안에서 씻음과 거룩함과 의롭다하심을 얻었느니라"

이 구절은 바울 이전 전승으로서 초기 그리스도교의 세례 신학을 내용으로 갖는 문장으로 이해되고 있다. 고전 7장은 이혼을 하겠다는 유부녀들을 종용하기 위해 쓰여진 글이다. 초기 그리스도인들이 가지고 있던 세례를 통해 새로운 존재가 되었다는 자기이해와 부부는 한 몸이라는 전통적인 이해가 부딪히면서 남편은 안 믿고, 부인만 믿는 부부 사이의 부인들이 자신의 정결을 유지하기 위해 이혼하기를 원했던 일이 발생하였던 것으로 보인다. 그렇게 본다면, 남편과 아내가 함께 세례를 받았을 경우는 두 사람 모두 거룩하여졌다는 의식을 가지고 있으므로, 부부생활을 하더라도 부부생활로 인한 정결 훼손 의식은 없었을 것으로 여겨진다.

4) 초기 그리스도교가 독신생활을 선호한 것으로 보인 이유

실제로 초기 그리스도교 공동체가 혼인생활이 불경건하며 미혼이나 독신이 거룩한 삶이라고 가르치지 않았음에도 불구하고 혼인생활보다 독신생활을 선호하는 것처럼 보인 이유는 무엇일까? 그 원인이 되는 성서본문들은 다음과 같은 것이다.

(a) "남자가 여자를 가까이 아니함이 좋으나 음행의 연고로 남자마다 자기 아내를 두고 여자마다 자기 남편을 두라"(고전 7:1-2).

(b) "내가 혼인하지 않은 자들과 및 과부들에게 이르노니 나와 같이 그냥 지내는 것이 나으니라. 만일 절제할 수 없거든 혼인하라. 정욕이 불같이 타는 것보다 혼인하는 것이 나으니라"(고전 7:8-9).

(c) "장가가지 않은 자는 주의 일을 염려하여 어찌 하여야 주를 기쁘시게 할꼬 하되, 장가간 자는 세상일을 염려하여 어찌하여야 아내를 기쁘게 할꼬 하여 마음이 나누이며, 시집가지 않은 자와 처녀는 주의 일을 염려하여 몸과 영을 다 거룩하게 하려 하되 시집간 자는 세상일을 염려하여 어찌하여야 남편을 기쁘게 할꼬 하느니라"(고전 7:32-34).

(a)에 대해: 이미 앞에서 말한 바와 같이 "남자가 여자를 가까이 아니함이 좋다"는 바울의 표현은 다분히 금욕적인 가치관을 반영하는 것으로 보인다.24) 그러나 이것은 바울이 금욕주의적 입장을 주장하

---

24) 고전 7장이 스토아의 금욕주의적 영향을 받았다는 견해: W. Deming, *Paul on Marriage & Celibacy. The Hellenistic Background of 1 Corinthians 7* (Grand Rapids: Eerdmans Publishing Co., 2004); 유대교 영향으로 보는 학자: K. Niederwimmer, "Zur Analyse der asketischen Motivation in 1. Kor 7", *TLZ* 99

기 위해 표현한 것이 아니라, 고린도교회의 이혼을 하겠다고 주장하는 여인들에게 조언하기 위해 그들의 말을 인용하면서 쓴 표현으로 보아야 할 것이다.25) 오해를 방지하기 위해서는 바로 앞에 나오는 "너희의 쓴 말에 대하여는"이라는 표현을 따로 떼어서 읽어서는 안 된다. 그리고 3절과 연결해서 이해해야 한다. 그러므로 고전 7:1-3의 "너희의 쓴 말에 대하여는 남자가 여자를 가까이 아니함이 좋으나, 음행의 연고로 남자마다 자기 아내를 두고 여자마다 자기 남편을 두라. 남편은 그 아내에게 대한 의무를 다하고 아내도 그 남편에게 그렇게 할 찌니라"라는 바울의 표현은 다음과 같은 의미로 이해하는 것이 옳다: "여러분들이 (지난 편지에서) 말한 것처럼 남자가 여자를 가까이 하지 않는다면 좋겠지요, 그러나 음행 때문에26) 혼인을 한

(1974), 241-248; *Askese und Mysterium: Über Ehe, Ehescheidung und Eheverzicht in den Anfaengen des christlichen Galaubens*, FRLANT 113 (Göttingen: Vandenhoeck & Ruprecht, 1975), 80-125.

25) W. Schrage, *Der erste Brief an die Korinther*, EKK VII, 2 (Neukirchen-Vluyn: Neukirchenerverlag, 1995), 53-54. 이것은 이미 터툴리안에게서 지적된 사실이다. Tertullian, *De Monogamie, 11,6*; 그 외 C.K. Barrett, *A Commentary on the First Epistle to the Corinthians*, 『고린도전서』, 국제성서주석 35 (서울: 한국신학연구소, 1985), 188; J. Dunn/박문재 역, *The Theology of Paul the Apostle*, 『바울신학』(파주: 크리스찬다이제스트, 2003), 907-914; F.F. Bruce, *I&II Corinthians, The New Century Bible Commentary* (Grand Rapids: Eerdmans, 1971), 66; G.D. Fee, *The First Epistle to the Corinthians*, NICNT (Grand Rapids: Eerdmans, 1987), 275; A.Verhey/김경진 역, *The Great Reversal Ethics and the New Testament*, 『신약성경윤리』(서울: 솔로몬, 1997), 247.

26) "음행의 연고로"라고 한글개역판의 번역의 그리스원어는 "디아 타스 포르네이아스(διὰ τὰς πορνείας)"이다. 즉, "포르네이아 때문에"라는 뜻이다. 표준새번역 개정판에서는 "음행에 빠질 유혹 때문에"로 번역하였다. 많은 사람들은 6장과 연결시켜, 이 표현을 "간음을 방지하기 위해서"라고 해석하고, 창녀에게 가는 것을 방지하기 위해 혼인을 하는 것이라고 해석하고 있다. 이러한 해석에는 다음과 같은 두 가지 문제가 있다. 즉 문맥상의 문제이다. 7:1에서 "너희의 쓴 말에 관하여는"이라는 표현으로 시작하고 있는데, 새로운 주제를 제시할 때(고전 7:1; 8:1,4; 12:1; 16;1등) 사용되는 페리(περί)라는 전치

것이 아니겠습니까? 그리고 이왕 혼인을 한 이상은 파트너에 대한 의무를 다하십시오".

(b)에 대해: 이 구절은 혼인하지 않은 사람들에게 권하는 내용처럼 보이지만, 이것은 번역으로 인한 오해이다. 그리고 이어지는 표현에서는 마치 정욕을 견디지 못하는 형편없는 인간들이나 혼인을 하는 것이라고 바울이 혼인 생활을 폄하하는 것처럼 보인다. 그러나 이 구절을 포함하여 고전 7장은 이혼을 하겠다고 주장하는 유부녀들을 향해 하는 말이고 10절과 연결해서 이해해야 한다. 그러므로 다음과 같은 뜻으로 이해하는 것이 옳다: "(이혼하겠다는 유부녀들이여. 만일 내가) 미혼자와 과부(와 같이 독신으로 지내는 사람)들에게 (말한다면,) 나처럼 그냥 지내라고 말하겠습니다. 그러나 당신들은 절제할 수 없어서 혼인한 사람들 아닙니까? 이미 혼인한 사람은 이혼하지 마십시오. 이것은 내가 아니라 주님이 명령하시는 것입니다"(고전 7:8-10).

(c)에 대해: 이 말 앞뒤에 바울이 다음과 같이 표현하고 있다. "너희가 염려 없기를 원하노라"(7:32), "내가 이것을 말함은 너희의 유익을 위함이요 너희에게 올무를 놓으려 함이 아니니 오직 너희로 하여금 이치에 합당하게 하여 흐트러짐이 없이 주를 섬기게 하려 함이라"(7:35).

이를 근거하여 볼 때 (c)의 표현의 의미는 교인들이 염려 없이 교회 생활을 잘 하도록 하고 싶은 바울의 의도 외에 다른 것은 없다고

사가 여기서 사용되고 있다는 사실이다. 둘째는 신약성서에서 간음으로 표현된 어휘는 포르네이아(πορνεία)가 아니라는 점이다. 포르네이아는 주로 "음행"으로 번역되었고, 간음으로 번역된 어휘는 주로 간음하다라는 동사 모이휴에인(μοίχευειν)이다. 포르네이아는 신약성서에서 쓰인 용법을 근거로 하면(마 5:32; 19:9; 막 10:12; 눅 16:18; 고전 5:1; 6:18; 갈 5:19), 올바르지 못한 성관계를 통칭하는 것으로 보인다. J. Jensen, "Does Porneia Mean Fornication", *NovT* 20 (1978), 161-184 참조. 김지철, 『고린도전서』, 대한기독교서회 창립 100주년 기념 성서주석 38 (서울: 대한기독교서회, 1999), 276: 김지철은 "성욕의 남용을 방지하기 위해"로 해석한다. J. Dunn, op.cit., 200-201.

볼 수 있다. 사람이 태어나서 일생에 가장 중요한 일이 있다면 탄생과 죽음, 그리고 혼인일 것이다. 그 중에 혼인에 마음을 많이 쓰는 것이 상례일 것이다. 고린도 교인들도 마찬가지였을 것이다. 자기 자신이나 자녀의 혼사 문제로 신경을 쓸 여력이 있으면 주의 일이나 열심히 하라는 권면의 말로 이해하는 것이 옳은 것 같다. 바울 개인에게는 혼사가 중요한 것이 아니라 주의 복음을 전하는 일이므로, 고린도인들이 이혼이나 혼사 문제로 자신에게 문의하는 자체가 짜증나는 일로 여기는 말투임을 감지할 수 있다.

그러므로 바울이 사람들에게 혼인 생활은 저속한 것이고 독신 생활이 더 고상한 것이라고 가르쳤다고 볼 수도 없다. 다만 마지막 때가 임박했으니 이혼이나 혼인이나 중요한 것이 아니니 지금 있는 그대로 지내자고 권하는 것(고전 7:26)으로 보아 이혼과 혼인을 둘러싼 성생활 문제가 바울에게는 중요한 문제가 아닌데, 그를 피곤하게 한다는 느낌을 여실히 보여주고 있다. 특별히 고전 7:27-28, 32-38의 내용은 혼인을 하고 싶은 사람은 하시고, 하기 싫은 사람은 안 해도 좋다는 뉘앙스를 보여주고 있다.

바울이 독신이었고, 또한 독신생활을 혼인생활보다 우월한 것으로 여겼다는 편견에 신학적 근거로 제시되고 있는 것은, 고전 7장에서 바울이 "때가 가까워진 고로"라는 표현 때문이다. 즉, 종말론을 근거로 바울이 독신생활을 선호하였다는 것이다.27) 그런데 이것은 전적으로 선입관에 의한 것이다. 바울서신 어느 곳에서도 종말이 다 가왔으므로 혼인하지 말라는 말은 없다. 본문을 정확히 보면, "임박한 환란을 인하여 사람이 그냥 지내는 것이 좋으니라"(고전 7:26)라는 표현은 독신으로 지내라는 표현이라기보다는 지금 현재 상태에

---

27) J. Dunn, op.cit., 908: "바울이 결혼하지 않고 지내는 상태를 선호한 이유 중 많은 부분은 종말의 때가 얼마 남지 않았다는 그의 확신이다". 종말론에 근거하여 고전 7장을 이해하려는 시도는 R.A. Horsley, *1 Corinthians, Abingdon New Testament Commentaries* (Nashville: Abindon, 1998), 95-114.

머물라는 의미로 보아야 할 것이다. 왜냐하면 바로 이어서 "아내에게 매였으면, 놓이기를 구하지 말라(7:27)"는 표현이 나오고 있기 때문이다. 마찬가지로 7장 29절도 이해해야 한다: "때가 가까웠으므로 아내를 가진 자는 가지지 않은 것처럼 하며(고전 7:29)". 즉, 때가 가까웠으니, 혼인하지 않는 것이 낫다거나 옳다는 것이 아니라, 다른 사람이 부러워하지 않도록 남 앞에서 너무 즐거워하지 말라는 뜻이다. 남편이 믿지 않기 때문에 혼자 교회 공동체에 오는 유부녀들에게 부러움의 대상이 되지 않도록 부부가 함께 교인인 경우는 부부의 화목을 교회 안에서 과시하지 말라는 뜻이다.

딤전 4:3에서 "혼인을 금하는" 사람들을 거짓교사로 규정하는 것으로 보아 미혼이나 독신이 교회에서 권장되지는 않았던 것으로 보인다. 실제로 교회는 새로운 멤버 영입뿐만 아니라 이미 믿는 자들의 자녀들을 통해 유지, 보존, 발전되었을 것이다.

3. 비교

공통점: 이상에서 본 바와 같이 쿰란공동체와 초기 그리스도교 공동체 모두 혼인을 혐오했다거나 독신우월주의를 내세웠다고 볼 수는 없다. 오히려 쿰란공동체와 예수와 바울은 모두 유대인으로서, 혼인을 하나님의 창조질서에 속하는 것으로 이해했다. 그럼에도 불구하고 쿰란공동체와 초기 그리스도교 공동체 모두 혼인생활에 비해 독신생활을 고상한 것으로 여기고 권장했다는 오해를 받았다.

차이점: 쿰란 공동체가 혼인 적령기와 일부일처제, 일생에 단 한 번의 혼인이라는 엄격한 규정과 그 성서적 근거를 제시한 반면, 초기 그리스도교 공동체에서는 그와 유사한 규정은 찾아보기 어렵다. 쿰란공동체의 규정을 따르면, 일반 유대인들의 혼인연령보다 늦은 나이인 20세가 되어야 혼인을 할 수 있고, 한 번 혼인을 하면, 파트너가 영원한 한쪽이라는 의식에서 이혼도 금했으며, 이혼을 한다 해도

이혼 후나 사별 후의 재혼도 금했다.

반면 초기 그리스도교 공동체는 이혼을 하겠다는 여성 멤버들로 인해 고심하였다. 그리고 이혼과 재혼으로 인해 교인들 간의 갈등이나 혼란에 대한 우려도 적잖이 있었던 것으로 보인다. 바울의 경우, 강하게 이혼을 금했다. 그렇다고 해서 재혼 불가 규정을 신앙적으로 강화한 흔적은 없어 보인다. 이 둘을 조화시켜, 이혼 후 재혼을 금하고, 사별 후 재혼에 대해서는 호의적이었던 것으로 보인다. 복음서에 이혼 후 재혼 금지를 매우 강한 어조로 표현한 것은(마 5;32/막 10:10-12; 눅 16:18) 이와 같은 맥락에서 -이혼을 막으려는 의도- 이해할 수 있다.

목회서신에 감독과 집사 규정에서 "한 아내의 남편"이라는 표현이 나오는 것으로 볼 때 공동체 멤버 중에는 아내를 여럿 가진 사람도 있었던 것이 아닌가 짐작하게 된다. 초기 그리스도교 공동체에서 일부일처제를 표방했다면, 이것은 쿰란공동체처럼 일생에 단 한 번의 혼인을 의미했다기보다는, 동시에 둘 이상의 아내나 첩을 지니는 중혼제도를 반대했다고 보아야 할 것이다.

	쿰란 공동체	초기 그리스도교 공동체
평생 독신	×	×
이혼 가능	○	×
재혼 가능	×	○
혼인 권장(의무)	○	○

제4장 예배생활

쿰란공동체와 초기 그리스도교 공동체가 형성되고 유지되던 시절은 서로 다르지만, 예루살렘 성전이 있었다. 유대인들에게 성전은 하나님이 계신 거룩한 장소로 여겨졌고, 하나님을 향한 그들의 예배생활은 성전을 중심으로 이루어 졌다고 해도 과언이 아니다. 성전과 성전제의가 여전히 유지되고 있던 시절에 쿰란공동체도 초기 그리스도교 공동체도 성전 제의와 거리를 두었다는 점은 유사하다. 어떤 이유에서 성전제의를 거부하였는지, 그리고 성전제의를 대체한 그들의 예배 생활은 어떠한 것이었는지 살펴보고자 한다.

1. 쿰란공동체의 예배생활

1) 성전제의에 대한 입장

바빌론의 포로기 이후 성전을 재건한 제 2성전 시기의 유대교는 성전을 구심점으로 종교적 정체성을 회복하고 다져가던 시기였다.[1] 모세 5경도 성전제의를 위해 매우 의미가 있는 책이었다. 이러한 때에 이루어진 쿰란-에세네 공동체가 성전제의를 수행하지 않았다는 것은 매우 이례적인 일이다. 성전제의의 무익함에 대해서는 간혹 예언자들에 의해 선언된 바 있다(가령, 사 1:11-17; 암 4:4-5; 5:21-24 등).

---

1) 바빌론 포로기 이후 에스라와 느헤미아의 활동으로 성전 재건이 이루어진 이후 68년 로마에 의해 성전이 파괴될 때까지 시기를 제2 성전시기라고 부른다. 이 시기는 성전 재건과 함께 성서도 재편찬되어, 성전 중심의 제의 문화가 강화되었다. 특별히 안식일과 속죄일, 유월절, 신년 축제와 같은 특별 절기의 성전 제의는 더욱 의미가 있었다.

쿰란-에세네 공동체가 성전 제의를 수행하지 않은 이유에 대해 쉬테게만은 예언자적인 비판의식 때문으로 보지 않는다. 그에 의하면, 쿰란-에세네 공동체는 여느 유대인과 마찬가지로 성전제의가 하나님과 그의 백성의 올바른 관계를 위해 매우 중요한 것으로 여긴다. 다만 부정한 방식으로 대제사장직을 탈취한 요나단이 대제사장직 위를 차지한 이후에 칼렌다를 이전과 다른 것으로 교체한 데에 따른 것이다. 즉, 요나단 이전에는 이집트의 태양력이 사용되었다면, 요나단 이후에는 바빌론의 달력이 사용되었다고 한다.[2] 태양력이 따르면 완벽했던 제의 규정들이 달력에 따르면 절기와 안식일이 겹치게 되므로 절기에 따른 제물 규정을 지키기에 어려운 문제가 발생하고, 따라서 온전한 성전제의를 드릴 수 없음을 지적하는 내용이 1QMMT[3])에 나오고 있다는 사실을 근거로 든다.

2) 성전제의를 대체한 예배생활

(1) 전체 축제(연례 행사)

쿰란 공동체는 성전제의에 참여하는 대신 전 공동체 멤버가 모이

---

[2] H. Stegemann, *Die Essener, Qumran, Johannes der Täufer und Jesus* (Freiburg: Herder, 1993), 231-245; 그 외 쿰란공동체의 칼렌다 문제에 관해서는 J.C. VanderKam, *Calendars in the Dead Sea Scrolls: Measuring Time* (New York: Routledge, 1998); U. Glesmer, "Calendars in the Qumran Scrolls", *The Dead Sea Scrolls after Fifty Years, Vol. 2,* P.W. Flint · J.C. VanderKam(eds.), (Leiden: Brill, 1999), 213-278 참조.

[3] 4QMMT는 쿰란 4번째 동굴에서 발견된 것으로 6개의 사본이 있다 (4Q394-399). Miksat Ma'ase ha-Tora(토라와 관련된 몇몇 실천사항들)이란 내용의 약자를 따온 것이다. 이 문서에 관해서는 H. Stegemann, op.cit., 48-51 참조. 쉬테게만은 이 문서를 의의 선생이 당시의 왕이자 대제사장인 요나단에게 써 보낸 것으로 보고 "요나단에게 보낸 선생의 편지"로 명명한다. 이 문서의 히브리어 본문은 E. Qimron · J. Strugnell, *Qumran Cave 4. V: Miqsat Ma'ase ha Torah,* DJD X (Oxford: Clarendon Press, 1994) 참조.

는 축제를 일 년에 한 번 거행한다. 이러한 연례행사에 관해서는 그들의 규율집 1QS I, 1-III, 12에 잘 묘사되어 있다.

그들은 성전에 가지 않고 자신들이 정한 장소에 모두 모인다.[4] 그리고 공동체 내에서의 자신의 위치를 정한다. 경력이 오래된 멤버, 신참 멤버 등 직위에 따라, 그리고 제사장과 레위인, 일반 이스라엘인 등 집안 출신에 따라 앉는 자리도 정해진다. 신입 멤버의 경우도 시험 성적에 따라 지위가 정해지는 것으로 생각해 볼 수 있다.[5]

II, 18 계약에 들어오는 모든 사람들은 그 다음에
    다음과 같이 대답해야 한다: 아멘, 아멘.
19 그들은 해마다 이렇게 행해야 한다.
    벨리알이 지배하는 동안. 제사장은
20 먼저 질서대로, 그들의 영을 따라 순서대로 들어 와야 한다.
    레위인들도 그들(제사장들) 다음에 들어와야 한다.
21 그리고 전체 이스라엘인들은 세 번째 자리에,
    질서 있게, 순서대로 들어와야 한다.
    천 명 씩, 백 명 씩,
22 오십 명씩, 열 명씩.
    그리하여 이스라엘의 모든 사람이 하나님의 공동체에서
    그들에게 배정된 자리를 알 수 있도록,
23 영원한 의회를 위해.
    그리고 어떠한 사람도 그에게 배정된 자리보다 더 낮지 않으며,
    그의 운명의 자리 위로 오르지 못한다.
24 왜냐하면 모든 사람은 공동체에서 진리, 선한 겸손,
    자비로운 사랑, 의로운 생각에 속해 있기 때문이다(1QS II, 18-24)[6].

---

4) 전체 멤버가 모이는 장소가 어디였는지는 알려지지 않았다.
5) 쿰란공동체가 엄격한 계급사회라는 것은 이 점에서도 분명하게 드러난다.
6) E. Lohse(Hg.), *Die Texte aus Qumran, Hebraeisch und Deutsch* (Darmstadt: Wisschenschaftliche Gesellschaft, 1981), 8-9 참조. 원문과 번역은 주로 로제본

연례행사인 전체 축제에서 제사장과 레위인, 그리고 일반 이스라엘인들이 해야 할 일에 대해 다음과 같이 기록되어 있다(1QS I, 18-II, 18).

I, 18 그들이 계약에 들어올 때에 제사장들과
   19 레위인들은 하나님을 찬양해야 한다.
      구원행위와 그의 신실하신 모든 일들에 관해.
   20 그리고 계약에 들어오는 모든 사람들은 그들 다음에
      다음과 같이 말해야 한다: 아멘, 아멘.
   21 그리고 제사장들은 하나님의 의로우신 행위들을 열거해야 한다.
      그의 힘 있는 행위들로.
   22 그리고 이스라엘에 대한 모든 은혜로운 자비를 선포하여야 한다.
      그리고 레위인들은 열거해야 한다.
   23 벨리알의 지배 하에서 일어난 이스라엘인들의 죄악들과
      그들의 실책과 죄의 범행들을.
   24 계약에 들어온 모든 사람들은 그들 다음에
      다음과 같은 말로써 죄를 고백해야 한다:
      "우리는 불의를 행하였나이다.
   25 범행을 저지르고 죄를 지었나이다. 불경하게 행하였나이다.
      우리와 우리의 조상들이,
   26 진리의 계명과 의에 대립해서 행함으로써…
      하나님은 의로우시며,
      우리와 우리의 조상을 향한 그의 심판도 의롭습니다.
II, 1 그러나 그의 은혜의 사랑을 그(=하나님)가
      우리에게 영원에서 영원까지 보여주셨나이다."
      그리하여 제사장들은 축복하여야 한다,

를 기초로 했다; J. Maier, *Die Qumran-Essener: Die Texte vom Toten Meer, Bd I*, UTB 1862 (München: Ernst Reinhardt, 1995), 171 참조. 1QS 에 대한 한국어 번역은 안성림·조철수, 『사해문헌(1)』(서울: 한국문화사, 1999), 54-59 참조.

2 그의 길에서 온전하게 살고 있는, 하나님의 운명에 속한 모든 사람들을. 그리고 다음과 같이 말해야 한다:
"그(하나님)가 너를 모든 선한 것으로 복주시고,
3 모든 악에서 너를 지키시며
생명의 통찰력으로 너의 마음을 밝히시고,
영원한 지식으로 네게 은혜를 베푸시고,
4 그가 영원한 평화를 위해
너를 향해 그의 은혜로운 얼굴을 드신다"(민 6:24-26 참조).
그러나 레위인들은 벨리알의 운명에 속한 모든 사람들을 저주해야 한다.
5 고개를 들어 다음과 같이 말해야 한다:
"너의 죄된 모든 불경한 행위들로 너는 저주 받아야 한다!
하나님께서
6 복수를 행하는 모든 사람들을 통해 너를 놀라게 하시고,
보복을 행하는 자들의 모든 수단을 통해 너를 멸하시리라.
7 너의 행한 어두운 행실에 상응해서
자비하심 없이 너는 저주를 받으리라.
8 그리고 영원한 불 속의 어둠 속에서 저주를 받으리라.
하나님은 네게 자비를 베풀지 않으시리라,
네가 그를 부를지라도.
또한 그는 너의 죄를 용서하지 않으실 것이다.
9 그는 너를 향해 복수를 위한 분노의 얼굴을 드실 것이며,
네게 평화가 없을 것이다."
10 계약에 들어오는 모든 사람들은 축복을 하는 사람들 다음에,
그리고 저주를 하는 사람들 다음에 다음과 같이 말해야 한다:
"아멘, 아멘."
11 그리고 제사장들과 레위인들은 계속해서 다음과 같이 말해야 한다:
"그 마음에 오점이 있는 자는 저주를 받을 것이다.
12 만일 그가 이 계약에 들어와 그의 죄로 거리낌을 받게 된다면,

그것으로써 그는 주저하게 되는 것이다.
13 만일 그가 이 계약의 말씀을 듣고,
그의 마음으로 다음과 같이 말하게 되면:
평화가 내게 임하소서.
14 만일, 내가 마음의 완악함으로 살지라도.
그렇게 그의 영이 마른 것과 젖은 것을 용서 없이 멸하실 것이다.
15 하나님의 분노와 그의 심판의 불이 그를 향해
영원한 멸망을 위해 타오를 것이다.
16 이 계약의 모든 저주가 그를 따라 다니며,
하나님이 그를 저주를 위해 구별하사
빛의 자녀들 가운데서 제거하실 것이다.
17 왜냐하면 그는 그의 우상과 죄의 거리낌을 인해
하나님으로부터 떨어져 나왔기 때문이다.
그의 운명이 영원한 저주 가운데 처할 지어다!"
18 계약에 들어오는 모든 사람들은 그 다음에
다음과 같이 말해야 한다: "아멘, 아멘."

많은 학자들에 의해 "계약갱신의식(the annual renewal of the covenant)"으로 소개되는 이 연례행사는, 이 본문에 의하면, 쿰란공동체 전체 멤버들이 일 년에 한 번 모여서, 하나님에게서 축복받을 일을 제사장들을 통해 듣고, 저주받을 일에 대해서는 레위인들을 통해 들으며, 자신들의 죄를 고백하고, 그 용서의 메시지를 듣는 행위였다고 볼 수 있다. 이는 마치 일 년에 한 번 "속죄일" 행사를 갖는 것과 유사하다. 특별히 그들이 고백하는 죄의 용서에 관한 간구(1QS I, 24-II, 1)는 속죄일 고백 문구(시 106:6)와 유사하기 때문이다.

(2) 공동식사와 찬양과 기도(매일)

쿰란-에세네파의 공동식사는 일반적인 배부르기 위한 식사이지만, 그 종교적 이유로는 그들의 정결을 유지하기 위함이다. 즉 식사

전에 온 몸을 씻는 정결 예식을 실시하고 나서 공동식사에 참여하며, 공동식사를 위해서는 최소한 10명의 유대 남자들이 있어야 하며, 그 중 한 사람은 제사장이 있어야 한다는 규정은 그들의 공동식사가 제의적 성격을 띠고 있음을 짐작하게 한다.[7]

공동체 멤버들은 매일 점심과 저녁, 두 차례의 공동식사 전후에 기도를 드렸다. 그 외에 아침 해가 떠오를 때도 기도나 찬양이 있었을 것으로 짐작된다.[8] 쿰란공동체가 정해진 시간에 찬양과 기도를 드렸다는 증거는 여러 곳에서 찾아볼 수 있다. 1QS IX, 26-X, 3에 의하면, 그들은 지정된 시간에 기도를 드렸음을 알 수 있다: "지정된 시간에 입술의 열매로 그를 찬미할 지어다. 빛이 비치는 처음 시간, 그리고 빛이 본래의 처소로 물러가는 시간에…… 천상의 빛이 거룩한 처소로부터 비치기 시작할 때, 그리고 그 빛들이 영광의 장소로 물러갈 때 그리할 것이다"(1QS IX, 26-X, 3).[9]

이 본문에 의하면, 기도의 때는 하루 중 아침과 점심, 저녁으로 볼 수 있다. 아침은 빛의 출발, 낮은 빛의 움직이는 때, 저녁은 빛의 떠남, 어둠의 통치가 시작되는 때로 표현되고 있다. 이미 1960년에 탈몬(Sh. Talmon)은 이 구절에 근거하여 1QS IX,26-XI,15이 쿰란공동체가 정해진 시간에 드리는 찬양으로 확증하고, "정해진 시간의 찬송시(Psalm of Appointed Times)", "은혜의 시편(Psalm of Benedictions)"으로 명명하였다.[10]

---

7) 이에 관해 김판임, "쿰란공동체와 초기 그리스도교 공동체 비교(2): 공동식사를 중심으로", 『신약논단』 12/1 (2005 봄), 참조.

8) H. Stegemann, op.cit., 264. Nitzan에 의하면 유대인의 예배에서 정해진 기도문이 사용된 것은 탄네임 시기 이후이다. 그 이전에는 경우에 따라 토라와 시편 등 성서에서 선발된 구절들이 발췌되어 사용되었다. 그리고 쿰란 공동체가 정해진 기도문을 사용했다. Bilhah Nitzan, *Qumran Prayer and Religious Poetry. Studies on the Texts of the Desert of Judah Vol. XII* (Leiden: Brill, 1994), 35-45 참조.

9) E. Lohse, op.cit., 34-37 참조. J. Maier, op.cit., 193-194 참조.

쿰란문서의 발견 이후 50년 동안 이루어진 쿰란의 찬송시 연구에 관해 개괄적으로 소개한 E. Chazon[11])에 의하면, 매일의 기도를 위해 4Q408 (아침과 저녁 기도문),[12]) 4Q503 (매일의 축복문)이 사용되었다.[13]) 매일의 기도 외에 중요한 절기에 드리는 찬양이 있었던 것으로 짐작해볼 수 있다. 가령 안식일에 드리는 찬양(4Q504 1-2 VII, 4), 혹은 요일의 네 번 째날(목요일)에 드리는 기도(4Q 504 3 II, 5) 등의 표제가 문서 안에 나오기도 한다.[14]) 연초에 드리는 기도, 안식년과 희년에 드리는 기도문도 있었을 것으로 예상된다(1QS X, 6-8).[15]) 천사제의문(Angelic Liturgy)으로 알려진 4Q 400-405은 뉴섬의 연구 결과 안식일에 제물을 드릴 때에 부르는 찬송으로 확정되었다.[16])

그들은 기도를 하나님이 받으실만한 향기로운 제물로 여겼으며,

---

10) Sh. Talmon, "The 'Manual of Benedictions' of the Sect of the Judaean Desert", RdQ 2 (1960), 475-500.

11) E. Chazon, "Hymns and Prayers in the Dead Sea Scrolls", *The Dead Sea Scrolls after Fifty Years*, P.W. Flint · J.C. VanderKam(eds.) (Leiden: Brill, 1997), 244-270.

12) A. Steudel, "4Q 408 A Liturgy on Morning and Evening Prayer-Preliminary Edition", RdQ 63 (1995), 313-334 참조; 쿰란공동체의 기도에 대해서는 E. Chazon, op.cit., 244-270; E. Schuller, "Prayer, Hymnic, and Liturgical Texts from Qumran", *The Community of the Renewed Covenant,* CCJA 10, E. Urlich · J. C. VanderKam(eds.) (Notre Dame: University of Notre Dame Press, 1993), 153-171; E. Schuller, "Petitionary Prayer and the Religion of Qumran", *Religion in the Dead Sea Scrolls,* J.J. Collins · R.A. Kugler(eds.) (Grand Rapids: Eerdmans, 2000), 29-45 참조.

13) B. Nitzan, op.cit., 55-56 참조. E. Chazon, op. cit., 259 참조.

14) B. Nitzan, op.cit., 49 참조.

15) 이에 관해 Daniel K. Falk, *Daily, Sabbath, and Festival Prayers in the Dead Sea Scrolls, Studies on the Texts of the Desert of Judah Vol. XXVII* (Leiden: Brill, 1998) 참조.

16) C. Newsom, *Songs of the Sabbath Sacrifice: A Critical Edition,* HSS 27 (Atlanta: Scholars Press, 1985).

공동체가 함께 드리는 기도가 동물이나 곡식 등 성전 제단에 드리는 물질적 제물을 대신할 수 있는 것으로 여겼다:

"범행의 죄와 죄된 행위들을 용서받기 위해, 번제제물이나 동물의 기름보다는 의의 향기와 같은 규정에 따른 입술의 제물(=기도)이나 하나님이 기뻐하실 자발적인 제물인 온전한 생활로 제의를 드려야 한다"(1QS IX, 4-5).[17]

무슨 기도문을 사용했는지, 어떤 식으로 찬양했는지에 대해서는 일반 유대인들과 유사했을 것으로 짐작된다. 가령 시편이 인용되거나,[18] 1QH와 같은 쿰란-에세네 공동체에서 집필한 찬송시들(1QH)이 인용되었을 것이다.[19] 1QH에 수록된 찬양시 한편을 소개해본다(1QH XIV, 8-22).[20]

  8 (내가 당신을 찬양하나이다), 주님.
      당신은 당신의 종의 마음에 통찰력을 주셔서,
  9 (……)
      악한 자의 폭력에 대항하게 하시고,
 10 당신이 사랑하는 것을 기리고
      당신이 미워하는 모든 것을 경멸하도록 하십니다.
 11 왜냐하면 영들에 상응하여

---

17) E. Lohse, op.cit., 32-33 참조. J. Maier, op.cit., 190 참조.
18) B. Nitzan, op.cit., 72-73 참조. 니찬에 의하면, 기도에 구약성서 시 구절들이 발췌 인용되는 경우: "주여 나의 영혼을 축복하소서"(시 103:1,2,22; 104:1, 35), 마감하는 말로는 시 68:36; 72:18; 135:21 등이다.
19) P.W. Flint, *The Dead Sea Psalms Scrolls and the Book od Psalms,* STDJ XVII (Leiden: Brill, 1997) 참조. 플리트에 의하면 쿰란 공동체는 구약성서의 시편 외에 200개 정도의 찬송시를 가지고 있었다.
20) 1QH는 첫 번째 동굴에서 발견된 문서로서 쿰란공동체의 찬양시들의 모음집이라고 볼 수 있다. 공동체의 리더인 의의 선생이 직접 지은 찬양시들과 공동체에서 공동으로 저술한 찬양들이 함께 수록되어 있다.

그들의 운명이 정해집니다.
12　선한 것과 악한 것이 무엇인지.
　　(……)
　　또한 나는 당신의 통찰력으로부터 인식했나이다.
13　당신의 의지를 통하여
　　당신의 거룩한 영,
　　그리하여 당신은 나를 당신의 통찰력 가까이 오게 하셨나이다.
　　그리고 그에 상응하여,
14　내가 가까이 가는 것만큼,
　　나는 행악하는 자, 그리고 거짓된 사람들에 대해
　　열렬히 항거합니다.
　　왜냐하면, 당신께 가까이 가는 모든 사람들은
　　당신을 거스르지 않으며,
15　또한 당신을 아는 모든 사람들은 당신의 말씀을 변경하지 않습니다.
　　왜냐하면 당신은 의로우시며,
　　당신의 선택받은 모든 사람들은 진리이기 때문입니다.
　　그러나 모든 불의와
16　악을 당신은 영원히 제거하실 것이며,
　　당신의 의가 당신의 모든 피조물들의 눈 앞에 밝히 드러날 것입니다.
17　그리고 나는 당신의 풍성한 선함을 인식하고,
　　맹세로써 내 영혼을 바로 세웁니다.
　　당신에게 죄짓지 않을 것과,
18　당신의 눈에 악한 모든 것은 아무 것도 행하지 않겠나이다.
　　그리하여 나는 나의 추종자 무리들의 공동체에 가까이 왔나이다.
19　그의 이해에 따라 내가 다가가게 하소서.
　　그의 유산의 정도에 따라 내가 그를 사랑하겠나이다.
　　그리고 나는 악의 얼굴을 들지 않을 것이며
　　(불경한 자의 불의)를 알지 않겠나이다.
20　그리고 나는 당신의 진리를 재물과 바꾸지 않겠나이다.
　　그리고 당신의 계명을 불의와 바꾸지 않겠나이다.

그 대신 당신이 사람을 가까이 하시면, 그처럼
21 나도 그를 사랑할 것이며,
당신이 어떤 사람을 멀리하시면 그처럼 나도 그를 멀리 하겠나이다.
아무도 나는 공동체 안에 데리고 오지 않겠나이다.
22 당신의 (계약으로) 돌아서지 않는 사람은.21)

쿰란-에세네파 사람들의 기도의 주제 혹은 내용에 관해 관심을 갖는다면, 이 찬양시가 하나의 예가 될 수 있을 것이다. 무엇보다도 먼저 하나님을 찬양하고, 그 찬양의 이유가 소개된다. 그리고 이어서 기도자의 의지가 열거된다.

① 하나님 찬양: 이 찬양 시에서는 하나님이 "통찰력(בינתך)"을 주셨다고 노래하고 있다. 그래서 올바른 것과 그렇지 못한 것, 선한 것과 악한 것, 하나님이 원하시는 것과 싫어하시는 것을 분별할 수 있는 능력을 가지게 되었음에 대한 감사의 내용을 담고 있다. 그 중에서도 하나님은 의로우시며 선하시다는 것을 고백하고 있다.

② 기도자의 의지: 하나님을 찬양하면서 기도자는 자신이 하나님이 좋아하시는 대로 살기를 맹세한다. 하나님이 싫어하는 것은 멀리하고 하나님이 사랑하시는 것은 자신도 사랑하리라고 자신의 의지를 밝힌다. 하나님의 진리를 재산과 바꾸지 않겠으며, 하나님의 계명을 불의와 바꾸지 않겠다고, 하나님이 사랑하는 자를 사랑하며, 하나님이 멀리하시는 자를 멀리하겠다고 자신의 의지를 밝힌다. 즉 한마디로 말한다면 하나님의 뜻대로 살겠다는 말이다.

(3) 성서 연구

예루살렘 성전이 로마 군대에 의해 무너진 후 유대교는 성서를 중심으로 무너진 종교의 구심점을 찾은 것처럼, 성전 제의를 거부한 쿰란-에세네 공동체도 성서가 그들의 모든 것이었다고 말해도 과언

---

21) E. Lohse, op.cit., 162-165: J. Maier, op.cit., 54-55 참조.

이 아닐 것이다. 종말 심판이 매우 임박했다고 여긴 이들이[22] 종말 심판에서 구원을 얻을 수 있는 유일한 근거는 성서 연구였다. 왜냐하면, 하나님의 뜻대로 사는 자들만 구원을 얻을 것이고, 하나님의 뜻은 성서 외에 다른 곳에서는 찾을 수 없기 때문이다.

1QS VIII, 12-15에는 사 40:3이 인용되고 있는데, 그 귀절에서 주의 길을 예비하는 길은 "성서연구를 의미한다"고 해석하고 있다. 이에 의하면, 성서 연구가 하나님의 통치 시대를 준비하는 가장 중요한 요소로 여겼다는 것과, 공동체 멤버들이 함께 토라를 연구하고 실천하는 삶을 공동체 생활의 주된 것으로 삼았음으로 알 수 있다. 그래서 그들은 많은 성서해설을 남겼다.

그들의 성서 해석은 크게 미드라쉬와 페쉐르, 두 종류로 분류된다. 미드라쉬는 주제별 성서해설이라고 할 수 있다. 멜키세덱에 관한 미드라쉬,[23] 종말론에 관한 미드라쉬,[24] 창세에 관한 미드라쉬 등이 있다.[25] 페쉐르는 성서구절을 일일이 인용하고, "그 구절의 의미는"이

---

22) 쿰란공동체의 종말 심판에 관한 이해에 대해서는 김판임, "쿰란공동체의 종말심판과 새창조", 『밀레니엄과 신약성서의 종말론』(신약논단 5) (서울: 한들, 1999), 65-80 참조. J. Maier · K. Schubert, op.cit., 79-98 참조.

23) 11QMelchsedek으로 표시되는데, 이는 11번째 동굴에서 발견된 13편의 작은 조각 문서들로 이루어진 것이다. 1987년 E. Puech에 의한 재구성과 내용 분석으로 멜키세덱 미드라쉬로 확정되었다. E. Puech, "Notes sur le manuscrit de 11Q Melkisedek", RdQ (1987), 483-513. H. Stegemann, op.cit., 167-169 참조.

24) 종말에 대해 유독 관심이 많았던 쿰란공동체는 종말론과 관련된 성서해설을 내놓았다. A. Steudel은 그의 박사학위논문에서 4Q174와 4Q177을 연구하여 종말론과 관련된 미드라쉬로 규정했다. A. Steudel, *Der Midrasch zur Eschatologie aus Qumrangemeinde(4Q MidrEschata,b), Materielle Rekonstruktion, Textbestand, Gattung und traditionsgeschichtliche Einordnung des durch 4Q 174("Florilegium") und 4Q177("Catena") repraesentierten Werkes aus Qumran Funden*, STDJ XIII (Leiden: Brill), 1994.

25) H. Stegemann, op.cit., 170-172 참조. 이것은 토라의 첫 번째 책 창세기에 관한 해설집이다. 4QGen으로 표시되어 1956년 J.M. Allegro가 "족장들의 축복

라는 뜻을 가진 히브리어 "페쉐르(פשר)"로 연결하여 성서본문을 주석하는 방식이다. 많은 예언서들이 이런 방식으로 해석되었다.26)

2. 초기 그리스도교 공동체의 예배생활

1) 성전제의에 대한 입장

예수 사후 예루살렘에서 예수의 제자들이 중심이 되어 출범한 예루살렘 공동체의 경우 그들이 성전제의에 대해 어떤 태도를 취했는지 정확한 자료를 얻기 어렵다. 누가복음에 의하면, 예수도, 예수의 부모도 성전제의에 참여했었다(눅 2:41-42). 그리고 사도행전에 의하면, 예루살렘의 초기 그리스도교 공동체가 오순절에 성령을 받은 후 "날마다 한 마음으로 성전에 열심히 모이고 집집이 돌아가면서 빵을 떼며, 순전한 마음으로 기쁘게 빵을 떼며 순전한 마음으로 기쁘게 음식을 먹고 하나님을 찬양하였다"(행 2:45-46a). 누가복음과 사도행전의 저자가 복음이 예루살렘에서 나와 이방세계로 전해졌다는 구속사적 이해를 가지고 있었다는 것을 감안하여 두 기사 모두 저자의 신학에 근거한 것이라고 본다면, 초기 그리스도교인들이 성전에 날마다 열심히 모였다는 진술은 역사적 사료로서의 의미를 상실한다.27) 다만 성전제의가 유대인들의 전통에 속한 일이라고 볼

(Patriarchal Blessings)"이란 제목으로 발표했었던 것이다.

26) Op.cit., 172-187 참조. 김창선, 앞의 책, 56-62 참조. 천사무엘, 앞의 책, 44-48 참조. 쿰란공동체는 특히 시편과 예언서들을 중심으로 성서해설을 하였다. 가령 시편 37편의 해석인 4QpPs 37; 하박국 주석서 1QpHab; 나훔 주석서 4QpNah(=4Q169), 이사야 주석서 4QpIsa등이 대표적이다.

27) J. Jervell, *Die Apostelgeschichte*, KEK 3 (Göttingen: Vandenhoeck und Ruprecht, 1998), 99-102, 157 참조. 예르벨에 의하면, 여기서 성전은, 성전이 하나님의 백성의 구심점이라는 점에서, 초기 그리스도인들도 참이스라엘, 즉 하나님의 백성이라는 점을 말하고자 누가가 선택한 표현이다. 이러한 점은 이미 H.

때, 유대인 출신의 그리스도인들이 성전제의를 거부했을 리는 없을 것으로 고려할 수 있다. 그 다음에 이어지는 "집집이 돌아가면서 빵을 떼며, 순전한 마음으로 기쁘게 음식을 먹고 하나님을 찬양하였다"는 표현은 역사성이 높다고 볼 수 있다.28)

그러나 이방인 공동체의 경우는 사정이 다르다. 그들에게 성전은 의미가 없었을 것으로 보인다. "여러분은 하나님의 성전입니다"(고전 3:16), "여러분의 몸은 여러분 안에 계신 성령의 성전이라는 것을 알지 못합니까?"(고전 6:19), "우리는 살아계신 하나님의 성전입니다"(고후 6:16) 등의 표현들은 이방인들 중심으로 이루어진 그리스도교 공동체에서는 예루살렘 성전제의가 의미가 없었을 것으로 짐작된다. 그리스도인들은 성령을 받은 자라는 의미에서 개개인이 하나의 성전이라는 이해가 가능했던 것으로 보인다.

또한 바울은 그의 선교 원칙으로 "할례받은 자에게는 할례받은 자와 같이, 이방인에게는 이방인처럼(고전 9:20-22)"을 제시한다. 이러한 그의 선교원칙으로 볼 때 성전제의와 전혀 상관없이 살아온 이방인들에게 성전제의를 의무화했을 리는 만무하다. 롬 12:1에서 바울은 "여러분의 몸을 하나님이 기뻐하실 거룩한 산제물로 드리십시오. 이것이 여러분이 드릴 합당한 예배입니다"라고 표현하고 있다. "제물(θυσια)"이란 표현은 성전제의를 전제로 한 문화에서 쓰는 말이다. 바울이 성전제의를 무의미한 것으로 생각했을 지라도 표현에 있어서는 전통적인 용어를 사용하는 것을 엿볼 수 있다. 그리고 "여

Conzelmann, *Die Apostelgeschichte*, HNT 7 (Tübingen: J.C.B. Mohr, 1972), 37; *Die Mitte der Zeit, Studien zur Theologie des Lukas* (Tübingen: J.C.B. Mohr, 1962), 68-69에 의해 지적되었다. 유상현, 『사도행전 연구』(서울: 대한기독교서회, 1996), 113-140 참조. 유상현의 표현에 따르면, 사도행전에서 성전은 "하나님과 인간의 만남"에 대한 상징물이다.

28) 가령, H.-J. Klauck, *Hausgemeinde und Hauskirche im fruehen Christentum*, SBS 103 (Stuttgart: Katholisches Bibelwerk, 1981).

러분이 드릴 합당한 예배"라는 표현으로써 수정하고 있다.29)

2) 공동체 예배의 가장 옛 모습(고전 14:26)
(1) 정기적인 모임: 성령의 은사의 장

초기 그리스도교 공동체의 예배 모습으로는 대개 고전 14:26이 제시된다: "여러분이 함께 모이는 자리에는 찬송하는 사람도 있고, 가르치는 사람도 있고, 하나님의 계시를 말하는 사람도 있고, 방언으로 말하는 사람도 있고, 통역하는 사람도 있습니다".30) 고전 12-14장은 방언의 은사로 인해 교인들 간에 갈등이 생긴 문제를 해결하기 위해 기록된 것인데, 이 구절을 근거로 하여 초기 그리스도교 공동체가 어떤 방식으로 예배 생활을 했는지 추론하면 다음과 같은 몇 가지 사실들을 열거할 수 있을 것이다.

첫째, 모든 그리스도인들은 성령을 받았다는 사실에서 예배는 출발한다(고전 12:1-3).

둘째, 예배시간은 성령받은 자의 은사를 드러내는 시간이다. 성령의 은사들은 다양한 방식으로 나타난다. 롬 12:6-8과 고전 12:8-10, 28-30이 그러한 다양성을 보여준다. 말씀의 은사를 받은 자는 가르치는 일로, 계시를 받은 자는 계시를 드러내는 일로, 봉사의 은사를 받은 자는 봉사하는 일로, 예언의 은사를 받은 자는 예언을 말하는 일로, 방언을 받은 자는 방언을 말함으로써, 즉 각자 받은 은사를 자랑하며 성령의 은사를 주신 하나님을 찬양하는 자리였을 것이다.

셋째, 그들은 정기적으로 모였다는 사실이다. 매일 저녁, 그리고

---

29) E. Käsemann, "Worship in Everyday Life: A Note on Romans 12", *New Testament Questions,* 188-195 참조.

30) 남호, 『초기 기독교 예배』(서울: 기독교대한감리회 홍보출판국, 2001), 43 참조. 고전 14:26이 초기 그리스도교 공동체의 예배 모습을 반영한다는 것에 대해서는 일반적으로 통용되고 있다.

주일날 아침에. 매일 저녁은 식사를 함께 하기 위해 모였을 것이며, 식후에 하나님을 찬양하기도 하였을 것으로 짐작할 수 있다. 그리고 주일 아침엔 부활하신 주님을 기린다는 차원에서 모였다.[31]

(2) 공동식사와 찬양과 기도

초기 그리스도교 공동체에서 공동식사와 예배가 어떤 관계가 있는지에 대해서는 별반 연구가 없다. 다만 짐작할 수 있는 것은, 먹는 일과 예배 모두, 사람들이 모여서 한다는 점이 공통적이다. 예배를 위해 사람들이 모이거나, 혹은 먹기 위해 모이는 일이 별도로 이루어졌는지, 아니면 식사 전후에 찬양을 드리는 예배 모임을 가졌는지는 생각해볼 만한 문제이다. 행 2:46과 고전 11:17-34에 근거해서 볼 때, 초기 그리스도교 공동체가 식사 전에 모이지는 않았던 것으로 보인다. 그러므로 만일 공동식사와 예배가 함께 이루어졌다면 식사 후에 예배를 드렸다고 보는 것이 무난해 보인다.

고전 11:17-34에 언급된 공동체의 문제는 공동식사를 동시에 시작하지 않고 온 순서대로 먹다보니 나중에 온 사람들에게는 먹을 것이 없어서 생긴 문제이다. 이 문제에 대한 해법으로 바울은 첫째, 주변에 모든 사람이 다 왔는지 살피고 "기다리라(11:33)"고 권면한다. 그리고 23-25절에서 성만찬 제정의 말씀을 전하며 주님의 몸과 피의 의미를 되새길 것을 권하고 있다. 고전 11:17-34에 흐르는 논의로 보아, 다음과 같은 것을 추측할 수 있을 것이다: 초기엔 공동식사가 배불리 먹는 식사의 의미를 가졌으나, 점차로 주님의 죽음을 생각하는

---

[31] 초기 그리스도교의 모임이 대개 하루 일과를 마친 후 저녁에 이루어졌다는 것이 일반적인 현상이었다. 아마도 공동식사를 위해 매일 모였을 것으로 예상된다. B. Kollmann, *Ursprung und Gestalten der fruehchristlichen Mahlfeier* (Göttingen: Vandenhoeck und Ruprecht, 1990) 참조. 주일 아침이 중요한 모임의 시간이 된 것은 2세기 이후로 보인다. 성종현,『신약성서의 중심주제들』(서울: 장로회신학대학교 출판부, 1998), 146-147 참조.

거룩한 만찬의 의미와 동시에 예배로서의 의미를 지니게 되었다.
 하나님과 예수 그리스도를 찬양하는 찬양시로는 빌 2:6-11이 오래된 그리스도 찬양시로 손꼽힌다:32)

>   (그리스도 예수는)
> ① 하나님의 모습을 지니셨으나,
>   하나님과 동등함을
>   당연하게 생각하지 않으시고
> ② 오히려 자기를 비워서
>   종의 모습을 취하시고,
>   사람과 같이 되셨습니다.
> ③ 그는 사람의 모양으로 나타나셔서,
>   자기를 낮추시고, 죽기까지 순종하셨으니,
>   곧 십자가에 죽기까지 하셨습니다.
> ④ 그러므로 하나님께서는 그를 높이시고,
>   모든 이름 위에 뛰어난 이름을
>   그에게 주셨습니다.
> ⑤ 그리하여 하늘과 땅 위와 땅 아래 있는
>   모든 것들이 예수의 이름 앞에 무릎을 꿇고,
> ⑥ 모든 입술이 주 예수 그리스도를 고백하여,
>   하나님 아버지께 영광을 돌리게 하셨습니다.33)

---

32) 이 찬양시가 바울 이전 전승에 속한다는 것은 이미 많은 학자들이 지지하고 있다. 가령 W. Schenk, *Die Philipperbriefe des Paulus. Kommentar* (Stuttgart: Kohlhammer, 1984), 185-212; J. Becker · H. Conzelmann · G. Friedrich, op.cit., 149-154; R. Deichgräber, *Gotteshymnus und Christushymnus in der fruehen Christenheit*, StUNT 5 (Göttingen: Vandenhoeck und Ruprecht, 1967), 188-214; O. Hofius, *Der Christushymnus Philipper 2, 6-11* (Tübingen: J.C.B. Mohr, 1976), 15 이하. 골 1:15-20의 그리스도 찬가와 딤전 3:16의 그리스도찬가는 빌 2:6-11과 유사하게 지어진 것으로 보인다. K. Wengst, op.cit., 144-165 참조.

33) 이 찬송시의 구조에 관한 논의를 위해서는 J. Gnilka, 김경희 역,『필립피서』국제성서주석 39 (서울: 한국신학연구소, 1988), 217-227 참조. 본고에서는

그리스도의 십자가 죽음과 부활이 이 찬송시의 핵심을 이루고 있다. 이렇게 긴 장문의 찬송시 외에 짧은 문장으로 하나님과 예수 그리스도를 찬양하는 구절들이 있었을 것으로 추정된다. 바울 이전에 고정된 문장으로 정형화되어 전수된 신앙고백문들, 가령 "하나님이 예수 그리스도를 죽은 자 가운데서 살리셨습니다"(롬 4:24; 10:9; 갈 1:1 등), 혹은 "그리스도께서 우리를 위하여 죽으셨습니다"(롬 5:6,8) 등 예수의 죽음과 부활을 내용으로 갖는 신앙고백문34)도 하나님과 예수그리스도를 찬양하는 말로도 사용되었을 것이다.

좀더 발전된 형태를 띠고 있는 찬양시는 엡 1:3-14에서 볼 수 있다. "하나님이자 곧 우리 주 예수 그리스도의 아버지를 찬양합시다"로 시작하고 있는 이 찬양시는, 빌 2:6-11이 그리스도와 하나님을 동시에 찬양하는 내용이라면, 그 찬양의 대상이 오직 하나님이라는 점에서 구별된다. 하나님의 선택과 예정이 언급되고 있으며(엡1:4-5), 예정과 선택이 모두 그리스도를 통해 일어난 것임을 밝힌다. 이러한 하나님의 은혜를 찬양하고, 또한 하나님이 주신 구속, 지혜와 총명(1:7-8), 하나님의 뜻을 알게 하심(1:9)을 찬양한다. 하나님의 뜻은 만물을 그리스도 안에서 하나되게 하신다는 것, 우리를 그의 상속자로 삼으셨다는 것을 찬양하고, 결국은 하나님을 찬양하는 자가 되게 하시려는 것이 하나님의 계획이라는 것, 하나님을 찬양하는 것은 성령이 하시는 일이라는 고백 찬양이다.

그 외에 벵스트가 지적하는 대로, 마라나타(주여 오시옵소서) 등과 같이 유대인들이 사용하는 표현들은 번역되지 않고 그대로 사용함으로써 예배의 축제적 분위기를 고조시켰을 가능성이 있고,35)

Lohmeyer의 구조 분석을 따라 세줄씩 3연, 총합 6연으로 구성된 것으로 보았다.
34) 이에 대해 김판임, "바울의 신앙고백과 선교", 『말씀과 교회』 26 (2000, 가을호), 221-235; K. Wengst, op.cit., 55-104 참조.
35) K. Wengst, op.cit., 49-54 참조.

"주 예수" 환호성(부름말), 혹은 "한 하나님, 한 주님" 환호성(부름말)도 현재 한국교회에서 시행되고 있는 "주여 삼창"과 같이 예배시 멤버들을 단합하기 위해 쓰여졌을 것이다.36)

바울에게서 기도는 단편적인 권면의 내용으로 제시되었다: "끊임없이 기도하십시오"(살전 5:17), "아무 것도 염려하지 말고 모든 일을 오직 기도와 간구로 하고, 여러분이 바라는 것을 감사하는 마음으로 하나님께 아뢰십시오"(빌 4:6), "소망을 품고 즐거워하며, 환난을 당할 때에 참으며, 기도를 꾸준히 하십시오"(롬 12:12).

누가복음과 같은 1세기 말 문헌에서 기도 생활이 강조된다. 누가는 복음서에서 제자들이나 일반인의 기도보다는 예수의 기도에 관심을 보이고 있다. 누가에게 있어서 예수는 기도하는 자의 모델로 소개되고 있는데, 이는 제자들이나 모든 그리스도인들이 예수를 본받아 기도생활에 힘쓰도록 권하기 위함이다. 누가복음서에서 예수는 중요한 순간마다 기도했고, 사도행전에서 사도들도 중요한 순간마다 기도했다는 것을 강조함으로써 누가는 예수와 사도들을 기도의 모델로 제시하고 있다. 즉 그리스도인들은 예수와 사도들처럼 항상 기도하며 깨어 있고, 유혹에 빠지지 않도록 기도할 것을 촉구하고 있는 것이다.37) 이처럼 시간이 갈수록 그리스도교 공동체는 기도를 강조했다고 볼 수 있다. 사도행전 4:24-30도 당시 사용하였던 기도

---

36) Op.cit., 131-143 참조. 벵스트는 "주 예수"(롬 10:9; 고전 12:3; 빌 2:11)과, "한 분 하나님, 한 분 주님"(고전 8:6)을 각각 주-환호성, 한분 환호성으로 명명하고, 헬레니즘계 그리스도인들의 예배의 환호성(Akklamation)로 이해한다. 이것은 크라머(Kramer)가 콘첼만과 함께 롬 10:9에서 "주 예수"를 시인하다는 의미의 헬라어 호몰로게인(homologein)을 사용하여 시인어(=고백어: Homologie)라고 명했던 것이다. W. Kramer, *Christos Kyrios Gottessohn*, AThANT 44 (Zürich: Zwingli Verlag, 1963), 61-80 참조; H. Conzelmann, *Der erste Brief an die Korinther*, KEK V (Göttingen: Vandenhoeck & Ruprecht, 1969) 참조.

37) 김득중 외, 『신약성서개론』(서울: 대한기독교서회, 2002), 272-274.

문의 좋은 예로 제시되곤 한다. 이 구절에는 창조주 하나님에 대한 경배와 놀라운 능력의 섭리자이신 하나님에 대한 찬양이 담겨 있다.

마태와 누가가 전하는 주의 기도도 이런 맥락에서 고려하면, 지상 활동 당시 예수께서 가르치셨다기 보다는 교회의 요청에 의해 생겨난 것으로 볼 수 있다.[38] 예수와 그의 주변 인물들이 모두 유대인이라는 사실을 감안하면, 그들이 기도를 위해 이미 시편이나 모세 오경 안에서 추려진 것들이 사용되었기 때문에 굳이 기도를 어떻게 해야 할지 몰라서 예수께 물었다고는 역사적으로 상상하기 어렵기 때문이다. 하나님께 기도를 어떻게 해야 하느냐는 질문은 기도를 해 본 적이 없는 이방인들이 신앙을 가지게 되고, 교회에서 기도하라고 가르치는 와중에서 어떻게 기도해야 할 것인지 진지한 질문이 생겼을 때 만들어진 것으로 보아야 할 것이다.

기도의 장소와 시간에 대해서는 정해진 것이 없다고 보는 것이 옳을 것이다. 초기 그리스도교 공동체 멤버들이 모였을 때 기도와 찬양이 있는 예배를 드렸다고 가정한다면, 장소는 멤버들이 모이는 집이었을 것이다. 그리고 그들이 매일 저녁에 모였다고 본다면, 찬양과 기도의 시간도 하루 중 저녁때였다고 볼 수 있을 것이다. 그 외에 개인적인 차원에서 찬양과 기도를 드린다면, 정해진 장소나 시간은 거의 없었다고 보는 것이 무난할 것이다. 신약성서에서 기도와 관련해서 표현된 것들이 이를 증명해 준다: "깨어 있어"(막 14:38), "늘"(눅 18:1; 21:36), "끊임없이 기도하십시오"(살전 5:17).

(3) 성서 연구

쿰란공동체가 하나님의 뜻을 알고 그의 뜻대로 행하여 하나님을

---

[38] 이에 관해서는 그레이엄 스탠턴(1989)/김동건 역, *The Synopse and Jesus* (Oxford: Oxford University Press, 1989), 『복음서와 예수』(서울: 대한기독교서회, 1994), 19-22 참조.

기쁘시게 하기 위해 생각한 것은 성서연구였다면, 초기 그리스도교 공동체에서는 조금 다른 양상을 보인다. 초기그리스도인들에게는 성서연구가 하나님이 기뻐하시는 산제사(롬 12:1)라고 여기지는 않았던 것 같다. 그것보다는 그들에게 가장 중요하고 생명감 넘치는 정신적 구심점은 그들의 신앙이었다고 볼 수 있다. 신앙의 내용은 바울 이전 전승에서 이미 확고한 형태를 취했던 바, 예수 그리스도의 죽음과 부활에 관한 것이다. 그리고 그것은 죽은 자를 살리시는 하나님의 구원역사로 이해되었고, 그것은 이미 일어난 사건으로서 환호하며 외치는 내용이었다. 이러한 신앙을 가진 사람들은, 세례로써 공동체의 멤버로 영입되고, 세례 때 받은 성령에 힘입어 구원을 주신 하나님과 예수 그리스도를 찬양하는 것이었다.

갈라디아서나 고린도후서 등에서 나타난 바와 같이 유대인들이 성서의 권위로 이방인들에 대해 여러 가지 요구사항이 있자,[39] 교회 안에 생긴 갈등 문제를 해결하기 위해 성서 연구의 필요도 차츰 시간이 흐르면서 교회 지도자들을 중심으로 이루어졌던 것으로 볼 수 있다. 마태복음에 나타난 모세오경에 대한 예수의 반론(마 6-7장)이 그러한 노력의 결산이라고 볼 수 있을 것이다.

3. 비교

1) 공통점: 예루살렘 성전이 존재하고 있던 시절에 성전 중심의 유대 문화가 와해되고, 그 대신 찬송과 기도 등이 진정한 예배의 모습으로 인식되었다는 점은 두 공동체의 공통적인 현상이라고 할 수 있

---

39) 초기 그리스도교 공동체 안에서 유대출신의 그리스도인들이 이방인출신의 그리스도인들에게 요구했던 사안들은 다음과 같은 것들이다. 1)할례를 받아야 한다 2) 안식일을 지켜야 한다. 3) 금식을 해야 한다 등, 주로 하나님의 선택받은 백성이면 지켜야 할 것이라고 유대 사회에서 보편적으로 지켜지던 종교 문화 현상이라고 볼 수 있다.

다.

  2) 차이점: 그러나 그 이유와 대안 예배에 있어서 두 공동체는 서로 차이를 보인다. 쿰란공동체는 성전제의에 대한 비판적 의식은 갖지 않았다. 다만 그것은 칼렌다로 인한 문제임을 많은 학자들이 지적하고 있다. 태양력에서 달력으로 바뀜으로써 안식일과 절기가 겹치기 때문에 하나님이 제시하는 대로 제물을 드릴 수 없으므로 의미가 없다는 의의 선생의 지적이 매우 권위가 있었을 것으로 보인다. 그들은 현재 잘못된 칼렌다를 따라 제물을 드리는 것이 의미가 없다고 생각하고, 미래에 있을 성전재건과 올바른 칼렌다에 따른 성전제의가 실현되기를 기원했다.

  일 년 중 유대인에게 가장 큰 행사인 속죄일에도 이들은 성전에 가지는 않았지만, 공동체 멤버들이 모두 모이는 연례행사에서 죄를 자복하기도 했다. 정해진 시간에 시편과 토라, 자신들이 지은 찬송시로써 하나님을 찬양하고 기도하는 생활로써 그들의 경건과 예배생활을 영위하였다. 이들에게 가장 중요한 것은 하나님의 뜻대로 사는 것이며, 이를 위해 성서연구가 중요한 일이었다고 볼 수 있다. 성서 연구에서 엘리트로서의 그들의 자부심을 지킬 수 있었다.

  반면 초기 그리스도인들의 경우엔, 성전제의에 대한 비판의식이 있었는지 자세히 알 수가 없다. 특별히 유대인 출신들은 성전제의에 대해 다른 생각을 했다고 보기 어렵다. 그러나 성전문화에 대해 문외한인 이방인들에게는 성전제의를 강조하지 않았을 것이다. 고린도전서에 표현된 바로는 공동체 개체 구성원을 성령의 전으로 여겼다는 것을 알 수 있다. 그것은 세례받은 그리스도인이라면 누구든지 성령을 받았다는 인식에서 출발한다. 성령받은 자로서 그리스도인들은 정기적으로 모여 함께 식사를 하고, 각자 받은 성령의 은사를 발휘하면서 기도와 찬양으로 축제의 기쁨을 나누었을 것으로 사료된다.

쿰란공동체 사람들에게 성서연구가 가장 중요한 일이었다면 초기 그리스도교 공동체 멤버들에게 중요한 것은 예수 그리스도를 통한 하나님의 구원 역사였을 것이다. 그들이 신앙고백으로 전달되고 선포되는 것은, 예수 그리스도가 우리를 위해 죽으셨다, 혹은 하나님이 그를 죽은 자들 가운데서 살리셨다는, 그들의 구원의식이 담긴 메시지였다. 이것이 험한 세상을 살면서 그들의 신앙과 삶을 지키는 기초가 되었을 것이다. 예수 그리스도에 대한 찬송과 "주 예수", 혹은 우리에게는 오직 한 주님 예수 그리스도가 계시다"는 환호성으로써 공동체 멤버들의 의식을 단합시키고, 세상과 구별되고 하나님께 소속되었다는 구별의식을 가지게 한 것은 바로 초기 그리스도교 공동체 멤버들의 예배 생활이었다.

제3부

공동체 사상편

쿰란공동체의 경건한 생활을 가능케 했던
사상적 근거는 무엇일까?
초기그리스도교에서도 주요 관심사였던
메시아 이해, 성령이해, 현재 이해를 중심으로
비교 고찰해 본다.

제5장 메시아 이해

쿰란 문서들이 발견된 후, 쿰란공동체의 "메시아 이해"에 특별한 관심이 생긴 것은 아마도 다음과 같은 두 가지 이유에서 일 것이다: 1) 예수를 메시아(그리스도)로 고백하는 그리스도교 이전에도 메시아에 대한 언급이 있었다는 점, 2) 쿰란 문서에 메시아가 한 명이 아니라 둘(아론의 메시아, 이스라엘의 메시아)라는 점.

쿰란 문서 발견 직후, 쿰란 공동체의 메시아 이해에 관한 많은 연구들이 이를 말해준다.[1] 특히 1992년 이후에는 관련 연구들이 봇물처럼 쏟아져 나왔다.[2] 본고에서는 쿰란문서에 나타난 메시아 이해

---

1) H.W. Kuhn, "Die beiden Messias in den Qumrantexten und die Messias-vorstellung in der rabbinischen Literatur", *ZAW* 70 (1958), 200-208; J.T. Milik, *Ten Years of Discovery in the Wildness of Judaea* (London: SCM Press, 1959), 123-128; K. Schubert, "Die Messiaslehre in den Texten von Chirbet Qumran", *BZ* 1 (1957), 177-197.

2) 몇몇 대표적인 작품들을 소개하자면, M.G. Abegg, "The Messiah at Qumran: Are We still Seeing Double?", *DSD* 2 (1995), 125-144; J.J. Collins, *The Scepter and the Star: The Messiahs of the Dead Sea Scrolls and other Ancient Literature* (New York: Doubleday, 1995); C.A. Evans, "Messiahs", *Encyclopedia of the Dead Sea Scrolls I* (Oxford: Oxford University Press, 2000), 537-542; J.A. Fitzmyer, *The Dead Sea Scrolls and Christian Origins* (Grand Rapids: Eerdmans, 2000), 73-110; M.A. Knibb, "Eschatology and Messianism in the Dead Sea Scrolls", *The Dead Sea Scrolls after fifty Years,* P.W. Flint · J.C. VanderKam(eds.) (Leiden: Brill, 1999), 379-402; F. Garcia Martinez · J. Tribolle Barrera(eds.), "Messianic Hopes in the Qumran Writings", *The People of the Dead Sea Scrolls: Their Writings, Beliefs and Practices* (Leiden: Brill, 1995), 159-189; E. Puech, "Messianism, Resurrection, and Eschatology at Qumran and in the New Testament", E. Urlich · J. VanderKam(eds), *The Community of the Renewed Covenant: The Notre Dame Symposium on the Dead Sea Scrolls* (Notre

를 살펴보고, 초기 그리스도교의 예수 이해와 비교함으로써 그리스도교 예수이해가 쿰란문서의 메시아 이해의 영향을 받았는지의 여부와, 받았다면 어떤 방식으로 이루어지고 있는지 고찰하고자 한다.

먼저 쿰란 문서가 발견되기 전에 일반적으로 알려져 있던 메시아에 대한 구약성서적, 유대교적 이해를 살펴보겠다.

메시아란 그 언어적 의미로는 기름부음을 받은 자라는 뜻이다. 고대 이스라엘에서는 특별히 대제사장이나 왕이 관직에 오를 때 기름부음을 받았다.3) 왕은 정치적 지도자, 대제사장은 종교적 지도자라고 할 수 있을 것이다. 메시아는 하나님이나 천상적 존재를 가리키는 것이 아니라 구체적인 역사적 인물로서 정치적 혹은 종교적 지도자에게 붙이는 칭호이다.

포로기 이후 예언자 스가랴는 대제사장직에 오른 여호수아와 페르시아의 총독 스룹바벨을 하나님의 "두 메시아"로 표시하였다(슥 4:14). 대제사장 여호수아는 관직에 오르기 전에 기름부음을 받았다. 그러나 스룹바벨은 그렇지 못했다. 의례적인 기름부음의 행위는 관직에 오른 후에는 할 수가 없었다. 그래서 스룹바벨은 그 대신 "하나님의 거룩한 영"으로 기름부음을 받았다고 서술된다.

쿰란 문서가 발견되기 이전에 메시아에 대한 이해의 근거가 되었던 것은 솔로몬의 시편 17편이다. 솔로몬의 시편(Psalm of Solomon/Psalmen Salomos)은 기원전 1세기 중엽 헤롯 대왕 집권 이전에 바리

Dame: University of Notre Dame Press, 1994), 235-256; E. Puech, "Messianisme, eschatologie et resurrection dans les manuscripts de la mer Morte", *RdQ* 18 (1997), 255-298; H. Stegemann, *Die Essener, Qumran, Johannes der Täufer und Jesus* (Freiburg: Herder, 1994), 284-290; "Some Remarks to 1QSa, to 1QSb, and to Qumran Messianism", *RdQ* 17 (1996), 479-505; J. VanderKam, "Messianism in the Scrolls", E. Urlich · J. VanderKam(eds), op.cit., 211-234; J. Zimmermann, *Messianische Texte aus Qumran* (Tübingen: J.C.B. Mohr, 1998).

3) J.A. Fitzmyer, op.cit., 76-82 참조. H. Stegemann, op.cit.(1994), 285-286 참조.

새파 사람이나 그에 동조하는 사람에 의해 집필된 것으로 인정되고 있다.4) 그중 핵심적인 본문을 소개하면,

> 21 주여 보소서. 오 하나님, 당신께서 선택한 시기에, 당신의 종 이스라엘을 다스리도록 그들의 왕 다윗의 자손을 세워주소서. 22 그를 강직함으로 무장시켜 불의한 영주들을 쳐부수고, 이스라엘을 짓밟는 이방민족으로부터 이를 정화시키소서. 23 지혜와 정의로써 죄인들이 상속받지 못하게 하시고, 죄인의 오만을 도공의 질그릇처럼 깨뜨리고 24 쇠방망이로 그들의 모든 근거를 파멸시키고, 당신의 입으로 나오는 말씀으로 포악한 이방민족들을 섬멸시키고, 25 위협함으로 적을 그의 면전에서 내쫓으시고, 죄인들을 그의 진실한 말로 훈육시키소서.
> 26 그리하여 그는 정의로 인도할 거룩한 백성들을 모으고, 그의 주 하나님에 의해 거룩해진 백성의 지파들을 심판할 것입니다. 27 그는 불의가 그들 가운데 거하는 것을 허락하지 않을 것이고, 사악하다고 알려진 사람은 그들과 함께 살지 못할 것입니다. 28 그는 (가나안) 땅위의 지파 사이에서 그들을 분배할 것이고, 어떤 이방인이나 외국인도 그들 가운데 거하지 못할 것입니다. 29 그는 백성들과 이방인들을 그의 정의의 지혜로써 심판할 것입니다. 30 그는 여러 민족의 떼를 그의 멍에 아래 들어 온 땅의 기가 되어 주님을 찬양할 것입니다. 예루살렘을 정화하고 처음 있었던 것과 같이 거룩한 것으로 만들 것입니다.
> 31 그리하여 그의 영광을 보러 이방인들이 땅 끝으로부터 올 것이고, 그의 피곤에 지친 아들들은 예물을 가지고 수반할 것입니다. 32 그는 하나님으로부터 지시를 받아 그들을 다스리는 공의로운 왕이시며 그가 다스리는 동안 그들 가운데 불의가 없습니다. 왜냐하면 그들 모두가 거룩하며, 그들의 왕은 주님의 메시아이기 때문입니다(PsSal 17:21-32).5)

---

4) S. Holm-Nielsen, *Die Psalmen Salomos*, JSHRZ IV/2 (Gütersloh: Gütersloher Verlag, 1977), 51-59 참조.

5) 이 본문에 대한 한국어 번역으로는 김창선,『쿰란문서와 유대교』(서울: 한국성서학연구소, 2002), 157-158 비교; G. Theißen · A. Merz/손성현 역,『역사적 예수』(서울: 다산글방, 2002), 798-799 비교.

이 본문에 의하면, 메시아가 다윗 가문에서 나와 이스라엘을 짓밟는 이방민족들을 쳐부수고, 이스라엘의 왕으로서 하나님의 정의를 가지고 백성들을 통치할 것으로 대망되고 있다. 메시아는 정치적 지도자로서 군사적 통치권과 심판의 수행권을 가지고 있다. 이 본문에 제시되는 메시아상은 쿰란문서가 발견되기 이전까지 유대교의 미래적 메시아 이해의 기본이 되어왔다. 이와 같이 구약성서 본문에서나 유대문헌에서나 메시아와 관련해서 분명하게 말할 수 있는 것은, 메시아는 결코 하나님이 아니라 인간이며, 정치적 혹은 제의적 지도자라는 점이다. 이제 쿰란 문서와 신약성서의 메시아 이해를 살펴보자.

1. 쿰란공동체의 메시아 이해

제 2성전 시기 유대인들은 누구나 하나님의 종말 심판 이전에 예언자나 메시아 같은 존재가 나타날 것을 기대하였다.[6] 쿰란공동체도 예외가 아니다. 쿰란문서들 중 여러 본문에서 메시아에 대한 대망이 나타나고 있으며, 문서의 연대기적 배열로 인해 다소 다양한 이해들이 나오고 있다. 먼저 메시아와 관련된 대표적인 본문들을 살피고 쿰란공동체의 메시아 역할 이해에 접근해보도록 하겠다.

1) 메시아 관련 본문들의 번역[7]과 해설

---

[6] 이에 관해서는 P. Volz, *Die Eschatologie der jüdischen Gemeinde im neutestamentlichen Zeitalter: Nach den Quellen der rabbinischen, apokalyptischen und apokryphen Literatur, 2. Auflage* (Tübingen: J.C.B. Mohr, 1934), 173-228 참조.

[7] 다음에 취급한 1QS, 1QSa와 CD본문과 번역은 주로 로제 본문과 독일어 번역을 근거로 하였다: E. Lohse(ed.), *Die Texte aus Qumran,. Hebräisch und Deutsch* (Darmstadt: Wissenschaftliche Buchgesellschaft, 1981).

(1) 1QS IX, 9b-11

9 .... ומכול עצת התורה לוא יצאו ללכת
10 בכול שרירות לבם ונשפטו במשפטים הרשנים אשר החלו אנשי היחד לתיסר בם
11 עד בוא נביא ומשיחי אהרון ויאשראל

9 그들은 토라의 모든 지시를 피해
10 마음의 완악함을 따라 살아서는 안 된다. 오히려 그들은 처음부터 지키며 살아온 이전의 규정들을 따라 심판을 받게 될 것이다.
11 예언자, 아론 이스라엘의 메시아들이 등장할 때까지

이 본문에 의하면 쿰란공동체 사람들은 종말의 인물로서, 예언자, 아론의 메시아와 이스라엘의 메시아, 이 세 사람을 기대하고 있다. 현재는 아직 메시아가 나타나지 않았다는 것을 전제로 하는 문장이다. 메시아 외에 예언자가 등장하는 것이 눈에 띈다.

(2) 1QSa II, 11-21

11 이것은 공동체 의회의 모임에(초대된) 명망 있는 사람들의 모임이다.
12 하나님이 그들 가운데 그 메시아(המשיח)[8]를 태어나게 할 것이다.
13 그(제사장)는 이스라엘의 전체 모임의 선두에 들어서고,
그 다음에 그의 모든 형제들, 아론의 아들들인 제사장들이 들어온다.
이들은 그 모임에 초대받은 사람들로서 명망 있는 사람들이다.
14 그리고 그들은 그 사람 앞에서 각자의 지위에 맞게 착석해야 한다.
그 다음에 이스라엘의 메시아(משיח ישראל)가 자리에 앉는다.
15 그리고 수천 명의 이스라엘 사람들의 지도자(=이스라엘의 천부장)들이
그 사람 앞에서 그의 지위에 따라 착석한다. 그리고
16 공동체의 모든 가족들의 지도자들은 성스런 공동체의 현자들과 함께
그들 앞에서 자신들의 지위에 따라 착석해야 한다.

---

8) 하메시아(המשיח)라고 관사가 있다.

17 그리고 그들이 공동식사나 마시기 위해 모일 때에는 공동 식탁이
   마련되어야 하며,
18 마실 음료수가 마련되어야 한다. 그리하여, 어느 누구도 빵과 포도즙에
19 제사장에 앞서 손을 대어서는 안 된다. 왜냐하면 그가 축복의 말을
   해야 하기 때문이다. 첫 번째 빵과
20 포도즙에. 그가 먼저 자신의 손을 빵에 뻗어야 하고,
   그 다음에 이스라엘의 메시아(משיח ישראל)가 그의 두 손을 빵에
   대어야 한다.
21 그 다음에 그들은 전체 이스라엘 공동체 멤버들을 위해
   자신의 지위에 맞게 축도를 해야 한다.
   그들은 이러한 순서에 따라 행해야 되는데, 적어도 10 명이 모여 식
   사를 할 때.

1QSa는 1QS와 별도로 보관되고 있으나, 그 문체로 보아 1QS 두루마리 XI단에 이어져 있던 것으로 추정된다. 1QSa I, 1에 "이것은 날들의 마지막에 이스라엘의 전 공동체를 위한 규정(וזה הסרך לכול עדת ישראל באחרית הימים)"이라는 표제어가 나오고 있어서 하나의 부록으로 여겨지고 있다. 그런데 표제어에 나오는 "날들의 마지막(אחרית הימים)"이라는 표현 때문에 이 문서는 마지막 날, 종말에 있을 일에 대한 기록으로 여겨졌었다. 그러나 아하릿 하야밈이 미래를 의미하는 것이 아니라 그들의 "특정한 현재"를 가리키는 표현이라는 주장9)과 함께, 1QSa문서가 미래에 적용될 규정이 아니라, 그들 공동체의 현재를 규정하는, 가장 오래된 공동체 규정집이라는 주장이 나오고 있다.10)

위 본문은 공동식사와 관련된 것이다. 제 12열에 "그 메시아"라는 표현이 나오고, 그 메시아를 하나님이 그들 모임에서 나오게 하실

---

9) A. Steudel, "אחרית הימים in the Texts from Qumran", *RdQ* 16, (1993), 225-246.
10) H. Stegemann, op.cit.(1994), 159-163와 op.cit.(1996), 479-505 참조.

것이라는 기대가 표현되어 있다. 공동식사 때에는 "그 제사장"이 모임의 최고 상석을 차지하고, 그 다음에 제사장들이 들어선 다음에 "이스라엘의 메시아"가 자리를 잡는다고 순위를 정하고 있다. 그리고 먹을 때에는 "그 제사장"이 먼저 식사기도를 해야 하고, 제사장이 먼저 식사를 시작해야만, 그 이후에 이스라엘의 메시아가, 그 다음에 전체 공동체 멤버들이 식사를 할 수 있다. 이 본문에 의하면 "그 제사장"이 앞으로 등장할 이스라엘의 메시아보다 우위임을 알 수 있다.

이 본문에 대해 쉬테게만은 다음과 같은 가설을 제시한다.[11] 1QSa는 공동체의 리더인 "의의 선생"이 생존하고 있던 시대에 기록된 것이다 이 본문에 나오는 "그 제사장"이란 공동체의 리더이며 당시 요나단에 의해 대제사장직을 탈취당한 의의 선생을 가리키며, 그가 합법적인 대제사장으로서 살아 있었기 때문에 미래에 나타날 메시아로는 정치적 존재인 이스라엘의 메시아만을 기대했다는 것이다.[12] 반면 1QS와 CD에 두 종류의 메시아의 도래를 기대하는 내용은 의의 선생이 죽은 후에 쓰여진 문서이기 때문에 왕적 메시아뿐만 아니라 제사장적 메시아의 도래에 대한 기대도 생겨났다고 쉬테게만은 본다. 이처럼 쿰란공동체의 메시아 기대는 쉬테게만에 의하면 의의 선생의 사망 시기를 기점으로 그 이전과 이후가 달라진다고 하겠다.

(3) 다마스커스 문서

CD XII, 23- XIII, 1

23 המתהלכים באלה בקץ הרשעה הד עמוד משיח אהרן וישראל

---

11) 절대적인 신뢰를 가지고 쉬테게만의 가설을 소개하는 한국어 논문, 김창선, 앞의 책 (2002), 155-179 참조.
12) H. Stegemann, op.cit.(1996), 502-505 참조.

23 그들은 이 안에서 불경한 때에 살아야 한다, 아론과 이스라엘의
메시아(משיח)가 올 때까지.

CD XIV, 18-19

18 וזה פרוש המשפטים אשר יתהלכו בהם בקץ
19 הרשעה עד עמוד משיח אהרן וישראל

18 이것은 올바른 법적 규정이다, 이 안에서 그들은 불경한 기간동안 살아야 한다.
19 아론과 이스라엘의 메시아(משיח)가 올 때까지.

CD XIX, 10

10 אלה ימלטו ובקץ הפקדה והנשארים ימסרו לחרב בבוא משיח
11 אהרן וישראל

10 이들은 회복의 때에 구원을 받을 것이다. 그러나 몇몇 사람들은 칼에 넘겨질 것이다.
11 아론과 이스라엘의 메시아가 올 때에.

CD XIX 35-XX, 1

35 לא יחשבו בסוד עם ובכתבם לא יכתבו מיום האסף
1 מורה היחיד עד עמוד משיח מאחרן ומישראל

35 백성의 모임에 계산되지 않으며, 또한 그들의 기록부에 기록되지도 않을 것이다.
1 공동체의 선생이 돌아간 날로부터 아론과 이스라엘에서 메시아(משיח)가 나올 때까지.

다마스커스 문헌이란 그 본문에 "다마스커스 땅에서의 새 계약 (ברית החדשה בארץ דמשק)"이란 표현이 나오고 있기 때문에 붙여진 이름이다.[13] CD란 쿰란문서가 발견되기 이전에 카이로에서 발견된 문서의 약자이다(Cairo Damascus Document). 현재 영국 케임

---

13) 가령, CD XIX, 33-XX, 1.

브리지 대학에 소장되어 있다. 이 문서는 쿰란 에세네파가 소장해 온 여러 종류의 규정들을 집대성한 것으로 기원전 100년경에 완성된 것으로 알려져 있다. 네 번째 동굴에서 발견된 것으로 문서 상태가 양호한 4QD는 32단이나 되는 방대한 문서이다. 그 외에 제 4, 5, 6 동굴에서 10개 이상의 단편들이 발견되었다. 내용적으로 1QS의 규율들과 겹치는 부분들이 많다.

CD XX, 1에 의하면, 그들의 지도자인 의의 선생의 죽음이 전제되고 있다. 다마스커스 문서에는 1QS와 같이 아론과 이스라엘의 메시아라는 표현이 빈번하게 등장하는데, 1QS에서 아론과 이스라엘의 메시아들(משיחי אהרון וישראל)이라고 복수형태가 나오고 있는 반면, CD에서는 아론과 이스라엘의 메시아(משיח מאהרון ומישראל)라고 단수형이 나온다는 점이 눈에 띈다. 이러한 현상은 이들이 아론과 이스라엘에서 한 명의 메시아가 나온다는 것을 의미하는지, 아니면 1QS IX, 11과 같은 의미로 아론의 메시아와 이스라엘의 메시아 둘을 의미하는지 분명치 않다. 다마스커스 문서에서 메시아는 미래에 나타날 존재로 기대되고 있다.

(4) 4Q521 2 II

본문과 번역14)

1 כי   השמים הארץ ישמעו למשיחו
2 וכל אשר בם לוא יסוג ממצוות קדושים
3 התאמצו מבקשי אדני בעבדתו
4 הלוא בזאתי תמצאו את אדני כל המיחלים בלבם
5 כי אדני חסידים יבקר וצדיקים בשמ יקרא

---

14) 이 본문과 번역은 피츠마이어를 따른 것이다. J.A. Fitzmyer, op.cit.(2000), 93-94. 히브리어 본문에 관해서는 E. Puech, *Qumran Grotte 4 XVIII, Textes hébreux (4Q 521-4Q 528, 4Q 576-4Q579)*, DJD XXV (Oxford: Clarendon Press, 1998), 10 참조.

6 ועל ענוים רוחו תרחף ואמונים יחליף בכחו
7 כי יכבד את חסידים על כסא מלכות עד
8 מתיר אסורים פוקח עורים זוקף כפופים
9 ולעלם אדבק במיחלים ובחסדו ישלם
10 ופרי מעשה טוב לאיש לוא יתאחר
11 ונכבדות שלוא היו ישעה אדני כאשר דבר
12 כי ירפא חללים ומתים יחיה ענוים יבשר
13 ודלים ישביע נתושים ינהל ורעבים יעשר
14 ונבונים   וכלם כקדושים

1 (왜냐하면) 하늘과 땅이 그(하나님)의 메시아를 청종할 것이다.
2 그 안에 있는 모든 것들이 거룩한 자들의 명령으로부터 벗어나지 않을 것이다.
3 주를 찾는 너희 모든 자들은 그의 봉사 안에서 강건하라.
4 자기 마음속으로 희망하는 너희 모든 자들은 이 안에서 주를 찾지 못 하려느냐?
5 주는 경건한 자들을 찾으시고, 의인들을 이름으로 부르실 것이기 때문이다.
6 고통당하는 자들 위에 그의 영이 임하게 될 것이며, 신실한 자들을 그는 그의 힘으로 새롭게 하시리라.
7 그는 경건한 자들을 영원한 왕권 위에 영화롭게 하실 것이며,
8 포로된 자들을 풀어주시고, 눈먼 자들을 다시 보게 하시며, 굽은 자들을 곧게 하시리라.
9 영원히 나는 희망을 가진 자들에게 매달릴 것이다. 그리고 그의 한결같은 사랑으로 그는 보답하리라.
10 좋은 행위의 결실은 누구에게도 연기되지 않을 것이다.
11 (이전에) 결코 있지 않은 것과 같은 놀라운 일들을 주께서 하시리라, 그가 말한 것처럼.
12 그는 상처받은 사람들을 부르시고, 죽은 자들을 살리시며, 고통 받는 자들에게 복음을 선포하리라.

13 가난한 자들을 만족케 하시고, 실향민을 인도하시며,
　　배고픈 자들을 그가 부유하게 하시리라.
14 그리고 지식인들은… 그들 모두는 거룩한 자들과 같이 될 것이다.

　이 본문은 1991-1992년 에밀 푸에쉬에 의해 처음으로 재구성되고 내용이 소개되었다.15) 미래와 메시아, 그리고 죽은 자의 부활에 관한 언급이 나온다. 메시아 관련 다른 문서들과 비교해 보면, "그의 메시아(משיחו)"라고 쓰였다는 점에서 구별된다. 그러나 "그의"는 분명 "하나님의"라고 해석되고, 따라서 그의 메시아는 "하나님의 메시아"이다.

　푸에쉬는 이 본문을 "메시아적 묵시록"이라고 명명하였지만, 이 본문에는 묵시문학적 요소가 없다는 콜링스의 지적은 옳다.16) 콜링스는 이 본문에서 언급하는 미래에 올 메시아는 왕적 메시아라기보다는 제사장적 메시아로 보고 있다.

　8열에서 언급되고 있는 "포로된 자들을 풀어주시고, 눈먼 자들을 다시 보게 하시며, 굽은 자들을 곧게 하시리라"는 표현이나, 혹은 12열에 언급되고 있는 병든 자를 치유한다거나, 죽은 자를 살리는 일은 메시아의 과제가 아니라 원래 하나님 자신이 하는 일이다. 이와 유사한 내용이 시 146:7-9과 사 61편에 언급되고 있다:

"억눌린 사람들을 위해 정의로 심판하시며, 주린 자에게 먹을 것을 주시는 이로다. 여호와께서는 갇힌 자들에게 자유를 주시는도다. 여호와께서 맹인들의 눈을 여시며, 여호와께서 비굴한 자들을 일으키시며, 여호와께서 의인을 사랑하시며, 여호와께서 나그네들을 보호하시며 고아와 과부를 붙드시고, 악인의 길은 굽게 하시는도다"(시 146:7-9).

---

15) E. Puech, "Une apokaypse messianique (4Q521)", *RdQ* 15 (1991-1992), 475-522.

16) J.J. Collins, "The Works of the Messiah", *DSD* 1 (1994), 98-112. 특히 98 참조; J.A. Fitzmyer, op.cit., 94.

"주 여호와의 영이 내게 내리셨으니 이는 여호와께서 내게 기름을 부으사 가난한 자에게 아름다운 소식을 전하게 하려 하심이라. 나를 보내사 마음이 상한 자를 고치며, 포로된 자에게 자유를, 갇힌 자에게 놓임을 선포하며"(사 61: 1).

(5) 4Q175

쿰란공동체 사람들이 대망하는 세 종말 인물이 무슨 역할을 담당하는지는 4Qtestimonia(4Q175)에 잘 묘사되어 있다. 이 문서는 하나의 단으로 이루어져 있고, 내용은 쿰란 공동체의 종말론, 특별히 메시아 대망과 관련된 성서본문들을 발췌하여 열거한 것이다.[17] 신 5:28-29; 18:18-19; 민 24:15-17; 신 33:8-11; 수 6:26이 인용되고 있다.

1 (여호와께서) 모세에게 다음과 같이 말씀하셨다: 너는 네게 말한 2 이 백성의 말소리를 들었다. 그들은 자신들이 말한 모든 것을 잘 말하였다. 3 그들의 마음이 그러했다면, 그들은 나를 두려워하고 4 나의 모든 명령을 매일 지켜서 그들과 그들의 자손이 영원히 복 받았을 것이다(신 5:28-29 참조).
5 한 예언자를 내가 그들을 위해 그들의 형제 가운데서 마치 너처럼 불러 세울 것이며 6 내 말을 그 입에 두리라. 그리고 그는 내가 그에게 명한 모든 것을 그들에게 말해야 한다. 7 그 예언자가 내 이름으로 말하는 내 말을 듣지 않는 자가 있다면 8 내 스스로 그 책임을 물을 것이다(신 18:18-19 참조).
9 그는 자신의 목소리를 높여 말했다. 브올의 아들 발람의 말, 10 온전한 눈을 가진 남자의 말이다. 하나님의 말씀을 듣고 지고하신 분을 인식하는 사람, 11 즉 내리 감았으나 밝혀진 눈으로 전능자의 얼굴을 바라보는 자가 그렇게 말한다: 내가 그를 보아도 이 때 일이 아니고, 12 내가 그를 바라보아도 가까운 일이 아니다. 야곱에게서 한 별에 나오고,

---

17) 아래 번역은 다음의 텍스트와 독일어 번역을 기초로 한 것이다: E. Lohse(ed.), op.cit., 250-253.

이스라엘에게서 한 홀이 일어나 13 모압의 잠자는 자들을 흩어 버리고 셋의 아들들을 짓밟으리라(민 24:15-17 참조).
14 그리고 레위에 대하여 그(모세)가 말했다: 레위에게 당신의 둠밈과 우림을 주소서. 그 사람, 15 당신이 맛사에서 시험하셨고, 므리바 물가에서 다투었던 그 경건한 자에게 주소서. 자기 아비와 16 어미에게 "나는 당신을 모릅니다"라고 말하고, 형제를 외면하며 자신의 아들들을 알지도 못하는 그 자. 17 왜냐하면 그는 당신의 말씀을 지키고 당신의 계약을 준수하였기 때문입니다. 그리고 그들은 야곱에게 당신의 법도를, 18 이스라엘에게 당신의 율법을 밝혀주며, 그들은 번제를 당신 앞에, 제물을 제단에 가져왔습니다. 19 축복해주소서. 하나님. 그의 능력을. 그리고 당신의 일을 그의 손에 맡기소서, 그의 원수들을 쳐부수고, 그를 미워하는 자들의 엉덩이를 쳐서 20 그들이 다시는 일어나지 못하게 하옵소서(신 33:8-11 참조).
21 여호수아가 그의 찬송시로 찬양과 칭송하기를 그쳤을 때 22 그가 말하였다: 이 도시를 다시 세우는 자는 저주가 있을 지어다! 장자로 23 도시의 기초공사를 할 것이며, 막내 자식으로 문을 세우게 될 것이다(수 6:26).
그리고 보라, 저주를 받은 자, 벨리알에 속한 자가 24 나타나 그의 백성에게 덫이 되고 그의 모든 이웃들에게 끔찍한 것이 되리라. 그리고 그는 나타나서… 25 그 둘은 모두 폭행의 도구가 될 것이다. 그러나 그들은 이 도시를 세울 것이다. 26 그들은 그 도시에 담을 쌓고, 불경한 자들의 성을 세우며, 27 이스라엘에 큰 불행과 에브라임과 유다에는 수모를 주기 위해 성벽과 탑을 세울 것이다. 28 그리고 그들은 땅에 극악무도한 짓을 행하고 야곱의 아들들에게 큰 수치를 줄 것이다. 29 그들은 피를 홍수같이 딸 시온의 방어벽과 예루살렘 영역에 쏟아 부을 것이다."

이 본문에 먼저 인용되고 있는 신명기서의 두 발췌문(신 5:28-29/ 18:18-19)은 종말론적 예언자에 관한 것이고, 그 다음 이어지는 민 24:15-17은 이스라엘의 정치적 메시아, 그리고 신 33:8-11은 제사장적 메시아에 관한 것으로 보인다.

2) 쿰란문서에 나타난 종말론적 예언자와 메시아의 특징

지금까지 다룬 문헌에 근거하여 쿰란공동체가 기다렸던 세 종류의 종말론적 인물들의 특징은 다음과 같이 설명될 수 있을 것이다.[18]

1) 쿰란 문헌들에서 아론의 메시아(משיח אהרן)로 불리워지는 종말론적 존재는 종교적 지도자인 제사장적 메시아를 의미한다(1QS IX, 11; CD XII, 23; XIV, 19; XIX, 10; XX, 1). "율법 연구자(התורה דורש)"라고 불리우기도 한다(CD VII, 18; 4QMidrEschat III, 11).[19] 제사장적 메시아의 역할은 "도레쉬 하토라(דורש התורה)"라는 그의 명칭에서 이끌어낼 수 있듯이 율법, 토라를 연구하는 일이다. 에세네 사람들은 토라를 올바로 해석하고 이해하는 대제사장이 나타날 것을 기대한다. 그 대제사장은 특별히 칼렌다와 그에 따라 준수해야 할 명절들에 관련하여 올바로 해석하고 이해하여, 결국 예루살렘에서 에세네 사람들이 다시금 온전히 드릴 성전제의를 수행할 것이다. 1QSa II, 11-22에 의하면 아론의 메시아가 이스라엘의 메시아 우위에 위치한다.

2) 쿰란 문헌에서 이스라엘의 메시아(משיח ישראל)라고 불리우는 종말론적 존재는 정치적 지도자라고 할 수 있는 왕적 메시아이다 (1QS IX, 11; CD XII, 23; XIV, 19; XIX, 10; XX, 1; 1QSa II, 14, 20). 혹은 절대적 용법으로 "그 메시아(המשיח)"라고 불리기도 하고(1QSa II, 12), 공동체의 우두머리(נשיא העדה)로 불리워지기도 한다(1QSb

---

18) P. Kim, Heilsgegenwart bei Paulus. Eine religionsgeschichtlich-theologische Untersuchung zur Suendenvergebung und Geistgabe in den Qumrantexten bei Johannes dem Täufer, Jesus und Paulus (Göttingen: Diss, 1996), 26-28.

19) CD VII, 18-20에는 별(כוכב)과 왕홀(שבט)이란 용어가 나온다. 이 용어는 메시아와 관련이 있는 용어이다. "별, 그것은 다메스커스로 올 율법의 해석자이다… 왕홀, 그것은 전체 공동체의 우두머리이다"

V, 20; CD VII, 20). 왕적 메시아는 지위에 있어서 제사장적 메시아보다 하위로 소개된다. 그는 무엇보다도 전쟁을 수행하여 적을 섬멸하고 이스라엘 왕국을 건설할 것으로 기대되고 있다. 이는 솔로몬의 시편 17편에 나타나고 있는 바와 같은 일반적으로 알려진 정치적 메시아상과 일치한다.

3) 종말론적 존재로서 예언자가 이 두 종류의 메시아 외에 소개된다(1QS IX, 11). 그는 율법을 받았던 모세의 모습과 유사한 존재라고 하겠다. 현재는 아무도 율법을 건드릴 수 없지만, 마지막 때에 나타날 예언자는 하나님의 새로운 뜻을 기록하여 율법을 수정, 보안하는 역할을 하는 것으로 기대하고 있다.

에세네 사람들은 이러한 세 종류의 종말론적 인물 중에서 어느 누구도 이미 현재 등장했다고 보지 않았으며, 이 모든 존재를 미래에 나타날 것으로 기대했다.[20]

2. 초기 그리스도교 공동체의 메시아 이해

1) 이미 오신 메시아(그리스도)

---

[20] 쉬테게만은 쿰란문서에서 메시아사상이 세 단계에 걸쳐 있다고 주장한다. 첫째 단계는 기원전 2세기 중반, 즉 의의 선생이 등장하기 이전에는 개별적인 메시아가 아닌 집단적 메시아사상이 존재했으며, 의의 선생이 공동체의 리더로서 현존할 때인 기원전 150년경부터 110년경까지는 왕으로서의 메시아만 기대되었으며, 의의 선생이 죽은 후에 두 메시아 기대가 나타난다는 것이다. "집단 메시아주의"라는 표현은 많은 학자들에 의해 호의적으로 받아들여지고 있으나(가령, G. Theißen · A. Merz/손성현 역, 앞의 책 (2002), 737, 763 참조), 유대 역사에서 메시아란 기름부음을 받는 개별적인 사람들에게 쓰이던 표현이기 때문에 쉬테게만의 이해는 문제가 있다. 이에 대한 비판적인 견해로는 E. Puech, op.cit.(1997), 255-298 참조. 의의 선생이 대제사장이란 의식을 가지고 그의 생존기간에는 왕적 메시아만을 기대하고 있다는 것은 설득력 있는 주장이라고 할 수 있지만, 이 경우 의의 선생이 자기 자신을 종말론적 메시아로 이해했느냐는 또 다른 문제이다.

(1) 바울과 바울 이전 전승에서의 그리스도

쿰란 공동체가 미래에 메시아가 나타날 것으로 대망하였다면, 초기 그리스도교 공동체에서는 메시아를 이미 오신 분으로 기리고 있다. 신약성서의 진술에 의하면 예수가 메시아이다. 예수의 지상 활동에서는 왕이나 대제사장으로서의 메시아적 특징을 찾아보기 어렵다. 그러나 그의 십자가 죽음은 그가 정치적 메시아임을 입증하는 셈이다. 왜냐하면 십자가 처형은 주로 정치범들에게 부과되던 형벌이기 때문이다.

바울이 인용하고 있는 바울 이전 전승문에서 예수의 죽음과 그리스도 칭호가 매우 밀접한 관계를 맺고 있다는 것을 살펴볼 수 있다. 이는 예수의 죽음관련 신앙고백문의 주어로 그리스도가 나오고 있다는 사실에서 확인된다: "그리스도께서 경건치 않은 자를 위하여 죽으셨도다(롬 5:6)", "우리가 아직 죄인이었을 때, 그리스도께서 우리를 위하여 죽으심으로 하나님께서 우리들에 대한 사랑을 확증하셨다(롬 5:8)", "그리스도께서 성경대로 우리 죄를 위하여 죽으셨다(고전 15:3)".[21]

예수의 죽음을 내용으로 하는 이러한 문장들은 많은 학자들에 의

---

21) 그 외 롬 14:15; 고전 8:11; 갈 2:21; 살전 5:10; 고후 5:14,15 참조. 예수 그리스도의 죽음을 표현하는 이 모든 구절들에서 주어는 "그리스도", 술어는 "죽다"라는 의미의 동사 아포트네스코($\alpha\pi o\theta\nu\acute{\epsilon}\sigma\kappa\omega$)의 단순과거형 아페사넨($\alpha\pi\epsilon\theta\alpha\nu\epsilon\nu$)이 사용되고 있다. 김경희의 분석에 의하면, 바울 이전 전승문 중 죽음고정문은 "그리스도께서 우리를 위하여 죽으셨다($X\rho\iota\sigma\tau\grave{o}\varsigma$ $\acute{\upsilon}\pi\grave{\epsilon}\rho$ $\acute{\eta}\mu\hat{\omega}\nu$ $\acute{\alpha}\pi\acute{\epsilon}\theta\alpha\nu\epsilon\nu$)"로 재구성된다. Kyung Hee Kim, *Die Bezeichnung Jesu als (o) Christos. Ihre Herkunft und ursprungliche Bedeutung* (Marburg: Diss, 1981), 92-98참조. K. Wengst, *Christologische Formeln und Lieder des Urchristentum* (Gütersloh: Gütersloher Verlag, 1972), 55-104; Ph. Vielhauer, *Geschichte der urchristlichen Literatur. Einleitung in das Neus Testament, die Apokryphen und die Apostologischen Vaeter* (Berlin: Walter de Gruyter, 1979), 10-14 참조. 김판임, "바울의 신앙고백과 선교",『말씀과 교회』(2000, 가을), 221-235.

해 바울 이전전승에 속하는 것으로 이해되고 있다.22) 신약성서에서 가장 먼저 저작활동을 한 바울이 직접 작성한 것이 아니라 인용하는 것이니, 이러한 문장들은 신앙 공동체의 가장 이른 시기에 형성된 기본적인 신앙고백문이라고 할 수 있다. 예수의 죽음을 내용으로 하는 이러한 문장에서 주어가 예수가 아니라 그리스도라는 것은, 그의 죽음과 그리스도 칭호가 밀접한 연관성이 있다는 것을 보여준다. 또한 이것은 예수가 그리스도(메시아)라는 이해가 그의 죽음을 근거로 형성되었을 가능성이 높다는 것을 시사한다.

신약성서에서 마라나타(주여 오시옵소서), 혹은 아멘(진실로)등 히브리어나 아람어가 그리스어로 번역되지 않고 외래어처럼 쓰이는 반면, 메시아라는 히브리어는 그리스도라는 헬라어로 대치되어 사용된다는 사실은 의미심장하다. 벵스트는 그리스도가 예수의 죽음을 전하는 신앙전승문의 주어로 쓰이고 있다는 점, 그리고 죽음고정문에는 "우리를 위하여"라는 부사구가 거의 필수적으로 나오고 있다는 점 등에 근거해서 죽음과 관련된 신앙전승문의 삶의 자리가 팔레스틴이 아니라 헬레니즘계 유대 그리스도인들로 구성된 공동체라고 본다.23)

(2) 마가복음서의 예수 그리스도

마가복음서에서는 예수의 지상생활에서 이미 그가 메시아였다고 묘사하고 있다. 예수의 제자들 중 대표격인 베드로가 예수께 그가 그리스도임을 고백하고, 예수가 시인하는 식으로 말이다: "당신은 그리스도입니다(막 8:27-33; 마 16:13-28; 눅 9:18-27)." 베드로의 고백에 대해 예수는 아무에게도 말하지 말라고 당부함으로 베드로의 고백 자체에 대해 승인하는 자세를 취한다. 브레데는 이러한 예수의

---

22) Ph. Vielhauer, op.cit., 9-22 참조.
23) K. Wengst, op.cit., 78 참조,

태도가 마가복음 저자의 신학적 컨셉에 의해 이루어진 것으로 보고, 이를 "메시아 비밀론"이라는 가설을 주장하였다.24) 브레데의 메시아 비밀론 이후, 많은 학자들은 예수가 그리스도라는 베드로의 고백은 역사적 사실이 아니라 철저히 마가에 의해 형성된 것이라는 점에 동의한다.25) 바울과 바울 이전의 초기 그리스도교의 형성과 선교 과정(30-60년 경)에서는 예수가 메시아(그리스도)라는 것이 그의 죽음으로 확증되어 메시지에 담겨 전해졌다면, 마가복음서 형성기(70년 경)에는 예수는 생존 시에도 메시아였음을 전제하고 있음을 알 수 있다.

마가복음에서 예수는 그리스도(메시아)이고, 그의 활동은 주로 병고침과 귀신 축출과 같은 기적적인 일들이었다. 그러한 기적들은 전통적인 메시아의 활동과 별로 관계가 없다. 마가복음 한 가운데에 위치한 "베드로의 고백 이야기"를 중심으로 예수의 모습은 새로운 방향으로 전환된다. 마가복음 8장 이후부터 예수는 기적을 행하던 자에게서 죽음을 향해가는 자로 변모한다. 마가복음 전반부나 후반

---

24) W. Wrede, *Das Messiansgeheimnis in den Evangelien* (Göttingen: Vandenhoeck und Ruprecht, 1901, 1963).

25) R. Weber, "Christologie und Messiasgeheimnis: ihr Zusammenhang und Stellenwert in den Darstellungsintentionen des Markus", *EvTh* 43 (1983), 108-125; R. Bultmann/허혁 역, *Die Geschichte der synoptischen Tradition* (Göttingen: Vandenhoeck und Ruprecht, 1921, 1979),『공관복음전승사』(서울: 대한기독교서회, 1976), 420-435 참조; Ph. Vielhauer, "Erwägungen zur Christologie des Markusevangelium", *Aufsätze zum Neuen Testament* (München: Reinhardt, 1965), 199-214 참조. 물론 브레데의 이론에 대한 동의하지 않는 학자들도 많이 있다. 가령 H. Räisänen, "The 'Messianic Secret in Mark's Gospel", C. Tuckett(ed.), *The Messianic Secret*, (Philadelphia: Fortress Press, 1983), 132-140; 국내에서는 서중석,『복음서해석』(서울: 대한기독교서회, 1991), 33-77 참조; 브레데의 메시아 비밀론의 내용과 평가에 관해서는 차정식, "제7장 마가복음",『신약성서개론』(서울: 대한기독교서회, 2002), 211- 213 참조.

부에 묘사되는 예수 그리스도의 활동에서는 유대교의 전통적인 메시아상을 찾아보기 어렵다. 이런 면에서 볼 때 마가는 유대교의 메시아 이해에 대해 잘 모르고 있었던 것으로 추론된다.

수난사에서 아주 노골적으로 "네가 찬양받으실 자의 아들 그리스도냐(막 14: 61)"는 질문이 나오고 이에 대해 예수가 긍정하는 답변으로써 예수 그리스도가 하나님의 아들이라는 주장을 내비치고 있으나, 앞서 살펴본 바대로 구약성서와 유대전통에서 메시아가 하나님의 아들이라는 이해는 쉽게 찾아볼 수 있는 것이 아니다.26) 또한 빌라도의 심문기사에서 예수를 "유대인의 왕"(막 15:9,12), "이스라엘의 왕"(막 15:32)으로 지칭하지만, 그 이전에 전한 예수의 활동 중에는 유대인의 왕으로서의 활동이라고 할 만한 것은 없다. 그 당시 유대의 왕은 헤롯 안티파스였다. 심문기사에만 나오는 이 표현은 예수의 죽음이 유대인의 왕으로서의 죽음이라는 단순한 사실을 말할 뿐이다. 이것은 바울서신에 나타난 바울 이전 전승에서 예수의 십자가 죽음과 그리스도로서의 특징이 맞물리는 것과 같은 이치이다.

마가복음서는 예수가 그리스도라는 사실을 주장하기 위해 쓰여진 것이 아니라, 이미 예수가 그리스도라는 사실을 전제하고 있다. 그 전제 하에서 예수 그리스도가 누구인지 말하고자 하는 의도를 가지고 있다. 즉, 그는 놀라운 기적을 행하는 자로서 "하나님의 아들"이며 동시에 무력하게 십자가의 죽음으로 내몰려지는 "사람의 아들"이다. 이러한 기독론을 마가는 8장의 베드로 고백 기사에서 그의 고백에 대한 예수의 반응으로 나타냈다. 베드로가 예수를 향해 당신은 그리스도라고 고백했을 때 예수는 아무에게도 말하지 말라고 하면서 곧바로 인자의 고난에 대해 예언한다. 마가복음의 전반부 8장

---

26) M. Hengel/김명수 역, 『하나님의 아들』(서울: 대한기독교서회, 1981). 헹엘은 예수의 하나님의 아들 칭호가 구약성서와 유대교에서 유래한 것으로 보려고 시도하였지만, 이는 무리한 논증이다.

까지 예수의 모습이 주로 기적을 행하는 신적 능력의 소유자였다면, 9장부터는 점차 기적이 사라지고 죽음이라는 운명을 향해 나아가는 무력한 인간 중의 인간으로 묘사되고 있다. 이와 같이 마가는 예수 그리스도를 하나님의 아들이며 동시에 인간의 아들이라고 묘사함으로써 이중적 기독론으로 구성하고자 시도한 것으로 보인다.

(3) 마태복음서의 예수 그리스도: 성서를 재정비하는 종말론적 예언자

마태복음도 베드로의 그리스도 고백기사(막 8:27-33)를 사용하지만 마가의 예수 이해를 그대로 수용하지는 않는다. 마태복음에서 예수는 다양한 모습으로 그려진다. 예수가 그리스도이고, 하나님의 아들이라는 것은 마가와 마찬가지로 마태도 전제되고 있는 사실이다. 새로운 것이 하나 첨가되었다면, 예수가 다윗의 자손이라는 사실을 입증하려고 한다는 점이다. 마태는 예수가 하나님의 아들이라는 것은 동정녀를 통한 예수의 탄생(마 1:19-26)으로, 다윗의 자손 됨은 족보로써 입증하려고 시도했다(마 1:1-18). 이처럼 마태는 마가와는 달리 메시아가 다윗가문에서 나와야 한다는 정보를 얻어 증명하려고 한 것으로 보인다. 반면 예수가 그리스도라는 것은 입증하려고 하지 않는다. 예수 그리스도는 이미 하나의 고유명사처럼 예수가 그리스도임은 전제되고 있다.

그리스도로서의 예수의 모습도 마태에서는 매우 이색적이라고 할 수 있다. 그것은 5-7장에 나오는 산상수훈의 예수 모습이 보여준다. 특별히 마 5:17-48에 나오는 반명제에서 마태의 예수 그리스도는 종말론적 예언자의 모습이다. 종말론적 예언자는 이전에 있던 율법을 재정비하여 하나님의 뜻을 밝히는 역할을 한다. "옛사람에게 말하기를… 한 것을 너희가 (과거의 율법에서) 들었다. 그러나 나는 너희에게 이르노니…." 이러한 반명제 형식으로 새로운 계명을 제시하고 있는 마태복음의 예수 그리스도는 구법을 새롭게 갱신하는 종말론적 예언자이다. 그럼에도 불구하고 마태복음에서 예수를 예언자로 부르지는 않았다.

(4) 히브리서의 예수 그리스도: 종말시의 대제사장 멜키세덱

신약성서 전체에서 예수를 대제사장 멜키세덱으로 부른 문헌은 오직 히브리서뿐이다. 히 5:1-10:39에서 예수는 대제사장이다. 복음서에서 예수를 그리스도, 혹은 예언자 등으로 표현할 때 예수의 지상 활동과 연결시켜 설명하려고 했다면, 히브리서에서 대제사장 예수의 역할은 예수의 지상에서의 삶의 방식과 관련이 있는 것이 아니라, 그의 승천을 통한 일이었다: "그러나 우리에게는 하늘에 올라가신 위대한 대제사장이신 하나님의 아들 예수가 계십니다(히 4;14)". 즉 그리스도께서는 승천을 통해서 참장막에 참제물로 참제사를 지내시고(9:11-12), 하늘의 성소에 들어가셨다(9:24).27) 히브리서에서 멜키세덱이신 예수는 지상의 예수가 아니라 하늘로 승천하신 천상적 존재이다.

예수가 대제사장이 된 것은 스스로 높여서 된 것이 아니라 하나님의 임명에 의한 것이다(히 5:5-10; 7:20-23). 대제사장의 임무 중 가장 중요한 것은 대속죄일에 백성들을 대표하여 제물을 드리고 지성소에 들어가는 일이다. 히브리서의 저자는 대제사장이신 예수가 짐승의 피가 아니라 자기 자신의 피로써 제물을 드림으로써 해마다 지성소에 들어가는 대신 단 한 번에 지성소에 들어갔다고 전한다(히 9:6-14, 25-26). 이처럼 예수의 죽음은 그의 재제사장직과 필연적인 관계를 맺고 있다. 즉 그 자신이 희생제물로 죽음으로써 하늘의 대제사장직을 위한 조건을 충족시킨 것이다.

---

27) 김달수, 『히브리서』 대한기독교서회 창립 100주년 기념 성서주석 (서울: 대한기독교서회, 1999), 125-204 참조.

쿰란 문서에서 미래에 나타날 존재로서 기대하는 제사장적 메시아와 히브리서에서 말하는 대제사장 멜키세덱이신 예수그리스도와는 다음과 같은 점에서 커다란 차이가 있다:

a) 쿰란문서에서 말하는 제사장적 메시아는 천상적 존재가 아니라 지상적 존재인 반면, 히브리서의 멜키세덱 예수 그리스도는 천상적 존재이다.

b) 쿰란문서에서 기대하는 종말론적 제사장은 멜키세덱으로 불리지 않는다는 점이다. 쿰란 문서 중에 멜키세덱이 언급되는 문서는 11QMelchMidr과 4Q180, 4Q181로서[28] 이는 종말론적 메시아와는 다른 맥락에서 이해되어야 한다.

이상에서 살펴본 바와 같이 예수 그리스도는 신약성서 전체에서 다양하게 나타난다. 쿰란 문서에 언급된 세 종말론적 존재(정치적 메시아, 종교적 메시아, 종말론적 예언자)가 예수에게 다양하게 적용되고 있음을 알 수 있다. 복음서 전체를 통해 정치적 지도자로서의 예수의 모습은 찾아보기 어렵지만, 예수의 십자가 죽음은 그가 메시아임을 입증한 셈이 되기 때문에 그의 죽음 이후 곧바로 그를 그리스도라고 불렀을 것으로 예측되고, 곧바로 예수 그리스도가 하나의 고유명사처럼 전해진 것으로 보인다. 시간이 경과되면서 차츰, 그가 메시아(그리스도)라면 다윗 자손이어야 한다는 당위와 함께 예수는 다윗의 자손임을 입증하려는 시도들이 나타났다고 여겨진다. 마태복음에는 이러한 발전의 단계들이 반영되어 있다. 그런데 예수가 모세의 법을 수정하고 율법을 재정비하는 모습은 진정 쿰란 문서의 종말론적 예언자에 대한 전제 없이는 이해하기 어려운 것이다.

---

[28] 이 문서들에 관한 개략적인 소개는 H. Stegemann, op.cit.(1994), 167-169 참조.

2) 다시 오실 그리스도

초기 그리스도교 공동체는 예수를 이미 오신 메시아로 이해했을 뿐만 아니라 장차 다시 오실 분으로 기대하기도 했다.29)

(1) 살전 1:9-10은 초기 그리스도교 공동체의 신앙의 내용을 짐작케 하는 귀한 자료이다. 이에 의하면 초기 그리스도인들이 예수의 부활과 재림을 기본적인 신앙내용으로 가지고 있고, 또한 예수의 재림시 예수 그리스도를 믿는 사람들은 심판에서 면하게 된다는 희망을 가지고 있었던 것으로 알 수 있다.

살전 4:15-16에 의하면, 주께서 강림하실 때에 유대 전통에서 기대되던 종말 심판이 실현되는 것처럼 묘사된다: "주께서 호령과 천사장의 소리와 하나님의 나팔로". 호령 소리, 천사장의 소리, 하나님의 나팔 소리는 모두 유대교에서 대망하였던 종말심판의 장면을 연상시킨다. 종말의 날은 전쟁의 날이다.30) 이스라엘을 압제하던 이방의 권세자들은 이제 멸망당하고 말 것이다. 호령, 천사장의 소리, 하나님의 나팔 등 세 가지 소리로써 바울은 전통적인 유대 종말 전쟁의 표상을 여기 도입하지만, 종말심판에 관해 더 이상 진전시키지는 않는다. 그리고 곧바로 바울의 관심은 그리스도인들에게로 이어진다. 그리스도 안에서 죽은 자나 산 자나 차별없이 구원을 받을 것이라는 내용으로 독자들을 인도한다. 이미 죽은 자는 일으킴을 받고, 산 사

---

29) 예수그리스도의 다시 오심은 바로 초기 그리스도교에서 지배적인 소망의 내용이었다. 이에 관해 김판임, "믿음소망 사랑 중에 사랑이 제일인 이유 - 바울 신학 이해를 이한 소고", 『신학연구』 47 (오산: 한신학술원신학연구소, 2005), 99-121 참조.

30) 종말의 날이 심판의 날, 전쟁의 날이라는 이해에 근거해서 묘사된 문헌으로는 쿰란동굴에서 발견된 전쟁문서, 혹은 전쟁 두루마리(1QM)을 소개할 수 있다. 이 문서에 의하면 하나님이 종말 전쟁의 직접적인 리더로서 이스라엘 백성을 군대로 이끌며 40년간 전쟁을 지휘하신다. 유대교의 종말 심판에 관한 포괄적인 이해를 위해서는 P. Volz, op.cit.(1934), 272-340 참조.

람들은 그들과 함께 구름 속으로 이끌려 올려져서 세상에서 일어날 하나님의 심판을 면하고, 주님과 함께 있을 것이다(살전 4:17).

이 묘사에서는 그리스도 칭호가 아니라 주(퀴리오스) 칭호가 사용되고 있다는 점은 주목할 만하지만, 주님은 죽고 부활하신 예수 그리스도라는 것은 의심의 여지가 없다. 즉 다시 올 자는 바로 이미 오셨던, 죽음으로써 그리스도임이 입증되신 분이고, 현재 공동체에서 주(퀴리오스)로 기려지고 있는 분이다. 이어지는 5장에서는 그리스도가 재림하는 날을 "주의 날"이라고 표현함으로써 구약성서와 유대교에서 "여호와의 날"이라는 표현과 같은 의미이면서, 새로운 종교 체계에 맞게 새로운 용어를 선택한 것으로 보인다.

(2) 고전 15:23에서 "그리스도께서 강림하실 때에"라고 표현함으로써 바울은 그리스도가 다시 오실 것을 말하고 있다. 여기서 다시 오실 그리스도의 과제가 제시된다. 그리스도(메시아)께서 다시 오실 때에 "그리스도 안에서 죽은 자들"이 다시 생명을 얻을 것이다(고전 15:23, 51-52). 여기서 지적하고 싶은 것은, 쿰란공동체와 마찬가지로 그리스도가 죽은 자를 살린다고 표현하지는 않았다는 점이다. 수동태형이 사용됨으로써, 죽은 자를 살리는 일은 하나님이 하시는 일로 소개된다. 생명과 죽음은 오직 하나님에게 달린 일이기 때문이다. 메시아가 다시 와서 할 일은, 그 때까지 세상을 지배하고 있는 온갖 정치, 권력, 힘 있는 모든 것을 멸하고(고전 15:24). 그 후에 권세를 하나님께 바치는 일이다. 이미 오셨던 그리스도는 다시 올 것이며, 그가 다시 오시면, 사망을 포함하여 잔존하고 있는 모든 세상 권세를 멸하고 오로지 하나님의 통치가 이루어지도록 하실 것이다. 최후의 통치자는 메시아가 아니라 하나님이다.

(3) 히브리서에서도 이미 승천하여 하늘에 계신 멜키세덱 그리스도는 "다시 오실" 분으로 기대되고 있다(히 9:28 참조). 그리고 그 날이 가까이 왔다(히 10:25).

(4) 복음서 기자들은 그리스도의 재림에 관해 언급하지 않는다. 반면에 미래에 오실 이는 인자로 소개되고, 마지막 심판을 위한 인자의 도래에 관해서는 예수께서 직접 증언하신 방식으로 서술한다(막 13:24-27; 마 24:29-31; 눅 21: 25-28).

3. 비교

메시아는 "기름부음을 받았다"는 의미를 지닌 표현으로서, 원래 왕이나 대제사장과 같은 정치적, 종교적 지도자를 가리키는 말이다. 쿰란 문서가 발견되기 이전까지 알려져 있던 메시아 이해는 솔로몬의 시 17-18편에 의해 정치적 지도자상에 국한되었다. 그리하여 예수를 메시아로 보는 신약성서의 이해를 충분히 납득하기 어려운 점이 없지 않았다.

쿰란문서가 발견된 이후, 어떤 텍스트에는 한 사람의 메시아가, 다른 텍스트에 두 메시아의 등장이 기대되는 것을 찾아볼 수 있다. 공동체의 리더였던 의의 선생이 합법적인 대제사장이라면, 기름부음을 받았다는 메시아 자의식을 가지고 있었다는 것에 대해 무리없이 동의할 수 있다. 그러나 의의 선생이 기름부음을 받았다고 해서 종말시 나타날 것으로 기대했던 종말론적 메시아로서의 자의식을 가졌는지는 알 수 없다.

쿰란 문서에 언급되는 두 종류의 메시아와 종말론적 예언자에 대한 이해는 신약성서의 다양한 예수 이해에 어느 정도 도움을 주고 있는 것으로 보인다. 이스라엘의 정치적 지도자뿐만 아니라, 율법을 재조정하는 종말론적 예언자로서의 예수의 역할이나, 대제사장으로서의 예수 그리스도라는 히브리서의 기독론도 쿰란문서의 메시아 이해를 통해 접근하기 요이해지는 것 같다. 쿰란공동체와 초기 그리스도교 공동체의 메시아 이해에서 결정적인 차이점은 다음과 같은 것을 들 수 있다.

1) 쿰란공동체가 메시아를 미래에 등장할 존재로 기대했던 반면, 초기 그리스도교 공동체에서는 메시아가 이미 온 자로 기려지고 있다는 점이다. 예수가 바로 기름부음을 받은 메시아이다. 그런데 그가 생전에 왕이나 대제사장의 관직에 올랐다는 것은 역사적으로 개연성이 전혀 없다. 복음서에 예수의 지상 활동으로 전해지고 있는 많은 기적들도 메시아의 특징은 아니다. 예수가 메시아라는 것은 그가 당한 십자가처형이 증명해준다. 왜냐하면 십자가 처형은 정치범에게 부과되는 형벌이기 때문이다. 이것 외에는 그가 메시아라는 것을 입증할 만한 사건은 없다.

2) 쿰란 공동체에서 종말론적 존재로서 두 메시아와 종말론적 예언자를 기대했다면, 초기 그리스도교에서는 오직 예수만이 그리스도이다. 그런데 그 예수 그리스도는 왕으로서만 아니라, 대제사장(히브리서), 혹은 예언자(마태복음) 등, 쿰란공동체에서 기대하던 종말론적 존재들의 다양한 모습으로 묘사되고 있다. 이러한 사실은 초기 그리스도교 공동체가 쿰란공동체의 다양한 메시아 이해를 알고 반영하는 것으로 보인다.

3) 초기 그리스도교 공동체는 이미 죽음으로써 메시아임을 확증해 준 예수 그리스도는 다시 올 것이라는 기대와 함께 종말론적 유보를 함유하고 있다. 이 종말론적 유보는 특별히 바울에게서 강하게 나타나는데, 죽은 자의 부활이란 주제와 관련해서 전개되고 있다(살전 4:13-18, 고전15장). 그리스도가 다시 오시면, 죽음을 포함한 잔존하고 있는 모든 악을 물리칠 것이다. 그 다음에 메시아는 그의 권력을 하나님 앞에 내어드릴 것이다. 오직 하나님이 만유의 주가 되시기 때문이다(고전 15:28). 이와 같이 바울이 그리스도의 재림을 상정한 것은 그가 예수 그리스도를 통한 하나님의 구원을 피력하면서도 아직 극복되지 못한 악의 모습들을 간과할 수 없었기 때문인 것으로 보인다.

바울과는 달리 마가와 마태, 누가 등 복음서 기자들은 그리스도의 재림에 관해 심각하게 다루지 않는다. 복음서 기자들에게 예수는 이미 온 그리스도이고, 지금은 보이지 않으나, 주로서 그를 믿는 이들과 항상 함께 하시는 분이시다(막 16:20; 마28:20).

제6장 성령 이해

구약성서에 의하면 성령의 수여와 활동은 모두 하나님의 활동에 속한다. 성령은 예언자들이나 사사(재판관)들에게 수여되었다(삿 3:10). 요엘 3장과 에제 36장에 의하면 성령이 종말에 의인이 받을 구원은사로서 기대되고 있다. 종말에 성령이 수여되고 활동을 하리라는 기대는 유대교에서 매우 강하게 각인되어 있다. 이러한 기대는 라비 문헌과 외경-위경 문서들에도 지배적이다. 이러한 문서들에는 성전의 붕괴와 함께, 그리고 마지막 예언자의 죽음과 함께 이스라엘에서 성령의 활동은 중지되었다는 인식이 지배적이다. 현재 성령의 활동이 중지된 이유는 이스라엘의 죄 때문이며, 마지막 때에 하나님이 죄를 도말하시면 다시 성령이 작용하리라는 것이다.[1]

그런데 바울이 고전 12장에서 성령의 은사에 관해 서술할 때, 모든 그리스도인들은 성령을 받았다는 것과 교회가 바로 성령이 작용하는 장소임을 확언한다. 또한 "우리들은 성령을 받았다"(고전 2:12), 혹은 "하나님이 너희에게 성령을 주셨다(고후 1:22; 5:5; 롬 5:5)"는 표현을 쓰고 있다. 이것으로써 바울은 그의 현재를 구원의 현재로 이해한다고 볼 수 있을 것이다. 즉 현재 믿는 자들에게 성령이 종말의 구원 은사로서 수여되었음을 파악한 것이다.

이와 유사한 표현이 쿰란 문헌에도 나온다. 찬송시집인 호다요트 텍스트에는 "그가 그의 성령을 넣어주셨다"는 고전적인 표현으로서 하나님을 찬양하는 내용들이 다수 들어 있다(1QH VII, 6 이하; IX,

---

[1] P. Schäfer, *Die Vorstellung vom heiligen Geist in der rabbinischen Literaturen*, STANT 28 (München, 1972); P. Schäfer, "Geist/Heilige Geist/Geistgaben Ⅱ. Judentum", *TRE* 12, 173-178.

30-34; XII, 11-12; XIII, 18-19; XVI, 6-7; XVII, 17). 쿰란공동체도 바울이 이끄는 초기 그리스도교 공동체처럼 "하나님이 주신 성령"이란 표현으로써 그들이 구원의 현재에 살고 있다고 생각했는가?2) 쿰란공동체와 초기 그리스도교 공동체는 이 점에서 사상적 일치를 보여준다고 할 수 있을까?

1. 쿰란공동체의 성령 이해3)

쿰란 문헌에는 현재 성령을 받았다는 표현뿐만 아니라, 미래 종말에 하나님이 성령을 불어 넣어주시리라는 이해도 여전히 나오고 있다(1QS IV, 18-25). 이 둘은 어떻게 조화될 수 있을까?

1) 미래적 성령 심판(1QS IV, 18-25)

쿰란 문헌 중에는 구약 예언서에 예언된 대로 (미래적) 종말에 하

---

2) 쿤(H.-W. Kuhn)은 1966년 그의 저서 "종말 기대와 현재적 구원(Enderwartung und gegenwaertiges Heil)"에서 쿰란의 찬송시집 중의 세 찬송(1QH III, 19-36; XI, 3-14; XV, 1-26)에 나오는 용어들을 근거로 하여 다음과 같이 주장하였다: 1) 쿰란 공동체는 스스로 종말 공동체, 구원공동체로 이해하였다. 2) 공동체 멤버 중 몇몇 사람들은 종말론적 새창조가 이 새로운 언약공동체의 가입을 통해 이루지는 것으로 보았다. 3) 성령은 하나님의 은사로서 경건한 사람들에게 주어지는데, 성령의 수여는 공동체 가입과 연관되어 있다. 쿤의 이해에 의하면 쿰란문서와 신약성서의 구원 이해에는 전혀 차이점이 없다. 김창선 교수도 쿤의 견해를 그대로 추종한다. 김창선,『쿰란문서와 유대교』(서울: 한국성서학연구소, 2002), 112-136 참조. 그러나 1989년 멜(U. Mell)은, 쿤이 그의 주장의 근거로 사용했던 본문들을 분석하는 과정에서 쿤과 대결하여 완전히 다른 결론을 이끌어 내었다. U. Mell, *Neue Schoepfung. Eine traditionsgeschichtliche und exegetische Studie zu einem soteriologischen Grundsatz paulinischer Theologie* (Berlin: Walter de Gruyer, 1989) 참조.

3) 필자는 쿰란공동체의 성령 이해에 관해 이미 "쿰란 문헌에 나타난 성령이해"라는 제목으로 박창건 교수의 은퇴기념 논문집 조경철 외,『성서와 성령』(서울: 대한기독교서회, 2002), 273-292에 기고한 바 있다.

나님의 영이 작용하리라는 이해를 전하고 있는 본문이 있다. 에세네파-쿰란 공동체가 일반 유대교와 공유하는 이해라고 하겠다. 이 본문은 신약성서에 나오는 "자기보다 더 강한 자가 올 것이고, 그가 와서 성령으로 세례를 주리라"(막 1:7-8)는 세례 요한의 종말 예언의 의미를 이해하는 데에 도움이 된다.

1QS IV, 18-25 번역4)
18 그러나 하나님은 그의 비밀스런 현명함 안에서, 그리고 그의 영광스런 지혜안에서, 악의 존재에 대해 종말을 정하셨다. 그리하여 그(하나님)은 그것(악)을 정해진 바 (미래에 있을) 19 검열의 날에 영원히 소멸하실 것이다. 그리고 그 다음에 세계의 진리가 드러날 것이다. 왜냐하면 그것은 악이 지배하는 동안 불경한 길에서 뒹굴고 있었기 때문이다. 20 결정된 심판의 확고한 시점까지. 그리고 나서 하나님은 그의 진리로써 인간의 모든 행위를 정케하여 몇몇 사람들을 인간의 집(즉 육체)으로부터 정케 하시는데, 이는 하나님이 모든 사람들에게 그의 육체의 지체들로부터 악의 영을 제거하고 21 성령을 통하여 모든 불경한 행위로부터 깨끗하게 하심으로써 이루어진다. 그리고 그는 그 위에 진리의 영을 뿌려주실 것이다. 마치 모든 흉악한 거짓말과 더러운 영 안에 자기 자신을 버려두는 행위로부터 (깨끗하게 하는 정화수를 (뿌리듯이)). 22 이는 의로운 사람들은 지극히 높으신 이에 대한 지식과 온전하게 살아가는 사람들을 현명하게 만드는 하늘의 아들들의 지혜로써 가르치기 위함이다. 왜냐하면 그들을 하나님은 영원한 계약을 위해 선택하셨고, 23 그들을 위해 아담의 영광이 있기 때문이다. 그러면 (더 이상) 악은 존재하지 않으며, 모든 거짓의 행위들은 수치를 당하게 될 것이다. 그 때까지 진리의 영과 악의 영은 싸운다. 24 사람의 마음 안에서 그것들은 진리 안에서 행하거나 혹은 어리석음 안에서 행한다. 각자 받은 진리의 유산에 따라 그는 (어떤 사람은) 의로우며, 따라서 악을 미워한다. 악의 배분에 따라 그는(어떤 사람은) 사악하게 행하고 25 따라서 진리

---

4) 번역은 주로 E. Lohse(ed.), *Die Texte aus Qumran. Hebräisch und Deutsch* (Darmstadt: Wissenschaftliche Buchgesellschaft, 1981), 14-15를 주로 참고했다.

를 미워한다. 하나님은 정해진 때, 즉 새창조의 때까지 그것들을 그대로 두실 것이기 때문이다.

이 본문은 하나님의 종말심판5) 및 의인들의 운명에 관한 것을 내용으로 하고 있다. 공동체 규율집 중 "두 영에 관한 가르침(1QS III, 13-IV, 26)"6)에 속해 있다. 그 출처는 에세네 공동체 이전 것이지만 인간론과 신론, 종말론에 관해서는 에세네파의 핵심적인 진술을 담고 있다.7)

18-19열에 의하면, 사람과 세계에는 현재 두 영(선과 악, 진리와 거짓, 빛과 어둠)이 병존하고 있다. 그러나 이것은 영원한 것이 아니다. 하나님은 이 세상에 지배하고 있는 악에 대해 종말의 때를 정하셨다. 정해진 심판의 날에 하나님은 악을 영원히 소멸시키실 것이다. 그 날이 언제인지, 어떤 방법으로 심판을 수행하실 지 사람들은 모른다. 그것은 하나님만의 비밀이지만, 하나님의 판단은 현명하시고, 그의 지혜에 근거해서 미래에 이루어질 것이다. 종말심판 때까지 악에 대해 대항할 기회가 없는 세상의 진리는 종말에 두드러지게 나타날 것이다(V, 19-20). 종말심판과 관련된 이러한 서술들은 유대교 내에서 일반적으로 통용되고 있던 표상이다.

20-22열은 이제 진리가 어떻게 이 세상에서 승리를 이루는가에 대

---

5) 이에 관해 김판임, "쿰란문헌에 나타난 종말심판과 새창조(1QS III, 18-25와 4Q186을 중심으로)", 『밀레니엄과 신약성서의 종말론』(서울: 한들, 1999), 65-80, 특히 69-74 참조.

6) 이에 관해 H. Stegemann, *Die Essener, Qumran, Johannes der Täufer und Jesus* (Freiburg: Herder, 1993), 154-156 참조. "두 영에 관한 가르침"은 세계와 인간을 철저히 이원론적으로 파악하고 있다. 이원론은 고대 앗시리아와 바빌론의 영향으로 유입되어 유대교 안에 자리를 잡았다. 다른 동굴에서도 규율집(4QS)이 여러 본 발견되었는데, 그 중 "두 영에 관한 가르침"을 보유하고 있는 것은 오직 하나뿐이다(4QS^c).

7) 가령 전쟁 두루마리(1QM), 찬송시집의 몇몇 찬송들, 그리고 4QMidrEschat은 두 영 교리에 나오는 엄격한 이원론을 공유하고 있다.

해 묘사하고 있다. 하나님은 모든 악의 영을 사람의 내부로부터, 모든 악한 행위로부터 제거하여 깨끗케 하실 것이다. 이 때 정화 도구는 진리, 혹은 (그의) 거룩한 영(רוח קודש 루아하 코데쉬)이다. 이것으로써 사람들을 정화한 다음에 하나님은 그들에게 "진리의 영 (רוח אמת 루아하 에메트)"을 불어넣어 주신다. 진리의 영을 불어넣어 주시되, 정화수를 뿌리시듯이 하신다는 것이다.

1QS IV, 18-25에 깔려 있는 인간 이해는 4Q186[8)]와 연관시켜 이해될 수 있다. 4Q186에서도 인간은 선과 악, 빛과 어둠의 안배가 하나님에 의해 이루어진 것으로 이해되고 있다. 사람은 누구나 태어날 때부터 빛과 어둠의 안배가 하나님에 의해 결정되어 태어난다는 것이다. 전체는 아홉으로 이루어져 있으며, 가장 의로운 사람이라도 어둠의 안배가 하나는 있고, 가장 악한 사람일지라도 빛의 안배가 하나는 있다는 것이다. 그래서 가장 의로운 사람은 8:1, 그 다음은 7:2, 그 다음은 6:3, 보통 선한 사람은 5:4… 가장 악한 사람이라도 하나의 빛의 안배를 가지고 있어서 1:8이 배율로 이루어져 있다는 것이다. 그런데 종말에 하나님이 그의 성령으로써 악한 영을 제거하는 방식으로 사람들을 정화시키고, 그 다음에 그들을 진리의 영으로 채우심으로써 사람들은 빛과 어둠, 선과 악의 안배가 9:0인 완벽한 사람으로 새 창조되는 것이다.

22-23열에는 하나님의 종말 심판의 이유가 설명되고 있다. 의로운 자들을 하나님의 진리와 하늘의 아들들(=천사들)의 지혜로써 가르

---

8) 이 문서는 별자리점문서(Horoscopetext)로 불리워지기도 한다. 이 문서에 대해서는 G. Vermes, *The Complete Dead Sea Scrolls in English* (London: Penguin, 1998), 357; M. Albani, "Horoscopes in the Qumran Scrolls", *The Dead Sea Scrolls after Fifty Years, Vol. 2,* P.W. Flint · J.C. VanderKam(ed) (Leiden: Brill, 1999), 319 이하 참조; 김판임, 앞의 글 (1999), 77이하 참조; 천사무엘, "인간의 본성과 운명에 관한 쿰란공동체의 이해", 『신약논단』 11/4 (2004, 겨울), 923-945, 특히 932-936 참조.

치고 온전하게 살아가는 사람들을 현명하게 만들기 위함이다. 현명함(שכל 세켈)이란 하나님의 속성이다. 종말에 사람들을 현명하게 만드신다는 하나님의 의지는 바로 사람들을 하나님의 형상대로 만드신 창조주의 창조 의지를 재현한다. "아담의 모든 영광"이란 표현도 이러한 하나님의 성령 심판의 목적을 잘 말해 준다. 창조 직후 하나님은 아담에게 그가 만드신 모든 것을 주셨다. 그러나 아담은 죄를 지음으로써 하나님이 주신 그 모든 영광을 누리지 못하였다. 이러한 사실이 하나님이 보시기엔 안타까웠다. 그래서 마지막 때의 새 창조 시에는 아담이 다 누리지 못한 영광을 의인들에게 주실 것을 약속하신다.

이 본문에서 성령은 하나님의 종말 심판의 도구로 사용되며, 동시에 개인들에게서 악한 영을 제거한 후에 채워 넣어 주실 선물이기도 하다. 이러한 성령의 수여는 전적으로 미래의 일로 기대되었다.

2) 현재적 성령 수여

쿰란 문헌 중에 "하나님이 성령을 불어넣어 주셨다"는 표현을 찾아볼 수 있는데, 이는 오직 그들의 찬송시집(1QH)에 나온다. 찬송시들 중 어떤 것은 의의 선생이 지은 것도 있고, 어떤 시들은 공동체에서 구성원들이 지은 것도 있다. 현재적 성령 수여를 나타내는 이러한 표현으로써 에세네파-쿰란 공동체 멤버들은 미래에 있을 하나님의 성령 심판이 이루어지고, 미래에 구원의 은사로서 의인들이 받으리라는 1QS IV, 13-25의 예언이 현재 실현되었다고 이해한 것일까? 그렇다면 그들은 구원의 현재에 살고 있다고 여겼던 것일까?

(1) 의의 선생의 찬송시들

쿰란 동굴에서 그들의 찬송시집은 여러 개 발견되었다.[9] 그 중에

---

9) 첫 번째 쿰란 동굴 외에 네 번째 동굴에서도 감사 찬양시집이 발견되었다.

서 가장 의미가 있는 것은 첫 번째 동굴에서 발견된 1QH이다. 이것은 35개의 찬송시들로 이루어져 있는데, 대개 기원전 1세기 말 경에 쓰여진 것으로 보인다.10) 이 필사본의 중간 부분인 II-XI단에 이르는 많은 부분이 의의 선생의 찬송시로 알려져 있다. 이 시들은 의의 선생 개인의 운명과 그 자신만이 합법적인 대제사장이라는 요구가 반영되어 있고, 그 모든 역경에도 불구하고 하나님의 선하심과 진실하심을 찬양하는 내용을 갖고 있다. 이 찬송시들은 의의 선생이 예루살렘 대제사장 직위에서 쫓겨나서, 이미 시리아 지역에 모여 있던 에세네파와 만나 리더로서 활동하기 시작한 초기 단계인 기원전 2세기 중엽에 형성된 것으로 여겨지고 있다.11)

4QH에 관한 연구는 캐나다 맥매스터 대학의 교수인 Eileen Schuller에 의해 십여 년간 수행되었다. 슐러의 연구 결과에 의하면, 네 번째 동굴에서 발견된 호다요트 텍스트는 6개인데, 그 중 의의 선생의 찬양시만 수록된 것이 하나(4QH^c), 공동체 찬송시만 수록된 것 하나(4QH^a), 그리고 둘다 수록된 것이 1QH와 4QH^{b}이다. 그리고 4QH^b 7이 축제적인 제의문(4Q507)과 겹치는 부분이 있다는 것도 밝혔다. 이러한 사실은 찬송시들이 쿰란 공동체의 행사에 사용되었음을 입증하는 것이라 하겠다. E. Schuller, "Some Reflections on the Function and Use of Poetical Texts Among the Dead Sea Scrolls", E. G. Charon(ed.), *Liturgical Perspective: Prayer and Poetry in Light of the Dead Sea Scrolls: Proceedings of the Fifty International Symposium of the Orion Center,* 19-23 January, 2000 (Leiden: Brill, 2003), 173-189 참조.

10) H. Stegemann, 앞의 책 (1993), 151.

11) H. Stegemann, 앞의 책 (1993) 참조; 의의 선생에 관한 최근 연구로는 M.A. Knibb, "The Teacher of Righteousness-a messianic Title?," P.R. Davies · R.T. White(eds.), *A tribute to Geza Vermes. Essays on Jewish and Christian Literature and History* (Sheffield: Sheffield Academic Press, 1990), 51-65; M. Wise, "The Teacher of Righteousness and the High Priest of the Intersacerdotium: Two Approaches," *RdQ* 14 (1990), 587-613; H. Stegemann, "The Teacher of Righteousness and Jesus: Two Types of Religious Leadership in Judaism at the Turn of the Era," S. Talmon(ed.), *Jewish Civilization in the Hellenistic-Roman Period* (Sheffield: Sheffield Academic Press, 1991), 196-213; J. Murphy-O'Conner, "Teacher of Righteousness," (*ABD* 6) 340-341; P. A. Rainbow, "The Last Onias and the Teacher of Righteousness," *JJS* 48 (1997), 30-52; H. Ulfgard, "The

의의 선생이 지었다고 여겨지는 찬송시들 중에 "성령"이 언급되는 곳은 두 부분이다.

1QH VII, 6-10

6 주님 당신을 찬양하나이다. 왜냐하면 당신은
  당신의 능력으로 나를 지키시며, 당신의 거룩한 영(רוח קודשכה)을
7 내게 불어넣으셔서 내가 흔들리지 않기 때문이니이다.
  그리고 또한 당신은 행악자들과의 싸움에 앞서 나를 강하게 하시며,
  그들의 모든 파괴 행위들 속에서도
8 당신의 언약으로부터 나를 떨어져 나가지 않게 하시기 때문이니이다.
  당신은 나를 마치 강한 성탑과 같이, 높은 성벽과도 같이 세우시고,
  반석 위에
9 나의 집(=나)의 기초를 놓으시나이다.
  그리고 그 영원한 기초석은 내게 발판이 되고,
  나의 모든 벽들은 흔들리지 않는 튼튼한 성벽이 될 것입니다.
10 그런데 나의 하나님, 당신께서는 나를 나뭇가지 안으로,
  거룩한 공동체 안으로 넣어주시고,
  당신의 언약 안에서 나를 가르치시니,
  나의 혀는 당신 제자들의 혀와 같나이다……"

모든 찬양시들이 그러하듯이 1QH VII, 6도 "당신을 찬양하나이

Teacher of Righteousness, the History of the Qumran Community, and our Understandig of the Jesus Movement: Texts, Theories and Trajectories," F.H. Cryer · Th.L. Thompson(eds.), *Qumran between the Old and New Testaments* (Sheffield: Sheffield Academic Press, 1998), 310-346; E. Puech, "Le Grand pretre Simon(III) fils d'Onias III, Le Maitre de Justice?," 137-158; B.Z. Wacholder, "Who Is the Teacher of Righteousness," *BR* 15 (1999), 26-29; M.A. Knibb, "Teacher of Righteousness," *Encyclopedia of the Dead Sea Scrolls,* vol.2, 918-921; M.O. Wise, "Dating the Teacher of Righteousness and the Floruit of His Movement," *JBL* 122 (2003), 53-87.

다, 주님(오드카 아도나이 אודכה אדוני)"로 시작하고 있다. 이는 찬양시의 도입 양식이라고 할 수 있다.12) 그리고 찬양의 이유로서 כי (키)-문장(이유를 나타내는 접속사절)이 이어지고 있다. 아마도 이 찬양시는 6열에서 시작해서 25열에 이어지는 매우 긴 찬양시로 보인다. 도입구에서 찬양자는 "나"로 소개되는데, 내용상 의의 선생 자신이라는 것에 대해 많은 학자들이 동의하고 있다.13) 찬양자는 두 개의 병행구로써 하나님을 찬양하는 이유를 언급하고 있다: 첫째 하나님의 능력을 통해 보호받고 있다는 것과 둘째 성령을 받았다는 것이다.

하나님의 능력과 성령이라는 두 가지 은사의 목적은 그로 하여금 흔들리지 않게 하기 위함(בל אמים)이라는 것이다. 경건한 유대인에게 있어서 "흔들리지 않음"이란, 불의하고 사악한 현실에서도 항상 의롭게 행하고, 하나님의 길에서 벗어나지 않는 것을 의미한다. 그 다음에 이어지는 병행구가 이러한 사실을 설명해준다: 악한 자와의 싸움에 직면해서 강하게 하시며, 그들의 어떠한 공격도 하나님과의 확고한 관계(=언약)으로부터 그를 떼어 놓지 못한다.14)

찬양자가 하나님에 대해 감사 찬양하고 있는 "하나님의 힘과 성령"은 이 찬양시의 문맥을 고려할 때 종말론적 구원은사로 보기 어

---

12) 쿰란 찬양시집에 나타나고 있는 도입양식은 두 가지이다. 하나는 "당신을 찬양하나이다, 주여. 왜냐하면……"(오드카 아도나이 키……)이며(1QH II,20; II,31; III,19; III,37; IV,5; V,5; VII,6; VII,26; VII,34; VIII,4;IX,37; XI,3(아도나이 אדוני 대신, 엘리 אלי), 다른 하나는 "찬양받으소서, 주여. 왜냐하면……"(바룩 아타 아도나이 키 ברוך אתה אדוני כי)(1QH V, 20; X, 14; XVI, 8)이다.

13) 가령, G. Jeremias, *Der Lehrer der Gerechtigkeit* (Göttingen: Vandenhoeck und Ruprecht, 1963), 168-267; A. Dupont-Sommer, *Die essenischen Schriften vom Toten Meer* (Tübingen: J.C.B. Mohr, 1960), 216-219; H. Stegemann, op.cit.(1993), 152 참조.

14) 찬양자가 노래하고 있는 이 현실은 하나님과의 언약에 확고하게 붙어 있는 것을 의미하지, 결코 새언약을 말하는 것이 아니다.

렵다. 찬양자가 처한 상황을 잘 표현해 주는 것은 "악한 자와의 싸움"인데, 이것이 종말론적 심판 상황을 묘사하는 것으로 볼 수는 없기 때문이다. 의의 선생을 위시하여 쿰란-에세네파 사람들은 종말심판이 이미 시작되었다고 보지는 않은 것 같다. 오히려 미래에 있을 것으로 기다리고 있었던 것으로 추정된다. 의의 선생은 그의 찬양시들에서 그 자신의 고난에 대해 많이 언급하고 있는데, 이 고난은 구체적으로 의의 선생의 대제사장직을 찬탈한 요나단과 하스몬 왕가로부터 생명의 위협을 느끼는 현실에서 비롯된 것이다.15)

찬양자는 그의 적대자에 직면해서 토라와 예언서에서 증거하는 "함께 하시는" 하나님을 신뢰하는 것이다. 또한 이 노래에서 이미 찬양자는 미래에 행악자들이 멸망할 것을 예언한 예언서들의 내용을 감안하고 있는 것 같다. 뿐만 아니라 하나님의 능력과 성령에 의거하여 곤경에 처한 상황에서도 꺾이지 않고 굳굳하게 살아가는 찬양자의 삶을 "언약"으로부터 떨어져 나가지 않는 것으로 표현하고 있다.

찬양자가 그의 적대자들로부터 위협을 당하고 있는 현실에서도 하나님을 찬양하면서 굳굳하게 살아갈 수 있는 이유 중의 하나로서 그의 공동체를 들 수 있다. 에세네파 연합공동체를 이루면서 의의 선생은 더 이상 외롭지 않다. 그들과 함께 하면서, 그들에게 성서를 가르치면서 하나님의 구원하시는 역사, 그의 언약을 더욱 확고히 하기 때문이다. 성서에 대한 올바른 이해는 하나님이 직접 가르치실 때 가능한 것이며, 의의 선생이 "당신의 언약 안에서 나를 가르치신다"고 노래하는 것은 성서지식에 대한 그의 절대적인 권위를 드러내는 것이다. 이렇게 볼 때, 찬양자가 성령을 받았다는 표현은 현재 구원의 은사를 받았다거나 새창조가 이루어졌다는 뜻으로 해석되

---

15) H.Stegemann, op.cit.(1993), 206-212참조; 김판임, "고난 중에 가지는 구원의 확신과 희망(AQH III, 19-36을 중심으로)", 『말씀과 교회』 18 (1998, 봄), 118-121 참조.

어서는 안될 것이다.16) 그것은 오히려 고난과 생의 위협이 따라오는 현실에서도 흔들리거나 약해지지 않고, 하나님의 언약을 붙잡고 나아갈 수 있는 평정함과 담대함의 기초가 됨을 말하는 것이다.

1QH IX, 30-34

30 어머니 젖가슴으로부터 당신의 자비가,
31 나의 유모의 가슴을 통해 (당신의 은혜의 충만이) 나를 위해 존재하였고, 나의 소년기부터 당신은 당신의 심판에 대한 통찰력을 통해 내게 나타나셨나이다.
32 그리고 확실한 진리를 통해 당신은 나를 지원하셨고,
  당신의 성령(וברוח קודשכה)을 통하여 나를 기쁘게 하셨나이다.
  그리고 오늘날까지……
33 나를 인도하셨나이다. 당신의 의로운 지시는
  내가 허우적거릴 때 나의 삶을 구원하기 위한 망대였습니다.
  그리고 나의 발걸음마다 심판 때에 내리실
  당신의 용서와 자비의 충만함이 내게 넘치나이다.
  그리고 내가 늙을 때까지 당신께서 나를 돌보아 주시리이다.

이 찬양시의 서두가 어디인지는 명확하게 찾아내기 어렵다. 우리의 주제를 위해 중요한 것은 32열에 있는 병행구이다: "확실한 진리를 통해 당신은 나를 지원하셨고, 당신의 성령을 통해 나를 기쁘게 하셨나이다". 진리와 성령이 병행구를 이루고 있다. 유대인들에게 있어서 진리는 성서와 관련된 것이 아닐 수 없듯이, 마찬가지로 성령도 성서와 관련된 것이라 할 수 있다. 그 다음에 나오는 "당신의 의로운 지시"란 표현은 다름 아닌 성서를 의미한 것으로서 이를 증

---

16) 김창선은 쿤의 견해를 따라 1QH III, 20에 나오는 동사 'יצר (야차르: 만들다)'가 종말론적 새창조를 의미하는 것으로 해석하고, 의의 선생과 그의 공동체가 구원의 공동체로 자각하고 있었다고 본다. 김창선, 앞의 책, 131-133 참조; 그러나 멜이 설득력 있게 지적하는대로 동사 'יצר (야차르: 만들다)'는 종말론적인 새창조의 의미로 해석될 수 없다. U. Mell, op.cit., 85-86 참조.

명해 준다.

찬양자는 살아있는 동안 하나님에 의해 보호와 인도를 받고 있다고 느끼고 있다. 이러한 경험은 하나님이 경건한 자에게 주시는 성령을 받았다는 기쁨과 병행하고 있다. 확고한 진리로서 하나님의 율법(및 성령을 받은 예언자들을 통한 하나님의 계시)은 의인을 지켜주고, 또한 그것은 의인에게 의롭다고 말하는 척도로서의 하나의 기쁨이다. 그것은 옳은 것을 지시하는 의이며, 하나님의 평화(33열), 하나님의 넘치는 은혜와 용서, 그리고 그가 사는 동안 돌보아 주실 것으로 표현되었다.

(2) 공동체의 찬양시들

의의 선생의 찬양시들이 사적인 고난과 역경을 많이 표현하고 있는 반면, 쿰란공동체에 의해 지어진 찬양시들은 그들 자신들의 공동체가 이루어진 것에 대해 하나님께 감사드리는 내용이 대부분이다. 하나님의 자비하심을 찬양하고, 성령의 수여에 대해 감사하는 지식을 자랑한다. 공동체에서 만들어진 찬양시들에서도 찬양자는 단수 일인칭으로 표현되고 있다. 이 찬양시들은 기원전 2세기 중엽에 형성된 것으로서 에세네파 공동체의 영적인 경건을 가장 잘 표현해주고 있다.

1QH XII, 11-12
"통찰력을 가진 배운 사람으로서 나는 당신이 내게 주신 영을 통하여 (ברוח אשר נתתה בי) 당신을 알고 있습니다. 나의 하나님, 당신의 성령으로 말미암아(ברוח קודשכה) 당신의 놀라운 조언에 관해 확실한 것을 들었습니다"

쿰란-에세네파 사람들은 지식이 있는 사람, 그래서 통찰력이 있는 사람이란 자기이해를 가지고 있다. 그들이 가진 지식의 내용이란 바로 하나님이다. 이 지식을 성령을 통해서 가지고 있다고 노래하는 것이다. 하나님에 대한 지식이란 성서 외에 다른 것이 아니다. 그러므로 하나님을 알게 해 주는 성령이란 거룩한 문서에 흐르는 영이라고 할 수 있다. 그 다음 구절에 나오는 표현이 이를 입증해준다. 유대인들은 하나님의 조언을 하나님이 주신 거룩한 문서 외에 다른 데에서 찾을 수는 없기 때문이다.

그러므로 이 구절에서 노래하는 바, "하나님이 내게 주신 영"이란 종말론적 구원은사라기보다는, 성서에 흐르는 하나님의 영이라고 보아야 할 것이다. 성서는 하나님이 주신 것이다. 모세오경도 하나님이 모세를 성령으로 감화 감동시켜 쓰게 하신 것이고, 예언서들도 바로 하나님의 뜻을 전하는 도구인 예언자들에게 하나님의 영을 넣어 말하게 하신 것들이 기록되었다는 점에서 모두 하나님의 영이 흐른다고 할 수 있다.

1QH XIII, 18-19
"나, 당신의 종은 당신이 내게 주신 영을 통하여(ברוח אשר נתתה בי) 인식합니다: 당신의 말씀은 진실하시고 당신의 모든 행적은 의로우십니다. 그리고 당신의 말씀은 번복되는 일이 없습니다."

1QH XI, 11-12와 마찬가지로 이 노래도 어디에서 시작하고, 어디에서 끝나는지, 노래의 서두와 말미를 정확히 알 수 없는 찬양시이다. 이 구절에서 찬양자는 자기 자신을 하나님의 종으로 고백한다. 찬양의 내용은 자신이 가지고 있는 인식의 내용이라고 할 수 있다. 그들이 영을 통해 인식한 내용은 하나님의 말씀이 진실하다는 것, 그리고 그의 모든 행위가 의롭다는 것인데, 유대인들에게 있어서 하나님의 말씀이나 하나님의 행위에 관해 알 수 있는 유일한 근거는 하나님이 주신 거룩한 문서이다. 성서 안에서 하나님의 말씀도 접하고, 성서 안에서 하나님의 행위도 접하게 된다. 이러한 인식을 바로 하나님이 주신 성령을 통해 얻게 되었다는 것인데, 이러한 고백은 하나님이 주신 성서 안에 흐르는 성령을 의지하여 성서를 해석할 때

그러한 지식을 얻었다고 고백하는 것과 같다고 하겠다. 그러므로 "당신이 내게 주신 성령"이란 표현이 꼭 종말론적 은사로서의 성령 수여를 의미한다고 볼 필요는 없다고 하겠다.

1QH XVI, 6-7
"…진리의 영을 얻으려고 노력하며 당신의 성령(ברוח קודשכה)을 통해 강하게 되기를, 그리고 당신의 언약의 진리에 매달리며, 진리와 온 마음으로 당신께 경배하기를, 그리고 당신의 이름을 사랑하기를…"

15단 아래 부분과 16단 윗부분이 손상되었기 때문에 이 구절이 들어있는 찬양시가 어디에서 시작하는지 분명치 않다. 그러나 8열에서 "찬양받으소서 주여(ברוך אתה אדוני 바룩 아타 아도나이)"로 시작되는 것을 볼 때 7열에서 하나의 찬양시가 마감되는 것을 알 수 있다. 16단 6열 앞부분도 많이 훼손되어 있기 때문에 주절이 어떻게 되어 있는지 확실하지 않다. 이 구절들은 모두 목적절로 처리될 수 있다.

1QH VII, 6 이하에서 하나님이 찬양자를 힘과 성령으로 지지해주고 있어서 악과의 싸움에 있어서 강하게 되었고, 그리하여 그가 하나님의 언약으로부터 멀리 떠나 있지 않다고 노래했다면, 이 찬양시에서 성령은 다시 강함의 도구로 사용된다. 무엇보다도 (진리의 영으로서) 영은 사람들이 구하려고 노력하는 대상이 될 것이다. 그리고 그 다음에는 성령이 찬양자에게 직접적으로 강하여지도록 하는 방식으로 분명히 이루어질 것이다. 끝으로 찬양자가 도달하려고 하는 것이 그 다음에 이어지는 목적절로 상세히 설명된다. 매달리다, 경배하다, 사랑하다는 표현들은 하나님의 의지에 대한 구체적인 인지와 행위라고 할 수 있을 것이다. 그런데 하나님의 의지는 토라와 예언자들을 통해 계시되어 있다. 그러므로 하나님의 의지에 대한 인지는 성서 이해를 통해 가능한 것이라 하겠다.

이 본문에서 찬양자가 성서를 가지고 작업하는 행위 안에서 이루어지고 있는 것은 내적으로 계시 안에 내포되어 있는 영을 받아들이는 것으로, 외적으로는 하나님이 토라 안에, 그리고 예언자들을 통해 명령하신 것들을 이루는 것으로서 하나님 앞에서의 그와 걸맞는 삶이라고 할 수 있다.

> **1QH XVII, 17**
> "주여, 당신이 내게 주신 영으로 말미암아(ברוח אשר נתתה בי) 당신을 찬양합니다. 그리고 당신의 의를 이야기하기 위해 항상 입술로 대답을 찾으렵니다"

찬양시 서두에서 이미 눈에 띄는 표현이 나온다. "하나님이 내게 주신"이라는 전형적인 표현과 함께 "영"의 복수형이 사용되고 있다는 점이다. 여기서 하나님은 그가 주신 "영들(רוחות)"로 인해 찬양을 받고 있다. 쿤은 전형적인 표현 때문에 복수형을 단수로 해석하였다.[17] 그러나 매우 특이하게도, 예사롭지 않은 복수형은 인간학적 용법으로 이해되어야 한다. 즉 "하나님이 주신 영들의 배분으로 인해 당신을 찬양합니다"라고 번역하는 것이 옳다고 하겠다. 4Q186에 의하면 선한 영의 배분이 많은 사람은 구원을 얻을 것이고, 그렇지 못한 사람에게는 구원의 가능성이 없기 때문이다.[18]

3) 종합

이상과 같이 살펴본 바에 의하면, 쿰란공동체가 "하나님이 주신 성령"으로 인해 하나님을 잘 알게 되었다고 감사 찬양을 드린다 해도 이로써 그들이 구원의 은사를 소유하고 현재를 구원의 때로 이해하였다고 볼 수는 없다. 쿤이 무리하게도 "주신"이라는 동사를 "구원의 완료형(Heilsperfekta)"이라고 보고, 쿰란 공동체 회원들이 그들

---

17) H.-W. Kuhn, op.cit., 135.
18) 김판임, 앞의 논문 (1999), 77-78 참조.

의 공동체 가입과 함께 현재적 구원의 참여로 해석한 것은 더 이상 지지될 수 없다. 에세네파 사람들은 바울이 성령으로 말미암아 그리스도인들이 새로운 존재로 되었다고 선언하는 것과 같은 내용을 찾아볼 수 없다. 그들은 새로운 피조물이라는 의식을 가지지 못하였고, 여전히 먼지에서 나온 존재, 보잘 것 없는 존재로 고백하고 있기 때문이다.

그러므로 찬양시집에서 노래하는 바, "하나님이 내게 주신 성령"이란 표현은 마지막 때 의인들이 받을 구원 은사를 이미 현재에서 받았다는 것을 의미한다고 볼 수는 없을 것이다. 이러한 표현이 나오는 모든 찬양시들을 검토한 결과 확증된다. 성령을 통해 그들이 가지게 된 능력이란 다름 아니라 하나님에 대한 지식을 획득과, 그리하여 고난이 가득한 현재에서도 흔들리지 않고 하나님의 언약에 의지하여 미래의 구원을 희망하면서 살고 있다는 것이다. 그러므로 그들이 현재 가지고 있는 성령이란 성서 전반, 즉 모세 오경과 예언서에 흐르는 하나님의 영이라고 할 수 있을 것이다. 하나님에 대한 지식은 그의 뜻과 역사가 계시되고 기록된 성서 외에 다른 데에서는 찾을 수 없기 때문이다. 그리고 성서에 대한 올바른 이해는 바로 성서에 흐르는 성령을 의지할 때 가능하기 때문이다.

에세네파는 유대인들 사이에서 스스로 엘리트 집단으로 이해했던 것으로 알려지고 있다. 그들의 엘리트 의식은 다름 아니라 그들이 누구보다도 백성을 향한 하나님의 뜻과 역사가 기록된 성서를 올바르게 이해하고 있다는 자부심에 있다고 볼 수 있다. 이 자부심은 합법적인 대제사장이었던 의의 선생을 그들의 리더로 가지고 있었다는 데에서 근거하는 것 같다. 유대에서 대제사장은 율법 이해에 있어서 최고의 권위자라고 할 수 있다. 의의 선생이 죽은 이후에도 성서 이해에 대한 그들의 자부심은 상실되지 않은 것 같다. 왜냐하면 의의 선생으로부터 성서 이해를 충분히 배워서 스스로 성서를 해석할 수 있다고 여기고 실천하고 있었기 때문이다. 에세네파 존립 시기의 후반부에 그들이 거의 성서 해석에 몰입했음은 많은 페쉐르 성서해석들이 입증해준다.

2. 초기 그리스도교 공동체의 성령 이해

1) 바울의 성령 이해

(1) 모든 그리스도인들은 성령을 받았다.

바울에 의하면, 모든 그리스도인들이 성령을 받았다. 성령의 작용은 현재적이다. 고전 12:3에는 성령 수여의 기준이 제시되고 있다. 그 기준은 "주 예수(Κύριος Ἰησοῦς)"라는 부름말이다. 성령이 아니고서는 "주 예수"라 말할 수 없다는 것이다. 따라서 주 예수를 외칠 수 있는 사람은 바로 성령을 받은 것이고, 이들은 다양한 형태의 성령의 은사들을 받았다(고전 12:8-10).[19]

"주 예수"[20]를 부름은 세례 받은 그리스도인의 특징이다. 그리스도인들은 "주 예수 그리스도의 이름으로" 세례를 받아(고전 6:11 참조) 공동체의 멤버십을 얻고 이전과는 구별된 자기 이해를 가진 자이다. 세례를 주는 사람은 "주 예수 그리스도의 이름으로" 세례를 주

---

19) 김판임, "성령과 함께 기뻐하자(고전 12:1-11)", 『성경연구』 54 (1999, 5), 60-73 참조.

20) "주 예수"라는 부름말이 바울 이전전승에 속한 말이라는 것은 이미 많은 학자들에 의해 검토되고 주장되었다. 가령, W. Kramer, *Christos Kyrios Gottessohn. Untersuchung zu Gebrauch und Bedeutung der christlichen Bezeichnungen bei Paulus und den vorpaulinischen Gemeinden* (Zürich: Zwingli Verlag, 1963); K. Wengst, *Christliche Formeln und Lieder des Urchristentums* (Gütersloh: Gütersloher Verlag, 1972); Ph. Vielhauer, *Geschichte der urchristlichen Literatur. Einleitung in das Neue Testament, die Apokryphen und die Apostoloschen Vaeter* (Berlin: Walter de Gruyter, 1979) 참조.

고, 세례 받는 사람은 세례 받은 후 자기 주인은 예수라는 의미에서 "주 예수"를 불렀던 것으로 보인다. 그 때 하나님의 영에 힘입어 "주 예수"라고 외칠 용기를 얻게 되는 것이다. 즉 예수를 주로 여긴다는 것은 그 이전의 주인이던 존재와는 관계를 끊고 새로운 주인인 예수를 받아들이겠다는 의지의 표현이라고 할 수 있겠다.

남편과 상전 등, 세상의 주인을 앞에 두고 그들이 주가 아니라 보이지 않는 예수가 주라고 부르기는 쉽지 않았을 것이다. 용기가 필요했을 것이다. 그 용기가 바로 성령의 역사이다: "성령으로 말미암지 않고는 아무도 주 예수라고 부를 수 없습니다"(고전 12:3). 세례 때 "주 예수"라고 외칠 수 있는 용기는 바로 "하나님의 영"의 작용으로 인한 것이다.

성령은 세례 받은 그리스도인들에게 "주 예수"를 부를 수 있는 용기를 제공할 뿐만 아니라, 하나님을 아버지라고 부를 용기도 제공한다.21) 갈 3:26에 의하면, 그리스도인들은 하나님의 자녀들이다: "너희가 다 믿음으로 말미암아 그리스도 예수 안에서 하나님의 아들이 되었다." 롬 8:15에 의하면, 하나님을 아버지로 부르는 용기도 성령이 제공해 준다: "너희는 다시 무서워하는 종의 영을 받지 않았고 양자의 영을 받았으므로 아바 아버지라 부르짖느니라(롬 8:15)". 성령 받은 그리스도인들은 새로운 피조물로서 하나님을 아바 아버지라고 부를 수 있으며, 따라서 하나님의 자녀로 불리운다.

예수 그리스도를 주로 고백하고, 하나님을 아버지로 부를 수 있는 사람이 바로 그리스도인이다. 이는 하나님과 예수 그리스도와의 관계를 돈독히 하고 있는 존재라고 할 수 있다. 바울에 의하면 하나님과 예수와 올바르고 확고한 관계를 유지하는 것은 성령의 역사이고, 지금 성령의 역사로 인해 그리스도인들은 현재 하나님의 자녀로서

---

21) 부름 말 "하나님 아버지"의 영향에 대한 역사적 고찰에 관해 김판임, "아주 특별한 용기-하나님 아버지를 부름", 『한국여성신학』 61 (2005), 62-68.

의 구원의 모습을 가지고 있다. 그리고 성령의 역사는 예수를 믿고 세례 받은 모든 사람들 사이에서 구체적으로 나타난다. 구체적인 성령의 역사는 믿는 자들의 공동체, 즉 교회 안에서 멤버들의 유익을 위하는 것으로 작용한다. 바울은 그것이 지식이든 지혜이든 그 어떤 것이든지 공동체의 유익을 위한 것이어야 한다고 조언한다(고전 12:7 참조).

(2) 성령의 활동의 시초 (롬 1:3-4)

마지막 예언자 말라기 이후에 사라졌던 성령의 활동이 어떻게 다시 예수 그리스도를 믿고 세례 받아 공동체를 이루며 살고 있는 사람들에게 나타나기 시작하였는가? 언제부터 성령은 현재에서 다시 활동하게 되었는가?

호른(F.W. Horn)은 그의 교수자격 논문 "Das Angeld des Geistes(성령의 담보)"22)의 "성령수여의 시점에 관한 숙고"라는 단락에서 이 문제를 취급하고, 하나님의 영과 예수의 부활의 밀접한 관계를 부각시킴으로써 올바른 결론에 도달했다. 바울에게 있어서 하나님은 실제로 예수 그리스도를 죽은 자들로부터 일으켜 세운 자로 묘사되었다(갈 1:1; 고후 4:14; 롬 4:24, 8:11; 골 2:12; 바울 서신 외에는 행 13:33, 17:31; 히13:20; 그 외 분사구문으로 고전 6:14, 15:15; 롬 10:1; 골 2:13; 엡 2:5; 행 2:32, 13:34; 혹은 관계절로 살전 1:10; 행 3:15, 4:10, 13:37 등). 롬 8:11에는 하나님의 영과 예수그리스도의 부활의 밀접한 관계가 더욱더 분명하게 나타나 있다. 여기서는 "하나님의 영" 대신에 "예수를 죽은 자들로부터 일으키신 이의 영"이라고 표현되어 있다.

예수의 부활과 하나님의 영의 밀접한 관계를 좀더 자세히 규정해

---

22) F.W. Horn, *Das Angeld des Geistes Studien zur paulinischen Pneunatologie*, FRLANT 154 (Göttingen: Vandenhoeck und Ruprecht, 1992), 77-118 참조.

제6장 성령 이해 169

주는 것은 롬1:3-4이다. 이 구절이 바울 이전 전승에 속한다는 것은 많은 학자들에 의하여 통용되고 있다.23) 이 비바울적인 전승에는 예수의 다윗자손됨과 하나님의 아들됨이란 두 모티브가 합쳐 있다.

이 전승에 의하면 예수 그리스도는 부활되기 전까지 아직 하나님의 아들이 아니다. 왜냐하면 그는 "육으로는" 다윗의 아들로 태어났기 때문이다. 이 다윗의 자손 됨으로써 예수의 메시아성은 증명되었다. 다윗의 자손됨이 예수의 출생과 함께 주어진 반면에, 예수의 하나님의 아들됨은 생물적 현상으로 이해되지 않았다. 법적인 성격을 지닌 단어 "임명된(ὁρισθέντος 호리스텐토스)"가 쓰이고 있다. 하나님의 아들로 임명되는 것은 "하나님의 능력에 의해"(ἐν δυμάμει) 이루어졌다. 그 경우 κατὰ πνεῦμα ἁγιοσύνης(성령을 따라)란 표현은 바울서신에서 일회적으로 쓰이고 있어서 비바울적이라고 평가되고 있는데, 의미로 볼 때 성령(πνεῦμα ἁγίον)과 동의어로 쓰이는 표현으로서 하나님의 영을 표현한다. 다시 말하면, 하나님은 예수 그리스도를 그의 능력으로 그의 아들로 임명했는데, 그때에 하나님의 영이 작용했다는 것이다.

다음에 곧바로 뒤따라 나오는 표현 "ἐξ ἀναστάσεως νεκρῶν (죽은 자들로부터 일으킴을 받은 때부터)"은 예수 그리스도의 부활과 관련된다. 그러므로 속격 "죽은 자들의"는 결코 주어적 속격이 아니라 분리의 속격으로 보아야 한다. 그리고 전치사 ἐξ(ἐκ)는 바로 우리의 관심사인 성령의 활동의 시발점에 관한 문제에 열쇠를 제공한다. 그 전치사는 시간적인 의미에서 "…때로부터" 혹은 이유를 나타내는 의미에서 "…에 근거하여" 로 이해될 수 있다. 즉 롬 1:3-4에 의하

---

23) 이는 병행구 및 분사구문 그리고 비바울적인 용어들에 의하여 인식되었다. U. Wilckens, *Der Brief an die Römer 3*, EKK VI 1-3 (Zürich · Neukirchen: Vluyn Neukirchen, ²1987); E. Lohse, *Der Brief an die Römer*, KEK (Göttingen: Vandenhoeck und Ruprecht, 1993), 64-67; 김희성, 『부활신앙으로 본 신약의 성령론』(서울: 대한기독교서회, 2000), 109-115 참조.

면 성령은 바로 "죽은 자들로부터 예수가 일으킴을 받은 때로부터", 예수가 하나님의 아들로 임명됨과 함께 작용하기 시작했다.

(3) 성령의 은사와 열매

예수를 죽은 자 가운데서 일으켜 세우실 때부터 작용한 하나님의 영은 이제 그것을 믿고 세례를 받음으로써 공동체의 멤버가 된 모든 그리스도인들에게 작용한다. 하나님의 영은 세례받는 자를 새롭게 함으로써 작용한다: "그러나 여러분은 주 예수 그리스도의 이름과 우리 하나님의 성령으로 씻겨지고, 거룩하게 되고, 의롭게 되었습니다"(고전 6:11). 이전에는 남편을 주(인)님으로 부르고, 상전을 주(인)님이라고 불렀으나, 이제는 예수가 주(인)님이다. 예전엔 육신의 아버지만 아버지라고 불렀지만, 이제는 하나님을 아버지로 부른다. 세례로써 변화를 경험한 그리스도인은 예수 믿은 후에 갖게 된 능력을 성령의 은사로 여겼다. 고전 12:8-10절에는 아홉가지 은사가 열거되고 있다: 지혜의 말씀, 지식의 말씀, 믿음, 치유, 귀신축출 능력, 예언, 영 분별력, 방언, 방언 통역. 아마도 여기 열거된 것들은 고린도교인들에게 가치있고 자랑스러운 것들로 보인다. 바울은 그들이 소유하고 싶어하는 것들, 혹은 고린도교인들이 자랑하는 것들을 여기 열거하는 것 같다.24) 그리고 그 모든 능력이 성령의 은사라고 가르친다. 그리고 성령의 은사는 교회의 유익을 위한 것이다(고전 12:7).

갈 5:22-23절에는 아홉 가지 덕목이 성령의 열매로 열거되고 있다: 사랑, 기쁨, 평화, 인내, 친절, 선함, 신실, 온유, 절제.25) 이러한 덕목들은 교회 공동체의 유지를 위해 필요한 것들로 여겨진다. 이것과 대립되는 개념으로는 "육체의 행실"이라는 표현으로 악덕목록이 그

---

24) 김판임, 앞의 논문(1999), 64-65 참조.
25) 개개의 성령의 은사에 관한 설명으로는 김희성, op.cit., 151-159 참조. 김판임, "주님의 성령, 우리 안에 있어요!", 『주님의 성령, 우리 안에 있어요(여름성경학교성서해설)』(서울: 한국기독교장로회 선교교육원, 2005), 35-38 참조.

이전에 열거되었다: 음행, 더러움, 방탕, 우상숭배, 마술, 원수맺음, 다툼, 시기, 분냄, 분쟁, 분열, 파당, 질투, 술 취함, 놀음(갈 5:19-21). 이러한 악덕목록들도 개인적 차원의 덕목이 아니라 공동체와 관련하여 이해되어야 한다. 이처럼 그리스도인들이 구체적으로 어떠한 삶의 자세를 보이느냐에 따라, 성령을 따라 살고 있는지, 그렇지 않은지 결정된다.

바울은 모든 그리스도인들이 성령을 받았다고 선언하면서, 성령받은 자답게 살아갈 것을 권면한다: "우리가 성령으로 삶을 얻었으니, 우리는 성령이 인도해주심에 따라 살아갑시다(갈 5:25)". 바울이 그의 서신에서 그리스도인들이 성령을 받았다는 것을 누누이 강조하는 것(고전 3:16, 18; 12:13; 롬 8:9, 15 등)은 바로 성령받은 자답게 살라는 권면을 위한 근거라고 볼 수 있다.26) 누군가를 사랑해도 말하지 않고 보여주지 않으면, 사랑하는지 아닌지 알 수 없듯이, 성령받은 자일지라도 성령의 열매를 드러내지 않으면, 그가 성령받은 자로서 살고 있는지 아무도 알 수 없는 것이다. 그런 의미에서 성령의 열매를 열거하는 것은 의미가 있다.

2) 요한복음의 성령 이해

바울에게서 성령이 현재적으로 표시되었다면, 요한복음에서 성령은 예수가 지상을 떠나가면서 남아 있는 제자들에게 약속의 내용으로 제시된다. 요 14장에서 예수는 그의 제자들에게 이별을 예언한다. 예수는 그들의 곁을 떠날 것이고, 그들은 예수 없이 홀로 남게 된다 (요 14:1-5). 남기고 가는 제자들을 위로하고 격려하는 말씀이 전해진다. 예수께서 떠나는 것은 그들을 고아처럼 남겨두려는 것이 아니라,

---

26) 바울의 구원과 성령의 상관관계에 관하여 R. Bultmann/허혁 역, "바울의 윤리문제", 『학문과 실존Ⅲ』(서울: 성광문화사, 1981), 295-312; 장상의 박사학위 논문 S.Ch. Park, *The Relation of imperativ to the indikative in Paul's thought: An exegetical study of Römer 6*, (Princeton Diss., 1977)참조.

제자들보다 먼저 가서 그들이 있을 곳을 예비하기 위함이다. 그리고 그들이 홀로 있지 않다는 의식을 가질 수 있도록 성령을 보내주실 것을 약속하신다(요 14:16-18). 그 성령은 보혜사(παρακλήτος 파라클레토스), "도우시는 분"으로 소개된다: 보혜사 성령은 그리스도인들과 함께 계신다(요 14:16). 보혜사 성령은 진리의 영이다(요 14:17).

이어서 보혜사 성령의 역할이 열거된다: 보혜사 성령은 모든 것을 가르쳐 주며(요 14:26), 예수의 말씀을 이해하고 깨닫게 하신다(요 14:26). 보혜사 성령은 예수를 증언한다(요 15:26). 보혜사 성령은 죄와 의와 심판에 대해 세상의 잘못을 깨우치실 것이다(요 16:8). 보혜사 성령은 그리스도인들을 진리 가운데 인도하실 것이고(요 16;13), 예수를 영광되게 하실 것이다(요 16:14).[27]

이처럼 요한복음에서 보혜사 성령은 그리스도인들로 하여금 예수가 떠나고 없는 때에도 근심하지 않고, 예수의 말씀을 믿고 지키는 가운데 예수와의 사랑의 관계를 돈독히 유지해 가도록 돕는 역할을 한다. 성령이 그들과 함께 있고, 그들이 근심 걱정 없이 평화를 유지하며 살 수 있도록 돕는 역할을 한다.

요한복음에서는 지상에서 예수가 활동할 때엔 아직 성령에 대한 언급이 없다. 요한복음에서 성령은 약속이다. 예수가 떠나시기 전에 그가 떠나더라도 제자들이 홀로 있지 않도록 성령을 보내 줄 것을 약속하는 식으로 표현되어 있다. 그러나 복음서를 읽는 독자들은 예수 시대의 사람들이 아니므로, 이들은 당연히 보내마고 약속하신 성령을 받아서 현재 살고 있다는 의식을 가질 수 있었을 것이다.

3) 누가복음과 사도행전의 성령 이해

누가복음과 사도행전은 동일 저자에 의해 기록되었다. 이 저자는

---

27) 요한복음의 성령의 개별적인 역할에 관하여, 김희성, 앞의 책, 287-296 참조.

복음서에서 예수의 활동을, 사도행전에서는 사도들의 활동에 관한 것을 기록하고 있다. 두 책 모두 성령의 역사에 초점을 맞추고 있다.28) 누가에 의하면 성령의 역사는 예수의 탄생에서부터 시작한다. 예수의 등장 자체가 성령의 역사이며, 예수가 떠난 후에는 사도들을 통해 성령은 역사하고 있다. 바울보다 훨씬 더 철저하게 성령의 역사를 피력하고 있는 셈이다.

누가는 이사야 61장을 인용함으로써 예수의 등장이 갖는 의미를 전하고자 한다:

"주의 성령이 내게 임하셨으니
이는 가난한 자에게 복음을 전하게 하시려고
내게 기름을 부으시고
나를 보내사 포로된 자에게 자유를
눈먼 자에게 다시 보게 함을 전파하며
눌린 자를 자유롭게 하고
주의 은혜의 해를 전파하게 하려 하심이라" (눅 4:18-19).

사도행전도 서두부터 성령의 역사를 언급한다. 부활하신 예수께서 제자들이 성령을 받게 되리라는 것을 예언한다: "오직 성령이 너희에게 임하시면 너희가 권능을 받고 예루살렘과 온 유대와 사마리아와 땅 끝까지 이르러 내 증인이 되리라"(행 1:8). 예수의 예언대로 예수가 승천한 후 성령이 임하였다(행 2:1-13). 성령은 여기서 세찬 바람 같은 것(행 2:2), 불(2:3)로 묘사되고 있다.

---

28) 누가가 성령의 역사를 강조하고 있다는 사실은 성령이란 단어의 빈도수로도 명백히 드러난다. 김희성, 앞의 책, 192-246; 김창선, 『21세기 신약성서신학』(서울: 예영, 2004), 312-326 참조. 김희성은 누가복음과 사도행전의 주제를 "메시아의 성령세례"로 요약하는데, 이는 적절하지 않다. 왜냐하면 메시아인 예수가 성령을 받았다는 표시인지, 메시아인 예수가 성령세례를 베풀었다는 의미인지 모호할 뿐만 아니라, 누가-행전에서 예수는 세례를 베푸는 자로 이해되고 있지 않기 때문이다.

바람은 변화의 상징이다. 따스한 훈풍이 불어오면, 겨울이 지나고 봄이 온다는 것을 감지할 수 있듯이, 변화는 바람과 함께 온다. 바람은 그런 의미에서 생명과도 같다. 변화가 없는 고요한 삶이 죽음과도 같이 여겨지기 때문이다. 바람이 강하면 강할수록 변화의 힘 또한 강력하다. 사도행전의 저자는 바람과 같은 성령으로써, 초기 그리스도교의 탄생이 인류 역사에 놀라운 변혁임을 제시하고자 했다.

불과 같은 성령이란 표상은 그리스도교 역사에서 오랜 전통을 가지고 있다. 불의 상징은 이중적이다. 즉 산불처럼 모든 것을 태워 소멸시킨다. 이런 의미에서 불은 종말 심판에 자주 등장하는 표상이다. 반면에 불은 생명을 살리는 역할을 하기도 한다. 날이 추워 얼어 있을 때 불을 쬐면 온몸이 따스해지면서 순환이 원활해진다.

불과 같은 성령은 사도행전에서 생명을 살리거나 죽이는 역할이 아니라, 전혀 다른 것으로 작용한다. 사도행전에서는 혓바닥처럼 갈라지는 불길이 그들에게 나타났다고 하면서, 그 불길의 힘에 이끌려 그 곳에 있던 많은 사람들이 여러 언어로 말하게 됨을 보여준다. 초기 그리스도인들이 성령을 받아 일어난 역사적 현상은 말의 역사이다. 그러므로 사도행전에서의 성령의 역사는 사람들이 말을 하게 된다는 데에서 시작되는 것으로 보인다. 많은 사람들이 각자의 지방말을 하지만 서로 이해한다(행 2:5-11). 베드로와 사도들은 성령에 힘입어 연설과 기적을 행하게 된다. 베드로의 첫 번째 연설은 요엘서의 예언이 성취되었다는 것을 선언하는 내용이다(행 2:14-23). 구약성서에서 예언하던 그 때가 마침내 온 것이다. 지금이 바로 성령의 역사가 일어나는 때이다. 베드로의 연설은 당시 초기 그리스도인들의 역사이해를 반영하는 것이라고 볼 수 있다.

4) 종합

바울, 요한, 누가를 중심으로 신약성서의 성령이해를 살펴본 결과, 이들 모두 종말론적 구원의 은사인 성령이 예수를 믿는 자들의 현재에 임하여 작용하고 있다는 점에서 일치하고 있음을 보았다.

그러나 성령의 작용 시점과 역사에 대해서는 다소 차이가 있다. 성령이 작용하기 시작한 때로는 바울의 경우 예수의 부활 시점이고, 요한의 경우는 예수가 승천한 이후로 이해하고 있다면, 누가의 경우는 훨씬 더 적극적으로 예수의 출생 및 등장 시초부터 보고 있다.

성령의 역사는 바울의 경우 "하나님 아버지"와 "주 예수"를 부를 수 있는 힘으로 작용하며, 교회에 유익을 끼치고 교회를 유지하기 위한 덕목으로 드러난다. 성령은 구원 완성의 날까지 믿는 자들을 바르게 인도하는 힘으로 작용한다. 요한복음에서 성령은 "돕는 이"로서 예수를 믿는 자들과 함께 하며, 그들이 알아야 할 모든 것, 특별히 예수의 말씀을 이해하고 깨닫게 하는 역할을 한다. 그리하여 예수가 지상에서 사라지고 없는 때에도 근심하지 않고 예수와 돈독한 관계를 유지하도록 작용한다. 누가-사도행전에서 성령은 예수 탄생 이후 작용해서 예수가 지상을 떠난 때에도 작용한다. 누가에서 성령의 역사는 새로운 시대를 창출하는 힘으로 나타난다. 예수의 등장시 이사야 61장의 인용이 그것을 말해주며, 사도행전에서 사도들이 행한 이적의 역사들이 성령의 작용을 보여준다.

3. 비교

쿰란의 찬양시집에 나타난 "성령을 받았다"는 표현들은 성서 연구에 대한 자신감을 표현한다. 그들의 리더였던 의의 선생이 당시 합법적인 대제사장이라면, 그가 이러한 주장을 하는 데에는 아무도 이의를 제기할 자가 없다. 왜냐하면 대제사장은 기름부음을 받은 자이고, 만일 그가 대제사장직에 오를 때, 사정이 있어서 제대로 기름부음을 받지 못했을 경우는 "성령을 받았다"라고도 표현하기 때문이다. 그리고 대제사장이 권위가 있는 것은 성경에 대한 올바른 해석능력에 있기 때문에, 그가 올바로 성경을 해석하는 것이 그가 성령을 받았다고 주장할 수 있는 근거가 되기도 했을 것이다.

공동체 멤버들이 찬양시집에서 스스로 "성령 받은 자"로 자칭할 수 있었던 것은, 그들이 의의 선생에게서 배웠던 성서해석법에 근거를 두고 있는 것으로 보인다. 즉, 합법적인 대제사장에게서 성서해석법을 배웠으니, 그들이야말로 하나님의 뜻을 올바로 해석할 수 있는 권한을 부여받았고, 이는 거룩한 영이 흐르는 성경 자체가 입증해준다는 확신을 가지고 있었던 것으로 보인다.

초기 그리스도교 공동체는 성령 받은 자라는 자의식과 함께 출발했다. 이러한 사실은 신약성서의 최초의 집필자 바울 편지에 인용된 바울 이전 전승에서 알 수 있다. 초기 그리스도인들은 세례 의식을 통해 멤버쉽을 주었고, 세례 때 하나님의 영이 작용하여 새롭게 되었다는 자의식을 가졌다. 성령의 역사는 예수의 부활과 함께 작용하기 시작했고, 세례받은 모든 그리스도인들 사이에서 다양하게 역사하고 있다는 것이 바울의 성령이해이다. 성령을 받았다는 증거는 예수를 주로 고백한다거나, 하나님을 아버지로 부른다는 것으로 확인된다. 세례로써 새로운 존재가 된 그리스도인들이란 결국 하나님과 예수, 그리고 성령과 긴밀한 관계를 맺고 있는 자들이고, 이는 오로지 성령의 역사로만 가능하기 때문이다. 그리스도인들 사이에서 현재 성령이 작용하고 있다는 것, 그리하여 지금은 구원의 때라는 것을 바울뿐만 아니라 요한이나 누가 등 신약성서의 주요 저자들이 나름대로 표현하고 있다.

제7장 현재 이해

쿰란-에세네파라는 유대종파는 역사적으로 거의 200년 정도 유지되었던 것으로 파악된다. 기원전 153/2년에 예루살렘의 대제사장직이 마카비 가문의 요나단에게 강압적으로 옮겨간 직후에 형성되어,[1] 기원 후 68년 로마군에 의해 사해 주변 쿰란에 있던 에세네파의 주거지가 파괴될 때까지를 말한다. 쿰란-에세네파 사람들 자신은 그들의 현재를 어떻게 이해했는가? 특별히 구원이란 주제와 관련해서 특별한 현재 이해를 가지고 있는가? 쿰란문헌들이 이에 대해 분명하고도 설득력 있는 증거를 보이고 있다.

초기 그리스도교의 형성이 예수가 죽은 이후에 이루어졌다는 것은 대부분의 학자들에 의해 지지되고 있다. 신약성서가 기록된 기간이 50-150년 경이라고 볼 때, 쿰란공동체보다 시기적으로 후기이다. 이들은 각자 자신들의 현재에 대한 이해를 가지고 있었다. 두 공동체의 독특한 현재이해를 알아보고, 그러한 이해의 근거가 되는 것이 무엇인지 비교하도록 하겠다.

---

[1] 쿰란-에세네파의 존립 기간이 BC 2세기에서 AD 1세기라는 것은 이제 쿰란 연구에 있어서 매우 명백한 사실로 인정되고 있다. 이미 예전에 G. Jeremias, *Der Lehrer der Gerechtigkeit* (Göttingen: Vandenhoeck & Ruprecht, 1962)와 H. Stegemann, *Die Entstehung der Qumrangemeinde* (Diss. Bonn, 1971)에서 지적 되었고, 오늘날에도 가령 A. Laato, *Chronology in the Damascus Document of Qumran*, RdQ 15(1992), 607-609; E. Puech, *La croyance des Esseniens en la vie future: immortalite, resurrection, vie eternelle? Histoire d'une croyance dans le Judaisme Ancien I-II* (Paris: Gabalda, 1993), 그리고, A. Steudel, אהרית הימים *in the Texts from Qumran*, RdQ 16(1993), 225-246을 참조하라.

1. 쿰란공동체의 현재 이해

1) 아하릿 하야밈(날들의 마지막)

쿰란-에세네파의 현재 이해에 접근할 수 있도록 해주는 가장 좋은 것은 아하릿 하야밈 (אהרית הימים)이라는 개념이다. 이 개념은 이미 구약성서에 나오는 개념이지만, 진정한 쿰란문헌에는 전체 33번 나온다. 이 개념은 쿰란-에세네파의 문헌들이 이루어지는 전 기간 동안 넓게 등장하고 있다.[2] 그리고 전혀 상이한 문학적인 장르에서도 나타난다. 아하릿 하야밈이라는 개념은 항상 쿰란 문헌에서 하나의 한정된 시간 영역, 즉 하나님에 의해 예정된 일련의 기간들의 마지막 단계를 의미한다. 아하릿 하야밈은 에세네파의 이해에 의하면 과거[3]와 현재[4] 그리고 미래[5]라는 세 가지 관점을 모두 포괄하고 있다. 그것은 구원의 때를 향하여 가는 바로 전 단계라고 할 수 있다. 쿰란 문헌에 나오는 아하릿 하야밈이라는 개념을 직접적으로 번역하면, "날들의 마지막"이라고 할 수 있고, 좀더 나은 번역으로는 - 물론 조금 자유로운 번역이긴 하지만 - "역사를 종결하는 시대"[6]라고 할 수도 있다.

쿰란 에세네파 사람들은 그들이 아하릿 하야밈에 살고 있다고 여겼다. 다시 말하면 에세네파의 현재는 아하릿 하야밈이다. 아하릿

---

[2] 가장 옛문헌인 4QMMT과 1QSa로부터 가장 나중에 쓰여진 페세르 주석서들에 이르기까지.

[3] 가령 4QpNah II,2-3, 1QpHab IX,6. 이에 관해 A. Steudel, op.cit., 229-230.

[4] 4QMMT C, 4QMidrEschat III,14-15을 보시오. 이에 관해 A. Steudel, op.cit., 228-229 참조.

[5] 가령 1QSa II, 11-12, 4QpJesa III, 15-29, 4QMidrEschat III, 10-13. A. Steudel, op.cit., 230-231 참조.

[6] 그러나 "미래에" 혹은 "시간이 경과함에 따라"와 같은 의미는 아니다. A. Steudel. op.cit., 231 참조.

하야밈이 그 말뜻 그대로 "날들의 마지막"이라고 번역함으로써 "종 말의 때"로 이해하고, 쿰란공동체를 종말의식이 강한 종말 공동체로 보는 학자들이 있다. 그러나 쿰란 공동체는 그들의 현재를 구원의 때로 보지 않았다. 그렇다고 해서 종말심판이 시작되었다고 보지도 않았다. 그들이 살고 있는 현재는 벨리알의 지배 하에 있다. 다시 말하면 어둠과 악의 세력이 지배하는 때이다.7)

아하릿 하야밈 외에도 본래 마지막, 즉 구원의 때가 시작되기 이전의 이 마지막 시간을 묘사하는 개념들(가령 קץ הרשעה "악의 때"8), עת המצרף "제련의 때"9))이 있는데, 대개 부정적인 의미를 지닌다. 미래에야 비로소 하나님은 악의 작용에 대해 심판을 하심으로써 종말을 고하실 것이다.10) 하나님의 심판 및 이와 연결된 구원의 때를 에세네파는 먼저 의의 선생의 생존기간에 기대했다. 그러나 의의 선생의 죽음과 함께 이 희망이 좌절된 후에는 마지막 때가 언제인지 계산해내었다. 기원전 70년 경이라고 계산된 이 때도 아무 사건 없이 지나가자 에세네파사람들은 당혹해서 새로 계산해낼 엄두도 내지 못했던 것 같다.11)

결론적으로 말하면 에세네파는 그들의 현재를 하나님의 종말심판 앞에 역사를 마감하는 시대라는 의미의 "아하릿 하야밈"으로 이

---

7) 가령 4QMidrEschat III, 8-9; X, 8-10을 보라. 특히 H. Stegemann, op.cit., 159-163, 에 의해 대변되는 바, 1QSa가 아하릿 야야밈을 위한 공동체규율(1QSa I,1)로 보는 해석은 적합하다고 하겠다: 이 텍스트에서 다루어지는 것은 결코 구원시대의 이스라엘을 위한 규율이 아니다. 왜냐하면 이방 민족에 대항하는 전쟁이 아직 일어나지 않았고(1QSa I, 21), 부정한 것에 의해 당하는 사람들이 많이 있기 때문이다(1QSa II, 5-7).

8) CD VI,14; XII, 23; XV,7과 1QpHab V,7.

9) 제련이란 여기서 "불심판"이란 의미이다. 무엇보다도 4QpPs^a II, 17-29. 1QM XVII, 8-9 비교.

10) 가령 1QS III, 13-IV, 26 4QMidrEschat III, 7-8; X, 8-10을 보라.

11) 1QpHab VII, 7-8 ("왜냐하면 하나님의 비밀은 놀라운 것이기 때문이다...").

해하고 있다. 이러한 역사의 마지막 단계를 에세네파는 악의 세력에 의해 지배받고 있는 시간으로 경험했다.

에세네파는 일반 유대인들과 마찬가지로 메시아적인 존재들의 등장과 관련해서 구원을 기대하고 있다. 이들은 제사장적 메시아와 왕적 메시아이다.12) 제사장적 메시아는 쿰란 문헌에서 아론의 메시아로 표시되고13) 더 나아가 도레쉬 하토라(דורש תורה)" 토라 연구가"로도 표시된다.14) 왕적 메시아는 이스라엘의 메시아,15) 혹은 메시아,16) 다윗의 싹17)으로도 표시되는데, 이러한 왕적 메시아와 함께 제사장적 메시아는 아하릿 하야밈에 나타날 것이다.

제사장적 메시아의 기능은 그를 "도레쉬 하토라"라고 표현한 데서 찾아 볼 수 있다. 즉 율법, 토라 연구가는 전적으로 대제사장이었다. 에세네파 편에서 기대된 것은 대제사장이었다. 대제사장은 토라, 특별히 칼렌다와 이에 따라 지켜야할 명절들을 올바로 해석할 능력이 있다. 그의 인도에 따라 예루살렘에서 다시 성전 제의 - 현재 에세네파는 성전제의에 참여하지 않지만 그가 등장하면 에세네파에게도 다시 받아들여져 - 가 시행될 것이다.18)

---

12) 쿰란 문헌에 나타난 메시아론에 관해서는 90년대 중후반에 많은 연구들이 나왔다. E. Puech, "Messianism, Resurrection and Eschatology at Qumran and in the New Testament," E. Ulrich · J. VanderKam(eds.), *The Community if the Renewed Covenant, The Notre Dame Symposium on the Dead Sea Scrolls* (CJAn 10)(Notre Dame: University of Notre Dame Press, 1994), 235-256와 J. Vanderkam, "Messianism in the Scrolls", op.cit., 211-234를 보라. 그 외 많은 연구논문들은 본서 제5장 각주 2)를 참조하라.

13) 1QS IX, 11; CD XII, 23; XIV, 19; XIX, 10; XX,1.

14) 4QMidrEschat III,11; CD VII, 18.

15) 1QS IX,11; CD XII,23; XIV, 19; XIX, 10; XX,1(이스라엘의 메시아).

16) 1QSa II,12.

17) 4QMidrEschat III,11; 4QPatrBless 3; 4Q285 5, 3.4.

18) 이와 관련해서 미래에 하나님에 의해 이루어질 새 성전(4QMidrEschat III,

왕적 메시아는 제사장적 메시아보다 지위가 낮은 것으로 소개되고 있는데,[19] 그의 임무는 무엇보다도 적들을 전쟁으로 무찌르는 것으로 이해되었다.[20] 이 두 메시아 외에 종말론적 예언자가 첨가되어 언급되는 쿰란 문헌도 있다(1QS IX,11; 4QTest 1-8).

쿰란공동체가 그들의 현재를 어떻게 이해했느냐는 문제를 해결하기 위해 중요한 것은 이러한 종말론적 인물들 중의 어느 누구도 이미 현재 등장해서 존재하고 있다고는 생각지 않았다는 사실이다. 이들은 미래에야 비로소 나타날 것으로 기대되었다. 이러한 사실은 쿰란 문헌의 초기 작품이나 후기 작품에 상관없이 모두 해당된다.

이들은 하나님의 종말심판을 아하릿 하야밈의 끝으로 이해하였다.[21] 종말심판이 의미하는 것이 에세네파가 매우 간절히 가능한 한 아주 가까운 미래에 기대했던 하나님의 구원 행위였다는 사실은 4QMidrEschat XI, 7-8[22])이 잘 보여준다: "그가 다윗에게 말한 바와 같

1-5; 11QT 29,8-10) 및 새 예루살렘(1Q32; 2Q24; 4Q555; 5Q15; 11Q18) 건설에 대한 희망도 보라.
19) 특별히 1QSa II, 11-22 참조.
20) 왕적 메시아에 대한 전통적인 이해는 PsSal 17-18에서 찾아볼 수 있다.
21) 가령 11QMelch과 4QpJes^a III,15-29 참조.
22) 이 표기는 Annette Steudel에 의한 것이다. 이 문서는 4Q174(= 4Q flor)과 4Q177(=4Q Catena)로 명명된 문서이다. 삼하 7:10-14; 시편 1:1과 2:1-2를 인용하고 페샤림의 형식을 빌어 해석한 문서이다. 이 문서가 종말론과 관련되어 해석했다는 점에서 Steudel은 이 문서들을 종말론적 미드라쉬로 명명하였다. A. Steudel, *Der Midrasch zu Eschatologie aus der Qumrangemeinde (4QMidrEschat a,b). Materielle Rekonstruktion, Textbestand, Gattung und Traditionsgeschichtliche Einordnung des durch 4Q174("Florilegium") und 4Q177("Catena A") repraesentierten Werkes aus den Qumranfunden* (Leiden: Brill, 1991). 이 학위논문의 요약적 내용은 A. Steudel, "4QMidrEschat: A Midrasch on Eschatology(4Q174+4Q177)", J. Trebolle Barrera · L. Vegas Montenar (eds.), *The Madrid Qumran Congress. Proceedings of the International Congress on the Dead Sea Scrolls, Madrid 18-21 March, 1991, II* (Leiden: Brill, 1992), 531-541 참조.

이, '너를 너의 적들에게서 벗어나 (평안케) 하리라'(삼하 7:11). 이 말의 뜻은 그가 그들을 벨리알의 자손들에게서 벗어나 평안케 하리라는 것이다". 에세네파의 현재는 그들의 적들의 위력에 의해 표현된다. 그렇기 때문에 그 본문의 저자는 악, 벨리알, 그리고 그들을 추종하는 세력들의 궁극적인 전멸을 기도한다. 더 나아가 1QpHab V, 4-5도 같은 것을 말한다:

" . . . 하나님은 그가 선택하신 사람들의 손에 모든 이방인들에 대한 심판을 맡기셨다. 그리고 그들의 징계를 통하여 그의 백성 중 모든 패역자들은 그의 계명을 지킨 자들에 의해 환난 때에 심판을 받게 될 것이다."

에세네파사람들은 하나님의 심판 때에 두려워 할 것이 없다. 오히려 그 반대로: 그들은 이스라엘 및 이방인 모두를 심판하게 될 것이다.

종말심판에 관한 표상들은 불에 의한 심판(1QH III,19-36), 형틀에 의한 심판(4QMidrEschat X,15), 칼에 의한 심판(4QMidrEschat X,16), 성령에 의한 심판(1QS IV, 18-25) 등 다양하게 이루어졌지만, 이 모든 묘사들이 심판의 미래성에 대해서는 일치한다. 초기 문서인 1QSa이나 의의 선생의 저작인 찬양시집(1QH), 그리고 페샤림과 같은 후기 문서들에 있어서도 종말 심판과 구원은 미래에 이루어질 사건으로 기대되고 있다. 쿰란 에세네 사람들은 종말 심판을 두려워할 필요가 없다. 오히려 그들은 이스라엘과 이방인들을 심판하게 될 것이기 때문이다.

쿰란동굴에서 발견된 "전쟁 두루마리(1QM)"에서 하나님은 전쟁 영웅으로 불리워지고(1QM XII, 10: XIX,2), 그가 하늘 천사들과 땅의 이스라엘 백성을 군대로 삼아 하늘과 땅에 있는 모든 악을 소멸하기 위해 종말 전쟁을 수행하시는 것으로 묘사된다. 종말전쟁은 안식일과 안식년을 쉬어가며 40년간 지속된다. 11QMelchMidr에서는 종말

심판의 날이 7 년간 지속된다. 놀라운 것은 쿰란공동체가 이러한 문서를 소지하고 있음에도 불구하고 스스로 전쟁을 일으키지 않았다는 점이다. 이러한 사실은 그들의 현재가 종말심판 이전 단계로 보았다는 사실을 말해 주는 것이라 하겠다. 공동체의 리더로서 구원을 확신하고 있는 의의 선생도 지금 구원을 받았다고 하나님을 찬양하는 것이 아니라, 앞으로 있을 심판의 날에 구원을 받을 것을 확신하고 있는 것이다. 현재는 고난으로 가득한 때이고, 구원은 미래의 일이다(1QH II, 20-30; III, 19-36 참조).

종말 심판 이후에 있을 구원에 대한 표상으로는 옛것, 창조질서에로의 회귀, 혹은 하나님의 새로운 창조활동에 의한 새창조라는 이해도 찾아볼 수 있다. 하나님은 종말 심판 때에 살아남은 사람들을 선택하여 죄 때문에 무력해진 자들을 성령으로 깨끗하게 정화시키고 성령으로 채워 새롭게 하실 것이다(1QS IV, 20-23 참조).[23] 사람만이 아니라 세계를 변화시킬 것에 대한 기대도 찾아볼 수 있다: 하나님은 지금까지 지속된 모든 세계를 새창조 행위를 통해 더 이상 사라지지 않은 존재로 바꾸실 것이다(1QH XIII, 11-12).

이상을 요약하면 쿰란 에세네 사람들이 그들의 현재를 표시하는 아하릿 하야밈에는 아직 구원의 징조가 나타나고 있지 않는다. 메시아의 등장이나 종말 심판, 새창조, 죽은 자의 부활과 같은 주제들은 모두 미래의 일로 기대되고, 현재는 악의 세력, 벨리알이 지배하고 있다.

2) 현재의 과제: 성서 연구

쿰란공동체에게 현재는 구원의 때가 아니다. 구원은 미래에 있

---

23) 김판임, "쿰란문헌에 나타난 종말심판과 새창조(1QS IV, 18-25와 4Q186을 중심으로",『밀레니엄과 신약성서의 종말론』신약논단 제 5권 (서울: 한들, 1999), 69-74 참조.

을 일이다. 현재는 미래에 있을 구원에 참여할 수 있도록 준비하는 기간이다. 미래의 구원을 위해 현재 수행해야 할 것은 성서 연구이다. 미래에 있을 심판에서 멸망당하지 않고 구원을 얻을 사람은 "하나님의 뜻대로 산 자", 즉 의인밖에 없기 때문이다. 하나님의 뜻은 모세를 통해 주신 삶의 지침서인 모세 오경과 예언자들을 통해 하나님의 뜻이 전달된 예언서들에 기록되어 있다. 하나님 뜻대로 살기 위해서는 그의 뜻이 담긴 성서를 연구하는 것이 현재 구원을 준비하는 자들의 과제인 것이다. 그래서 공동체 정회원 열 명이 모인 곳에는 반드시 성서연구가가 한 명은 있어야 한다:

"열 명이 있는 곳에는 율법과 관련하여, 밤낮으로 항상 연구하는 사람이 있어야 한다. 각 사람이 이웃에게 좋은 행동을 취하도록. 그리고 정회원은 공동체에서 일 년 밤의 1/3을 깨어있어야 한다. 성서를 읽고 올바로 연구하며, 함께 찬양하도록"(1QS VI, 6-8).

성서연구는 공동체 멤버의 주된 과제로 여겨졌을 뿐만 아니라 공동체 가입과 관련해서도 성서지식이 요구되었다. 공동체 가입과 동시에 멤버가 가져와야 할 것으로 "지식, 힘과 소유"가 언급되었는데(1QS I, 11-12), 이는 성서연구를 위한 지적능력, 노동력, 재력(=경제력) 외에 다른 것이 아니다. 이러한 규정들을 고려해 볼 때 성서연구가 가장 중요한 공동체 과제로 여겨졌기 때문에 지적 능력이 부족한 사람은 멤버로 받아들여지지 않았음을 짐작할 수 있다.

공동체 규율집에 나오는 이사야 인용문 40:3에 대한 해석(1QS VIII, 12-15)에 의하면, 공동체 멤버들의 과제는 하나님의 길을 예비하는 것이고, 그 일은 율법연구를 의미한다는 것이 명기되어 있다:

"이 모든 규율을 따라 이스라엘의 공동체 구성원이 될 때, 그들은 부정한 사람들의 거주지를 떠나 광야로 나가 거기서 (성서에) 기록된 바와 같이 그의 길을 예비할 것이다: '광야에서 그의 길을 예비하라.

사막에서 우리 하나님이 오실 큰 길을 곧게 하여라(사 40:3)'. 이는 그 (하나님)가 (모세를 통해 명령하신) 율법에 대한 연구를 의미하는 것이다"(1QS VIII,13-16).

쿰란 에세네 사람들이 성서를 중시했다는 것은 사해 주변 쿰란 동굴에서 많은 구약성서 필사본과 공동체가 직접 성서를 인용하고 해설을 붙인 작품들이 발견되었다는 사실이 이를 입증해준다. 반더캄에 의하면 쿰란 동굴에서 발견된 구약 필사본은 에스더서와 느헤미아서를 제외한 모든 책들의 사본이 발견되었으며, 그 중에서 시편이 36개 사본으로 가장 많은 사본을 보유하고 있고, 그 다음으로는 신명기 29개 사본, 이사야 21개 사본, 출애굽기 17개 사본, 창세기 15개 사본, 레위기 13개 사본의 순이다.24) 이러한 사실은 쿰란 공동체가 특별히 소중하게 여기고 애용하는 책이 있었다는 것을 알게 해준다.25)

쿰란공동체는 많은 성서사본을 소장했을 뿐만 아니라 나름대로 성서해설을 기록하기도 하였다. 성서해설로는 주제별 성서해설(미드라쉼)과 성서 구절들을 일일이 인용하면서 해설하는 페쉐르 성서해설로 나누어 볼 수 있다. 주제별 성서해설로는 멜키세덱 미드라쉬, 종말에 대한 성서해설, 창세에 관한 성서해설들이 발견되었고, "페세르" 성서해설로는 이사야 페세르(4QpIsa a-e)와 미가 페세르(1QpMic), 스바냐 페세르(1QpZeph), 호세아 페세르(4QpHos[a-b]) 나훔 페세르(4QpNah), 하박국 페세르(1QpHab) 와 같은 소예언서들이 해석되었고, 시편 페세르(4QpPs[a-b])도 있다. 주제별 성서해설은 쿰란공동체의 주된 관심이 종말론이나 종말시의 대제사장 등에 있었다는 것을 알게 해주며, 구구절절 성서를 인용하며 해석한 페쉐르는 특별

---

24) J.C. VanderKam, *The Dead Sea Scrolls Today*, (Grand Rapids: Eerdmans, 1994), 30 이하 참조.
25) 이러한 사실에 근거하여 쉬테게만은 쿰란공동체의 입회과정에 필수적인 일이었던 성경시험이 시편, 이사야, 신명기였으리라고 추측한다. 앞의 책, 274-275 참조.

히 그들이 겪는 현재 상황을 연결 시켜 해석하고 있다는 점에서 학자들의 지대한 관심을 모으고 있다.

가령 예를 들어 하박국 페쉐르 주석26)을 살펴보면 다음과 같다.

VII, 1 하나님이 하박국에게 말씀하셨다: 마지막 세대에 도래할 것을 받아 적으라.
 2 그러나 때의 완성을 그에게 알려주지 않았다.
 3 그가 말한 바와 같이:
  그것을 읽는 자가 달릴 수 있도록. (합 2:1)
 4 그 해석(피쉬로 알)은 의의 선생에 관한 것이다.
  하나님이 그에게 알려주셨다.
 5 그의 종 예언자들의 말의 모든 비밀을.
 6 왜냐하면 묵시는 정해진 때가 지나야 하기 때문이다.
  그것이 곧 끝날 것이고, 속임이 없을 것이다.(합2:3)
 7 그 해석은 (다음에 관한 것이다): 마지막 때가 지연된다는 것이다.
 8 예언자들이 말한 것을 훨씬 초월해서.
  왜냐하면 하나님의 비밀은 놀랍기 때문이다.
 9 그것이 지연되면 그것을 기다리라.
  왜냐하면 그것은 반드시 올 것이기 때문이다. 그리고
 10 어김이 없을 것이기 때문이다.(2:3)
  그 해석은 진리의 사람들에 관한 것이다. 즉 토라를 행하는 자들, 그들의 손은
 11 진리의 봉사로 인해 지치지 않을 것이다.
 12 마지막 때가 그들에게 지연될 때.
 13 왜냐하면 모든 하나님의 시간은 그 질서를 따라 올 것이기 때문이다.
 14 그가 그의 현명함의 비밀 가운데 그들에게 정한 대로.

---

26) 이에 관한 연구로는 K. Elliger, Studien zum Habakkuk-Kommentar vom Toten Meer, (Tuebingen: J.C.B. Mohr, 1953); W. Brownlee, *The Midrash Pesher of Habakkuk* (Missoula: Scholars Press, 1979); T.H. Lim, *Pesharim* (Sheffield: Sheffield Academic Press, 2002) 참조. 최근 국내에서도 쿰란 하박국주석서 (1QpHab)에 관한 연구들이 속출하고 있다. 김덕중, "1QpHab을 통해 본 쿰란공동체의 성서해석", 구약논단 제20집(2006.4.), 35-58; 조명기, "쿰란공동체의 하박국 재해석", 구약논단 제20집 (2006. 4), 10-34.

　　　　보라. 거만하고, 올바르지 못한 자를.
　　15 (그의 영혼이 그 안에서)(합 2:4)
　　　　그 해석은 다음에 관한 것이다: 그들의 죄가 배가 될 것이라는 것이다.
　　16 그들은 그들의 심판정에서 자비롭게 받아들여지지 않을 것이다.
　　17 의인은 그 믿음으로 살리라(합 2:4b)
VIII,1 그 해석은 유다의 집에서 율법을 행하는 사람들에 관한 것이다.
　　2 하나님은 그들의 수고와 의의 선생에 대한 충성으로 인해
　　3 그들을 심판의 집으로부터 구원하실 것이다.
　　　(1QpHab VII,1-VIII, 3)

　이 본문에서 볼 수 있듯이 쿰란-에세네 사람들은 철저히 그들의 현재적 관심을 중심으로 성서를 해석하고 있다. 이 문서에 근거하여 이들의 가장 주된 관심은 다음과 같다.

　첫째로 이들의 관심은 성서에 예언된 마지막 때에 관한 것이다. 마지막 때는 지연되고 있으며, 그날이 언제인지는 아무도 알 지 못한다. 그것은 하나님의 비밀에 속하기 때문이다. 그러나 그 날은 반드시 온다.

　이들의 두 번째 관심은 그들의 지도자인 의의 선생에 관한 것이다. 마지막 때를 바로 코 앞에 두고 있는 이들에게 중요한 것은 하나님의 뜻이 담긴 성서를 이해하는 일이다. 성서 안에 담긴 하나님의 뜻을 올바로 해석해준 권위자는 바로 의의 선생이기 때문이다. 의의 선생에게 하나님은 모든 뜻을 가르쳐주셨다.

　세 번째 관심은 이들 공동체의 적대적인 세력에 관한 것이다. 의의 선생의 권위 있는 가르침을 따르는 자들에게는 구원이 약속되지만, 의의 선생의 해석을 따르지 않는 거만한 자들은 종말심판의 때에 멸망을 피하지 못하리라는 것이다.

　성서를 하나님의 뜻이 담긴 최고의 권위로 인정하는 것은 쿰란-에세네파 사람들에게만이 아니라, 그 당시 바리새파와 사두개파를 포함하여 모든 유대인들에게 해당된다. 토라와 예언서로 요약되는 성

서는 유대인들에게 있어서 하나님의 백성으로서 살 수 있도록 하나님이 내려주신 삶의 지침서이다. 그러나 기록된 문서에서 하나님의 뜻을 찾아내고, 그 뜻대로 사는 일이 그리 간단하지만은 않았던 것 같다. 그렇기 때문에 미래에 있을 구원에 참여하기 위해 현재 하나님의 뜻대로 살기 원하는 쿰란 공동체사람들에게 성서 연구는 필수적인 일이었다고 할 수 있다. 쿰란공동체는 이를 위해 존재했었다고 말해도 과언이 아닐 것이다.

3) 현재와 미래, 개인과 공동체의 관계

쿰란공동체가 그들의 현재를 특별한 때로 여기지만, 물론 구원의 때는 아직 도래하지 않았다고 보았다. 그러나 그날은 가까이와 있으며, 현재는 하나님의 뜻을 깨닫고 실천함으로 그 가까운 미래를 준비하는 기간이다. 하나님의 뜻은 성서에 나타나 있다. 그러므로 미래에 있을 구원을 얻기 위한 준비는 성서 연구이고, 성서 연구 결과로 하나님의 뜻을 알아내고, 그의 뜻대로 사는 것 외에 다른 방법이 없다. 이처럼 현재 미래를 준비하는 과정에서 미래에 있을 구원을 확신하고 있는 것으로 쿰란 에세네 사람들에게는 현재와 미래가 연결되어 있다. 의의 선생의 찬양시에서도 알 수 있듯이 현재는 사악한 자들과 투쟁 중에 있지만, 하나님의 성령으로 성서에 기록된 하나님의 뜻을 올바로 파악하고 하나님의 언약을 굳게 붙잡고 있으니 동요할 이유가 없다(1QH VII, 6-8).

쿰란공동체의 멤버들은 성서 해석에 있어서 누구보다도 올바른 해석으로 권위 있는 의의 선생의 가르침을 받은 자들로서 그의 사상을 공유하며, 구원에의 확신을 가지고 있으리라고 어렵지 않게 이해된다. 공동체 멤버들에게는 의의 선생이 가르치는 성서 해석만이 성령에 의한 것이며, 따라서 올바른 하나님의 뜻을 전해준다. 그러므로 그가 리더로 있는 쿰란 공동체 안에 속해서 그의 성서해설을 듣고 배워야만 제대로 구원을 준비할 수 있게 된다. 그의 가르침은 하나님의 제자와 같이 하나님의 뜻을 올바로 전달하기 때문이다. 이로써 의의 선생과 그의 공동체는 종말 심판에도 멸망하지 않을 견고한 성과 같다(1QH VII,8-9). 그러므로 다른 공동체에서는 종말의 구원을 보장받을 수 없다. 쿰란 공동체는 미래에 있을 구원을 준비한다는 차원에서 구원 보장 공동체이다. 현재 고난의 때에 이러한 공동체에 속하여 미래의 구원을 예비한다는 의미에서 현재와 미래가 연결되고 개인과 공동체는 결속된다고 하겠다.

이 공동체의 리더이며 동시에 올바른 성서 해석으로 절대적인 권위를 차지하고 있는 의의 선생에게도 이 공동체는 큰 의미가 있다. 이 공동체에서 하나님의 말씀을 올바로 가르치면서 의의 선생은 미래에 있을 구원을 확신한다.

2. 초기 그리스도교 공동체의 현재 이해

1) 현재는 구원의 때[27] - 그러나 고난도 함께 있음

초기 그리스도교가 남긴 신약성서에는 그들의 현재를 표시하는 특정한 용어는 없다. 그러나 다음과 같은 표현에서 그들이 현재를 어떻게 이해하였는지 알 수 있다:

"그런즉 누구든지 그리스도 안에 있으면 새로운 피조물이라.

---

27) 필자의 박사학위논문 "Heilsgegenwart bei Paulus. Eine religionsgeschichtlich—theologische Untersuchung zu Sündenvergebung und Geistgabe in den Qumrantexten sowie bei Johannes dem Täufer, Jesus und Paulus", (Göttingen, Diss., 1996)은 유대교에서 구원의 은사로 고대했던 것들 중에서 죄의 용서와 성령의 수여를 중심으로 쿰란 문헌과 세례요한, 예수와 바울이 어떻게 이해했느냐를 비교 고찰하여, 바울은 구원을 현재적인 것으로 이해했다는 것을 밝힌 것이다. 이에 관한 한국어 요약문은 "지금은 구원의 때"하는 제목으로 기독교사상 1997년 12월 - 1998년 2월호 3회에 걸쳐 연재되었다.

이전 것은 지나갔으니, 보라 새것이 되었도다(고후 5:17)",
"보라 지금은 은혜 받을 만한 때요,
보라 지금은 구원의 날이로다(고후 6:2)"

바울은 이 본문에서 "보라!"는 감탄사를 써 가면서 지금이 구원의 때라고 환호하고 있다. 믿음으로 구원받았다고 고백하는 많은 사람들은 구원이 병에서 치유되거나 가난에서 벗어나 부유하게 되는 식으로 생각한다. 그러나 지금이 구원의 때라고 외치는 바울의 삶은 일반인들이 생각하듯이 건강하고 부귀영화를 누리는 삶이 아니었다.

지금이 구원의 때라고 외치는 바울이나, 그러한 메시지를 받아들여 살아가는 그리스도인들은 현재 존재하는 비구원적 현실을 간과하는 열광주의자는 아니다. 바울이 예수를 통한 하나님의 구원을 받아들인 이후에 오히려 배고픔, 목마름, 멸시와 조롱, 억울함, 감금 등 고난의 체험을 더 많이 했다면 했을 것이다. 일반적으로 사람들은 구원을 받았으면, 병에서 벗어나 건강을 회복하고, 가난에서 벗어나 부자가 되고, 아무리 힘든 일을 해도 지치지 않는 왕성한 의욕으로 하나님의 일을 위해 헌신한다고 생각한다. 더 나아가서는 죽지 않을 것으로 생각하는 것이 구원에 대한 기대가 아닌가? 그러나 실제로 구원을 확신하고 복음을 전하는 일에 헌신하는 바울은 그렇지 않은 사람보다 더 많은 고통을 받았을 수 있다. 죽을 것만 같은 극심한 고통을 받기도 하였다. 다른 사람과 달리 선교하기 위해 안정된 삶을 살지 않고 끊임없이 객지를 돌아다니고 있었기 때문이다:

"우리가 이 직분이 비방을 받지 않게 하려고 무엇에든지 아무에게도 거리끼지 않게 하고 오직 모든 일에 하나님의 일꾼으로 자천하여 많이 견디는 것과 환난과 궁핍과 곤란과 매맞음과 갇힘과 난동과 수고로움과 자지 못함과 먹지 못함 가운데서도 깨끗함과 지식과 오래 참음과 자비함과 성령의 감화와 거짓이 없는 사랑과 진리의 말씀과 하나님의 능력으로 의의 무기를 좌우에 가지고 영광과 욕됨으로 그러했으며 악한 이름과 아름다운 이름으로 그러했느니라. 우리는 속이는 자 같으나 참되고 무명한 자 같으나 유명한 자요 죽은 자 같으나 보라 우리가 살아있고 징계 받는 자 같으나 죽임을 당하지 아니하고 근심하는 자 같으나 항상 기뻐하고 많은 사람을 부요하게 하고 아무 것도 없는 자 같으나 모든 것을 가진 자로다."(고후 6:3-10)

"저희가 그리스도의 일꾼이냐 정신 없는 말을 하거니와 나도 더욱 그러하도다. 내가 수고를 넘치도록 하고 옥에 갇히기도 더 많이 하고 매도 수없이 맞고 여러 번 죽을 뻔하였으니 유대인들에게 사십에 하나 감한 매를 다섯 번 맞았으며 세 번 태장으로 맞고 한 번 돌로 맞고 세 번 파선하고 일주야를 깊은 바다에서 지냈으며, 여러 번 여행하면서 강의 위험과 강도의 위험과 동족의 위험과 이방인의 위험과 시내의 위험과 광야의 위험과 바다의 위험과 거짓 형제 중의 위험을 당하고 또 수고하며 애쓰고 여러 번 자지 못하고 주리며 목마르고 여러 번 굶고 춥고 헐벗었노라."(고후 11:23-27)

이와 같이 바울이 현재 많은 고난을 당하고 있음에도 불구하고 지금이 구원의 때라고 외칠 수 있는 근거는 유대교에서 기다리던 메시아가 이미 왔다는 데에 있다. 예수가 바로 그리스도이다. 바울에게 있어서 구원이란 고난 없음이나 편안함이 아니다. 바울에게 있어서 구원이란 하나님과 인간의 화해이다:

"모든 것이 하나님께로 났나니 그가 그리스도로 말미암아 우리를 자기와 화목하게 하시고"(고후 5:18); "우리가 원수되었을 때에 그 아들의 죽으심으로 말미암아 하나님과 더불어 화목되었은즉 화목하게된 자로서는 더욱 그의 살아나심을 인하여 구원을 받을 것이니라. 그뿐 아니라 이제 우리로 화목하게 하신 우리 주 예수 그리스도로 말미암아 하나님 안에서 또한 즐거워하느니라."(롬 5:11)

하나님과의 화해란 이전에 없던 것이다. 그러나 예수 그리스도의 죽음을 통해 하나님이 주체적으로 인간들과 화해를 이루셨다는 것이다. 예수 그리스도의 삶은 물론 유대인들이 기대했던 대로 정치적인 지도자이거나 제사장적 지도자와는 달랐다. 큰 힘을 가진 정치적인 영웅의 모습이 아니라 십자가에 달려 죽는 모습이다.

고린도 후서에서는 아직 분명치 않으나 지나가는 말처럼 예수의 죽음과 하나님의 의를 연결시켜 언급한다: "하나님이 죄를 알지 못하신 자(예수)로 우리를 대신하여 죄를 삼으신 것은 우리로 하여금 저의 안에서 하나님의 의가 되게 하려 하심이니라"(고후 5:21). 이를 바울은 "하나님의 의의 계시"로 표현하였다. 하나님의 의의 계시가 바울 신학 전체를 포괄하는 것이라는 점에는 많은 학자들이 동의하고 있다.

그리고 율법의 행위를 주장하는 사람들과 대항하여 투쟁하는 갈라디아서에서는 믿음으로 말미암아 의롭게 됨을 설명하고(갈 2:16-21), 그의 신학이 거의 종합적으로 정리된 로마서에서 하나의 신학적 명제를 제시한다: "이제는 율법과 상관없이 하나님의 의가 나타났다"(롬 3:21). 여기서 "나타났다(πεφανέρωται)"는 동사는 현재 완료형으로 쓰여 있다. 이것은 현재가 바로 이미 계시된 하나님의 의의 영향력 아래 있다는 것을 의미한다. 예수 그리스도의 죽음을 통한 하나님의 의의 계시가 인간들의 구원을 위한 것이라는 것은 의의 계시의 목적을 표현한 롬 3:26에 잘 나타나 있다. 즉 첫째는 하나님이 의로우시다는 것을 나타내기 위함이고, 둘째는 예수 믿는 사람을 의롭다고 하시기 위함이라는 것이다.

하나님이 의롭다는 하나님의 속성에 대한 이해는 구약성서 전반에 깔려 있는 사상이다. 특별히 이 개념은 종말 심판자로서의 하나님의 속성을 표현한다. 즉, 마지막 때 하나님이 이 세상 존재들의 죄를 심판하실 때, 의롭게 심판하신다는 것이다. 그가 의롭게 심판하신다면 죄지은 인간들은 죄의 행실대로 벌을 받게 될 것이고, 의로운 사람들은 구원을 받을 것이다. 이런 의미에서 하나님의 의가 "법적 개념이고 동시에 종말론적 개념"이라고 파악한 불트만은 옳다.28) 하나님의 의가 나타났다는 것은 결국 하나님의 의로운 심판이 이루어졌다는 표현으로 받아들여서 옳을 것이다.

하나님이 의로우시다면, 죄지은 인간들에게 구원의 가능성은 전혀 없어야 마땅하다. 죄의 삯은 사망이기 때문이다. 그런데 바울은 하나님의 의의 계시 방식을 당대 유대인들이 가지고 있던 것과는 다르게 제시한다. 즉 하나님은 그의 의를 나타내시되, 사람들이 지은 죄를 벌하시지 않고 "간과하심으로써 길이 참음으로써(롬 3:25b- 26a)" 나타내셨다는 것이다. 이러한 방식은 하나님의 의보다는 오히려 하나님의 사랑에 더 합당할 것이다. 그러나 사랑 개념에는 바울이 의도하는 법적인, 종말론적인 의미가 없기 때문에 의 개념을 사용한 것 같다. 하나님은 자신의 의를 죄지은 인간들을 벌하는 방식이 아니라 그들의 죄를 간과하는 방식으로 하기 위해 예수를 화목제물로 세우셨다는 것이다. 예수를 죽음에 내어주어 피흘리게 함으로써 하나님은 사람들과 화해하시기를 원하신다(롬 3:25a).

그런 의미에서 그리스도의 죽음은 하나님의 구원 사건이다. 그리고 예수는 하나님의 의의 계시, 즉 인간을 위한 구원을 위한 수단, 혹은 도구로 사용되었다. 하나님에 의한, 그리스도를 통한 구원사건은 이미 바울의 현재에서 볼 때 이미 과거에 일어난 사건이다. 그리고 현재는 그러한 과거에 의해 규정되고 있다. 그래서 현재는 구원의 때인 것이다. 그러나 그렇다고 한들, 이러한 사실을 받아들이지 않는다면, 무슨 의가 있을까? 하나님이 예수를 화목제물로 죽음에 내어주기까지 사람들과 화해하기를 원하신다는 것을 받아들이지 않는다면, 무슨 의미가 있을까? 그래서 바울은 "믿음"을 강조한다. 과거 예수 그리스도의 죽음으로 나타난 "하나님의 의는 현재 믿는 모든 자들에게 영향력을 미친다"(롬3:22).

이러한 묘사를 미루어 볼 때 바울에게 있어서 구원이란 배불리 먹

---

28) R. Bultmann/허혁 역, 『신약성서신학』(서울: 성광문화사, 1976), 271-274.

고 좋은 집에서 편안히 사는 삶이 아님은 분명하다. 어떠한 현장에서 어떠한 삶을 살든지 하나님과 화해된 삶이 구원인 것이다. 구원을 받았다고 해서 고난이 없는 것이 아니라 고난은 현존한다. 구원은 그러나 세상 아무 곳이나 있는 것이 아니라 특정한 영역에 있다. 그 구원 영역을 바울은 "그리스도 안"이라고 표현한다.

"누구든지 그리스도 안에 있으면, 새로운 피조물이라." (고후 5:17)

"너희가 그리스도 예수 안에서 하나님의 아들이 되었으니, 누구든지 그리스도와 합하여 세례를 받은 자는 그리스도로 옷입었느니라. 너희는 유대인이나 헬라인이나 종이나 자주자나 남자나 여자 없이 다 그리스도 예수 안에서 하나니라."(갈 3:26-28)

구원받은 그리스도인들은 "새로운 피조물", "하나님의 아들들"이다. 그리고 이러한 존재 변화는 "그리스도 안에서" 가능하다. 이로써 바울이 생각하고 있는 구원 영역은 "그리스도 안에"라는 표현으로 이해할 수 있을 것이다.

구원영역으로서 "그리스도 안에"를 이해하기 위해 많은 학자들이 노력을 기울여왔다. 다이스만은 "그리스도 안에"라는 표현의 신비적 의미와 공간적 의미를 동시에 보려고 시도하였다.[29] 신비적 의미에 대해서는 많은 학자들이 부정적인 견해들을 표현한 반면,[30] 공간적 의미는 유효한 것으로 본다. 케제만은 "그리스도 안에"를 "그리스도의 몸 안에", 즉 "교회 안에"로 본다.[31] 필자는 바울에게 있어서 "그리스도 안에"라는 표현은 다음과 같은 신학적 의미를 담지하고 있다고 본다.

---

29) A. Deißmann, *Die neutestamentliche Formel 'In Christo Jesu'* (Marburg, 1892).
30) H. Conzelmann/김철손 · 안병무 외 2인 역, 『신약성서신학』(서울: 한국신학연구소, 1981), 250-251.
31) E. Kaesemann/한국신학연구소 번역실 역, 『로마서』, 국제성서주석 34 (서울: 한국신학연구소, 1983), 361-364.

(1) "그리스도 안에(ἐν Χριστῷ)"라는 표현은 일차적으로 믿는 자와 그리스도와의 관계를 의미한다: "이와 같이 너희도 너희 자신을 죄에 대하여는 죽은 자요 그리스도 예수 안에서 하나님을 대하여는 산 자로 여길 지어다(롬 6:11)".

 바울에게 있어서 죄는 하나님을 알지 못하고, 하나님께 영광을 돌리지 않는 것, 하나님과 교제하지 않으며 살아가는 모든 인간들의 생활방식을 포함한다(롬1:18-3:20). 예수 그리스도를 믿는 사람들은 죄와의 관계를 끊고, 그리스도와 관계를 맺는다. 어떻게 그리스도와의 관계를 돈독히 할 수 있을까? 어떻게 그리스도 안에 들어갈 수 있을까?

 (2) "그리스도 안에"는 예수 그리스도의 이름으로 세례를 통해 들어올 수 있다.

 초기 그리스도인들이 세례를 통해 새로운 피조물됨을 경험하였고 동시에 그리스도교 공동체에 영입되었다. "주 예수 그리스도의 이름과 우리 하나님의 성령 안에서 씻음과 거룩함과 의롭다 하심을 얻었느니라(고전 6:11)".32) 이 구절은 세례를 통해 과거와 달라진 그리스도인의 새로운 아이덴티티를 표현하고 있다. 이 구절의 내용이 세례와 관련된 것이라는 것은 "씻음을 얻었다"는 표현과 "주 예수 그리스도의 이름 안에서"라는 부사구에서 알 수 있다. 우리 시대에는 "성부와 성자와 성령의 이름으로" 세례를 주지만, 바울 당시 그리스도인들은 "주 예수 그리스도의 이름으로 세례를 주었던 것같다. "씻음을 얻었다"고 번역된 그리스어 아펠루사스테(ἀπελούσασθε)는 세례 전통에서 유래된 말로서, 그리스나 유대교의 정결 예식 전통에서 있는 말이다.33) 초기 그리스도인들은 "주 예수 그리스도의 이름

---

32) 이 구절이 초기 그리스도교 공동체의 세례 이해를 담고 있으며, 바울 이전 전승에 속한다는 것은 이미 U. Schnelle, *Gerechtigkeit und Christusgegenwart* (Göttingen: Vandenhoeck & Ruprecht, 1983), 37-44가 열정적으로 입증해 놓았다.

으로" 세례를 주면서 세례받는 자와 예수 그리스도를 종속된 자와 주의 관계로 연결시킨 것으로 보인다(고전 1: 13 참조).34)

(3) "그리스도 안에" 있음은 "주 예수"라고 외침으로써 확인된다. "주 예수 그리스도의 이름으로"세례를 받은 사람은 "주 예수"를 외침으로써 그리스도 안에 있음을 확인한다. 즉 주 예수를 외침은 예수가 주라는 것, 즉 자신이 예수에게 종속되어 있다는 일종의 신앙고백이라고도 할 수 있는데, 바울에 의하면 이는 성령의 도움으로만 가능하다(고전 12:3). 클라우스 벵스트는 "주 예수(Κύριος Ἰησοῦς)"라는 표현이 그리스도인들이 모였을 때 한 목소리로 외치는 말이라고 파악했다. 이 표현은 바울 이전부터 세례와 관련해서 세례받은 자가 성령의 힘을 입어 외치고, 세례받은 그리스도인들, 즉 그리스도교 공동체의 정회원들이 모였을 때 함께 한 목소리로 "나(우리)의 주인은 예수"라고 외침으로써 공동체의 연대감을 강화하는 "구호문(Akklamation)"이라는 것이다.35) 세상에는 많은 주인들이 있지만, 예수 그리스도의 이름으로 세례 받은 그리스도인들에게는 오직 예수만이 주인이라는 이해가 "주 예수"라는 간단한 표현에 담겨 있다. 이것으로써 주예수를 외치는 모든 그리스도인들은 세상에 속하지 않고 오직 예수에게 속한 특별한 공동체 의식을 가진다.

바울이 로마서에서 "누구든지 주의 이름을 부르는 자는 구원을 얻으리라(10:13)", 혹은 "네가 만일 네 입으로 '주 예수'를 시인하면, ... 구원을 얻으리라(10:9)"는 표현들은 이와 관련된다. 즉 예수를 주로 고백할 때 이전에 자신을 지배하던 다른 주들과 관계를 청산하

---

33) A.Oepke, ἀπολούω, *ThWNT* IV, 298 이하.

34) 마태복음에 나오고 오늘날 교회에서 통용되고 있는 "아버지와 아들과 성령의 이름으로 세례를 주는"일(마 28:19)은 "예수 그리스도의 이름으로"주는 세례보다 후기에 형성된 것으로 보인다.

35) K. Wengst, *Christologische Formeln und Lieder des Urchristentums* (Gütersloh: Gütersloher Verlag, 1972), 131-135.

고, 예수 안에서 이루어진 하나님의 구원을 맛보게 되는 것이다.

(4) "그리스도 안"이란 구원의 공동체로서 교회를 의미한다.

초기 그리스도교에서 공동체 허입예식으로 세례를 베풀었다고 보는 불트만의 견해는 타당하다.36) 초기 그리스도인들은 "주 예수 그리스도의 이름으로"(고전 6:11) 세례를 주고, 세례받은 자는 "그리스도 안으로" 들어오게 된다. 그리고 "성령의 힘을 입어" "주 예수"라고 외치며 멤버쉽을 강화한다. 그러므로 세례를 받은 사람은 누구나 "그리스도 안에" 있다. 그런 의미에서 "그리스도 안에"는 바로 "성령 안에", "주 안에", 더 나아가 "교회 안에"라고도 할 수 있다. 세례를 통해 그리스도인들은 새로운 피조물됨, 구원을 경험하고, 구원 영역인 그리스도 안으로 영입된다. 여기서 "그리스도 안에"라는 표현의 교회론적 의미가 가능하게 된다.

(5) "그리스도 안"이란 민족적 차별, 사회신분적 차별, 성적 차별이 철폐된 구원 영역이다.

"너희가 다 그리스도 예수 안에서 하나님의 아들이 되었으니,
너희는 유대인이나 헬라인이나, 종이나 자유인이나 남자나 여자나 다
그리스도 예수 안에서 하나이니라(갈 3:26, 28)"37)

이 문장에서 "하나님의 아들이 되었다"는 표현이야말로 그리스도인의 구원된 모습을 말해주는 것이라 하겠는데, 구원론적, 교회론적 의미에서 이해해야 한다. 하나님이 그리스도를 통해 죄지은 인간들과 화해함으로써, 이를 믿는 사람들은 하나님과 온전한 관계를 이룰 수 있고, 하나님과 온전한 관계를 이룬 사람들을 그의 아들이라고 할 수 있을 것이다. 유대인인 바울은 그 구원이 유대인이라는 민족에 국

---

36) R. Bultmann/허혁 역, 앞의 책(1976), 132-144.
37) 이 구절이 세례관련 바울 이전 전승문이라는 것과 인류 역사에 미친 영향에 관하여는 김경희, "갈라디아 3:26-28을 통해 본 원시 기독교의 평등의 비전", 『신약성서의 교회론』 신약논단 제7권 (서울: 한들, 2000), 48-82 참조.

한하지 않고 민족을 초월해서 작용한다고 선언한다. 이미 많은 학자들이 주장하는 바와 같이 이 구절은 바울의 창작이 아니라 세례와 관련된 바울 이전 전승일 것이다.38) 그리고 이것은 이방계 그리스도인들 사이에서 이루어진 선언문일 가능성이 매우 높다. 그럼에도 불구하고 유대인인 바울도 수정하지 않고 "유대인이나 헬라인의 차별이 없다"는 선언을 그대로 사용하고 있다. 구원영역인 그리스도 안에는 민족적 차별도, "자주자나 노예"와 같은 사회신분적 차별도, 남자와 여자와 같은 성별의 차별 없이 열려 있다고 선언하는 것이다. 즉 구원은 인종이나 신분, 성에 따라 차별 없이 모든 사람들에게 열려 있다.

2) 현재의 과제: 사랑하라.

구원을 받았다고 고백할 수 있는 사람들, 현재가 구원의 때라고 외치며 즐거워하는 그리스도인들은 그것으로 구원의 최종 단계에 이른 것이 아니라, 이제부터 구원받은 자로서 마땅히 해야 할 과제가 있다. 그것은 바울의 표현으로 하자면, 갈라디아서에서는 "성령을 받았으니 성령 받은 자답게 "살아갈 것에 대한 권고로 표현되고, 고린도전서와 로마서에 의하면 "사랑하라"는 것이다.39)

---

38) J. Becker・H. Conzelmann・G. Friedrich, *Der Brief an die Galater, Epheser, Philipper, Kolosser, Thesalonicher und Philemon*, NTD 8 (Göttingen: Vandenhoeck & Ruprecht, 1981, 45-46; H.D. Betz, *Galatian* (Philadelphia: Fortress Press, 1984), 181-184; E. Schüssler Fiorenza, *In Memory of Her. A Feminist Theological Reconstruction of Christian Origins* (NewYork:Crossroad, 1983), 208-209 등.

39) 바울의 윤리의 특징은 "직설법과 명령법"이라는 주제 안에서 토론되어 왔다. 구원받았으면 무슨 윤리가 필요있느냐는 입장에서 명령법은 직설법과 상호 모순된다고 베른네가 문제제기를 하였다면, 불트만과 같은 학자는 직설법과 명령법은 모순이 아니라 동전의 양면과 같은 것이라는 입장을 가졌다. 불트만/허혁역, "바울의 윤리 문제", 『학문과 실존 III』(서울: 성광문화사, 1981), 295-312 참조. 이에 관한 간략한 내용은 장흥길,『신약성경 윤리』(서울: 장로회신학대학교출판부, 2002), 136-154 참조.

구원받은 자들에게 부과된 사랑하라는 권면 속에 그리스도교의 다른 종교와의 차별성이 있다. 불교든 그 외 여타한 고등 종교의 경우도 마찬가지이다. 유대교의 구원 이해를 대표하는 쿰란문서에서도 사람들은 구원을 얻기 위해 무엇을 해야 한다고 생각한다. 그래서 인간의 행위한 값으로 구원을 얻기도 하고 멸망을 초래하기도 한다는 것이 일반적인 생각이다. 그러나 그리스도교의 독특성은 구원을 얻기 위해 윤리적인 행위를 하는 것이 아니라, "구원받았기 때문에 구원받은 자답게 살아가는 것"이라고 표현할 수 있을 것이다.

바울은 구원받은 자의 윤리를 "사랑하라"는 것으로 포괄한다. 이는 예수의 윤리이기도 하다.

갈라디아서에는 사랑하라는 권면이 직접적으로 나오지 않는다. 그러나 성령받은 그리스도인들이 삶의 현장에서 이루어야할 성령의 열매들을 언급할 때에 가장 먼저 "사랑"을 든다. 고린도전서 8장에서 고기 먹는 문제로 교회 안에서 갈등이 생긴 것에 대해 조언하면서, 이 문제를 풀기 위한 키워드로 지식(Gnosis)과 사랑(Agape)을 사용한다. 이 맥락에서 사랑의 의미가 명백해진다. 사람들은 세상에 하나님은 한 분 뿐이라는 것을 알기 때문에, 그 지식에 근거하여, 고기는 우상에게 드렸던 것이라 해도 단지 음식일 뿐이라고 자신있게 고기를 먹을 수 있는 행동을 분명히 취할 수 있는 근거를 제공해준다. 그러나 사랑은 그러한 지식에도 불구하고 타인을 배려하여 행동을 자제하는 태도를 의미한다. 먹어도 되지만 타인이 거리끼면 안 먹을 수 있는 태도의 근거가 되는 것이다.[40]

고전 12-14장에서 방언하는 자들의 자랑과 하지 못하는 사람들의 열등감으로 인한 교회의갈등 문제를 다루는 경우에도 바울은 사랑을 제시함으로 문제를 풀고자 한다. 믿음보다, 소망보다, 그 어떤 성

---

40) 김판임, "지식과 사랑의 이중주(고전 8장 연구)", 『말씀과 교회』 40 (2006. 1), 64-76 참조.

령의 은사보다 사랑이 더욱 크고 위대하다.[41] 놀라운 성령의 은사를 받았다고 자랑할 수 있지만, 함께 있는 다른 사람들이 그렇지 못할 때에는 그 사람들에게 시기심이나 열등감이 생기지 않도록 배려하여 자제하는 태도가 사랑인 것이다.

"기뻐하는 자와 함께 기뻐하고 슬퍼하는 자와 함께 슬퍼하라"(롬 12:15)는 권면이나, "아무에게도 악으로 악을 갚지 말고 모든 사람 앞에서 선한 일을 도모하라. 할 수 있거든 너희로서는 모든 사람들로 더불어 평화하라"(롬 12:17-18), "악에게 지지 말고 선으로 악을 이기라"(롬 12:21). "피차 사랑의 빚 외에는 아무에게든지 아무 빚도 지지 말라 남을 사랑하는 자는 율법을 다 이루었느니라"(롬 13:8), "사랑은 이웃에게 악을 행치 아니하나니 그러므로 사랑은 율법의 완성이니라."(롬 13:10)

이와 같이 구원받은 그리스도인들을 향한 바울의 모든 권면들의 중심은 사랑이고, 사랑은 하나님의 자녀들이 지켜야할 모든 율법의 완성으로 제시되고 있다. 사랑을 어떻게 해야 하는지, 사랑의 행위의 십계명 같은 것은 어느 곳에도 제시되지 않는다. 사랑은 삶의 순간순간 타인을 배려하는 능동적인 삶의 자세이다. 구원을 받기 전에는 자기 자신의 구원을 얻기 위한 관심에 집중되어 무엇을 하여야 구원을 받을까 관심을 가졌다면, 하나님의 은혜로 구원을 받은 자는 타인을 배려하는 사랑을 해야 한다. 사랑은 구원받기 위한 조건이 아니라 구원받았기 때문에 하여야할 의무인 것이다.

3) 현재와 미래, 개인과 공동체의 관계

현재 인생의 많은 고통을 겪으면서도 구원의 때라고 부르짖었던 바울은 예수를 믿는 그리스도인들이 믿음으로 구원을 받았다고 가

---

41) 김판임, "믿음 소망 사랑 중에 사랑이 제일인 이유 - 바울신학 이해를 위한 소고", 『신학연구』 47(2005), 99-121 참조.

르친다. 바울에게 구원은 유대교에서 일반적으로 기대해 왔던 바대로, 세속적 차원에서 구체적으로 맛있는 것 잘 먹고 건강하여 많은 후손을 두는 것,42) 즉 부귀영화가 아니라, 오직 하나님과의 어긋난 관계에서 올바른 관계로, 적대적 관계에서 화해의 관계로 회복됨을 의미한다. 이것은 하나님의 창조 직후 보시기에 좋았던 상태와 같다고 하겠다. 아담의 죄로부터 인간은 하나님으로부터 멀어졌다면, 이 왜곡된 관계를 이미 하나님이 예수 그리스도를 통해 회복시키셨다. 사람들은 단지 믿고 받아들이기만 하면 된다. 구원받은 증거는 세례 때 받은 구원의 은사인 죄사함과 성령이다. 그러므로 현재 당하는 그 어떠한 고난도 하나님과 맺은 올바른 관계를 끊을 수 없다.43)

종말론적 구원의 은사인 죄사함과 성령은 그리스도교 공동체의 입회의식인 세례를 받음으로 얻게 됨으로, 구원을 얻는 것과 공동체 가입은 불가분의 관계에 있다. 하나님과의 올바른 관계를 유지해나가는 것이 현재 구원을 받은 자들의 의무이다. 그것은 성령을 따라 사는 삶이고, 결국 내 이웃을 내 몸과 같이 사랑하는 삶이다.

3. 비교

이상에서 살펴본 바와 같이 쿰란 에세네파는 자신들의 현재를 아하릿 하야밈이라는 개념으로 독특하게 이해하고 있지만, 그 개념으

---

42) 유대교에서의 종말론적 구원 은사에 관해 P. Volz, *Die Eschatologie der jüdischen Gemeinde im neutestamentlichen Zeitalter: Nach den Quellen der rabbinischen, apokalyptischen und apokryphen Literatur*, 2. Aufl. (Tübingen: J.C.B. Mohr, 1934 = Hildesheim, 1966).
43) 이는 로마서 8장 38-39절에 잘 표현되어있다: "내가 확신하노니 사망이나 생명이나 천사들이나 권세자들이나 현재 일이나 장래 일이나 능력이나 높음이나 깊음이나 다른 어떤 피조물이라도 우리를 우리 주 그리스도 예수 안에 있는 하나님의 사랑에서 끊을 수 없으리라."

로써 구원의 때로 이해하고 있는 것은 결코 아니다. 그들의 현재는 여전히 악이 팽배해 있는 때이다. 고난이 가득 차 있는 시간이다. 아직 하나님의 종말심판이 시작된 것도 아니다. 하나님의 심판과 구원은 미래, 아하릿 하야밈의 끝에 있을 것이다.

악한 세력과 대립해 있으면서 좌절하거나 흔들리지 않고 하나님을 의지하고 살아가는 그들의 현실은 그들이 (이미) 구원을 받았다는 확신에서 오는 것이 아니라 (앞으로) 구원을 받을 것이라는 확신에서 오는 것이다.[44] 미래에 구원을 얻을 것이라는 확신은 그들이 현재 고난 중에도 하나님과의 언약에서 떨어져 나가지 않고 꼭 매달려 있다는 사실에 근거를 두고 있다. 하나님의 언약은 성서에서 찾아볼 수 있으므로, 언약에 매달린다는 것은 성서를 그들 생활의 근거로 삼는다고 볼 수 있다.

에세네파는 그들의 현재를 구원의 (이루어진) 때로 본 것이 아니라 (앞으로 있을) 구원을 준비하는 때로 이해했다. 1QS VIII, 13-16에는 이사야 40:3이 인용되고 있는데, 광야에서 주의 길을 예비하는 기간으로 그들의 현재를 이해했으며, 그 준비가 구체적으로 "성서 연구"라고 해석하고 있다. 그들이 남긴 많은 성서해석들을 감안하건대, 그들의 가르침대로 종말 심판 시 구원을 얻기 위해 준비를 철저히 해왔던 그룹이었다고 볼 수 있다.

반면 초기 그리스도교 공동체는 현재를 구원의 때로 이해하였다. 현재가 구원의 때라고 명백하게 말한 사람은 바울이다(고후 5:17). 바울에게 당시 인생의 고통이 없었던 것이 아니다. 모든 일이 잘되어 가는 것도 아니다. 바울에게 있어서 구원이란 부유함이나 건강, 혹은 생활의 윤택함이 아니라 하나님과의 관계회복이다. 그렇기 때문에 그가 현재 많은 고통을 당하고 생활의 어려움을 겪고 살았을지

---

[44] 이에 관한 대표적인 예로 1QH III, 19-36을 들 수 있다. 김 판임, "고난 중에 바라는 구원의 확신과 희망(1QH III, 19-36을 중심으로)", 『말씀과 교회』 18집(1998 봄), 113-131 참조.

라도 그는 지금이 구원의 때라고 말할 수 있었다.

예수 그리스도의 이름으로 세례를 받아 그리스도 안으로 들어온 사람은 이미, 죄사함받았고, 종말론적 구원 은사인 성령을 받았다. 성령받은 그리스도인들은 성령에 힘입어 하나님 아버지를 부를 용기를 가지게 되며, 주예수를 부르며 하나님, 예수와 의 결속을 다진다. 이러한 결속이 바울에게는 구원이다. 이 세상의 그 어떤 것도 그리스도인들이 맺은 예수 그리스도와의 관계, 하나님과의 관계를 끊을 수 없다(롬 8:38-39).

구원받은 그리스도인들이 현재 수행해야할 과제는 성령을 따르는 삶이다. 성령을 받았으니 성령받은 자답게 살아야 하는 것이다. 그것은 사랑 외에 다른 것이 아니다. 그리고 이러한 과제는 구원을 얻기 위해서가 아니라 구원을 받았기 때문에 하는 것이다.

비교 내용	쿰란 공동체	초기 그리스도교 공동체
1. 현재 이해	고난에 가득 차 있다. 그럼에도 하나님의 말씀을 새기며 하나님의 뜻대로 살아가려고 노력함	고난도 있으나 하나님이 살아계셔서 함께 하신다. 죄의 용서와 성령 수여와 같은 종말론적 은사를 받아 누리고 있음
2. 현재 과제	성서 연구	사랑의 행위(=배려,살림)
3. 과제 이행의 이유	하나님 뜻대로 살기를 원함, 구원받기 위해	거저 구원받았으니, 다른 사람들에게 거저 베품
4. 공동체 이해	구원 보증 공동체	구원 공동체

제4부

공동체 인물편

쿰란문서가 발견되자마자 곧바로 신약성서의
중심인물들(세례요한, 예수, 바울)과의 관련성에 대해
관심이 많았다.
이들 모두 유대인들이고, 쿰란 공동체가 현존하던 시대와
함께 살았던 사람들이기 때문이다.
이들 역사적, 사상적 관계를 중심으로 살펴본다.

제8장 쿰란공동체와 세례요한

1947-1956년 이스라엘 사해 북서쪽 쿰란 동굴에서 문서 두루마리가 발견되자 사람들은 혹시 쿰란 문서들이 신약성서와 무슨 연관성이 있지 않을까 혹은 신약성서에 나오는 인물들과 연관성이 있지 않을까 기대하며 서둘러 둘을 관련지어 보곤 하였다. 특별히 세례요한과의 관련성에 대해서는 다음과 같은 이유에서 일찍부터 관심과 연구의 대상이 되었다[1]: 1) 그들의 활동영역이 광야라는 점, 2) 그들의 현재 활동의 의미를 부여하는 성서인용이 사 40:3이라는 점, 3) 요한의 활동 중 가장 특징적인 것이 세례인데, 이와 유사한 것이 쿰란 공동체에서도 시행되고 있다는 점 등이다.

그리하여 쿰란 공동체의 지도자였던 의의 선생이 바로 세례요한이 아닐까[2] 혹은 세례요한이 에세네파에 소속 회원이었나, 아니면 소속했었다가 나중에 탈당하고 분리되어 나왔을까 하는 추측도 난무하였다.[3] 이들은 과연 어떤 관계에 있었을까?

---

1) A.S. Geyser, "The Youth of the John the Baptist", *Novum Testamentum* (1956), 70 이하; J.A.T. Robinson, "Baptism of John and Qumran Community", *Harvard Theological Review* 50(1957), 175 이하; W.H. Brownlee, "John the Baptist in the New Light of Ancient Schrolls", K. Stendahl(ed.), *The Scrolls and the New Testament* (London: SCM, 1958), 33-53, 252-256.

2) 오스트레일리아의 B. Thiering, *Jesus and the Riddle of the Dead Sea Scrolls: Unlocking the Secret of His Story* (1992). 저자는 의의 선생이 세례요한이고, 의의 교사의 적대자를 예수로 보고 있다.

3) 최근 세례요한과 쿰란 공동체와의 관계에 관한 연구로는 다음과 같은 논문을 소개할 수 있다: H. Lichtenberger, "The Dead Sea Scrolls and John the Baptist: Reflections on Josephus' Account of John the Baptist", *The Dead Sea Scrolls: Forty Years of Research*, D. Dimant · U. Rappaport(eds.) (Leiden: Brill,

이 논문은 쿰란 공동체와 세례요한 사이의 유사성, 즉 위 세 가지 관점 및 의의 선생과 세례요한의 자기 이해와 현재이해를 비교함으로써 둘의 상관관계를 밝히는데 그 목적이 있다.

1. 쿰란공동체4)

1) 쿰란공동체의 활동지역

요세푸스는 에세네사람들이 특정한 도시를 가지지 않았으며, 각 도시에 흩어져 살았다고 전한다(BJ II, 8, 4). 장로 플리니우스는 에세네사람들을 사해 서쪽 주변에 사는 사람들이라고 규정하였다.5) 그

1992), 340-48; O. Betz, "Was John the Baptist an Essene?", *Understanding the Dead Sea Scrolls,* H. Shanks(ed.) (New York: Random Hause, 1992), 205-214; J.H. Charlesworth, "John the Baptizer and Qumran. Bariers in Light of the Rule of the Community", *The Provo International Conference on the Dead Sea Scrolls* D.W. Perry · E. Urlich (eds.) (Leiden: Brill, 1999), 353-378. 그 외 쿰란-에세네파에 관한 소개서들에도 이들의 관계를 다루고 있는 것을 볼 수 있다: H. Stegemann, *Die Essener, Qumran, Johannes der Täufer und Jesus* (Freiburg: Herder, 1994), 292-314; J.C. VanderKam, *Einfürung in die Qumranforschung,* UTB 1998 (Göttingen: Vandenhoeck und Ruprecht, 1998), 191-194; J. Maier · K. Schubert, *Die Qumran-Essener,* UTB 224 (München: Ernst Reinhardt Verlag, 1982), 109-114.

4) 본 논문에서 쿰란 공동체라 함은 쿰란에 거주했던 지역 공동체를 의미하는 것이 아니라 쿰란 동굴에서 발견된 문서들을 소장, 보관, 집필하여 온 집단으로서, 요세푸스가 보도하는 에세네파 그룹과 일치하는 것을 전제로 한다. 에세네파와 쿰란 공동체를 동일시하는 가설은 버머스(G. Vermes), 밀릭(J.T. Milik), 크로스(M. Cross), 쉬테게만(H. Stegemann) 등 초기 학자들에 의해 제기되었고, 가장 많은 쿰란 연구자들의 지지를 얻고 있어 거의 통설로 받아들여지고 있다. 물론 미국 뉴욕 대학의 쉬프만(L.H. Schiffmann)에 의해 제시된 쿰란 공동체가 에세네파가 아니라 사두개파라는 주장도 있지만 이 가설은 별로 지지를 받지 못하고 있다.

5) Plinius the Elder, *Naturalis historiae V,* 73. tr. by H. Rackham, *Vol. 2* (Cambridge

리고 예루살렘에서도 목욕실을 가졌던 가옥이 발견되었다. 이러한 고대 문헌들과 고고학적 증거에 의해 다음과 같이 추정할 수 있을 것이다: 에세네사람들은 예루살렘과 유대 여러 지역에서 공동체를 이루고 살았으며, 그 중 쿰란은 많은 문서들이 작성되고 보관되었던 것으로 미루어 볼 때 그들의 문화적 사상적 중심이라고 할 수 있을 것이다.

요세푸스가 보도하는바 에세네파가 당시 4000명 정도 된다고 했을 때, 쉬테게만은 이들이 주로 예루살렘과 유대 지역에 흩어져 살았을 것으로 보고 있다.[6] 그리고 쿰란 거주지에는 80-200명 정도가 거주했을 것으로 추측한다.

에세네파의 모든 멤버들은 아니지만, 일부가 광야로 그들의 생활 근거지로 삼은 것은 다음에서 다룰 이사야 40:3의 인용과 밀접한 관련이 있다.

2) 이사야 40:3의 인용과 의미(1QS VIII, 12-16)

이사야 40:3이 인용되고 있는 1QS VIII, 12-16은 쿰란공동체의 규율집의 중간 부분(1QS V, 1-XI, 22)에 속한다. 이 부분은 공동체 조직과 훈련 지침관련 규정 모음집이라고 할 수 있다. 공동체 가입 시에 하는 선서, 공동체 외부인과의 접촉 금지 규정, 공동체 가입 때 보는 시험, 잘못을 범했을 때 회원 간의 권면, 식사나 모임에서 지켜야 할 규정들을 어겼을 때 처벌 사항 등을 내용으로 하고 있다.

  Mass: Harvard University Press, 1969), 276.
6) H. Stegemann, op.cit.(1994), 194-196; 천사무엘, "쿰란공동체와 초기 기독교", 『기독교 문화 연구』 4 (대전: 한남대학교, 1999), 82-86.

1QS VIII, 12-16 본문과 번역7)

12 ובהיות אלה ליחד בישראל
13 בתכונים האלה יבדלו מתוך מושב הנשישי העול ללכת
למדבר לפנות שם את דרך הואהא
14 כאשר כתוב במדבר פנו דרך ... ישרו בערבה מסלה לאלוהינו
15 היאה מדרש התורה אשר צוה מושה לעשות ככול
הנגלה עת פעת
16 וכאשר גלו הנביאים ברוח קודשו

12 이 일이 이스라엘 안에 있는 공동체를 위해 일어날 때
13 그들은 부정한 사람들의 거주지를 떠나 광야로 나가 거기서 그의 길을 준비할 것이다.
14 기록된 바와 같이:
 '광야에서 주의 길을 예비하라. 사막에서 우리 하나님이 오실 큰 길을 곧게 하여라'.
15 이는 그가 (모세를 통하여 명령하신) 율법에 대한 연구이다.
 이것은 그 때마다 계시된 모든 것에 따라
16 그리고 예언자들이 그 분의 거룩한 영을 통해 계시하신 것에 따라 행하기 위함이다.

1QS VIII, 14가 인용문이라는 사실은, 인용 도입 양식 "기록된 바와 같이(כאשר כתוב)"를 사용하고 있다는 점에서 분명히 드러난다. 그리고 곧바로 이사야 40:3이 인용되고 있다.

이사야 본문은 제2이사야의 서언을 이루고 있는 40:1-11에 속한다. 제2이사야는 기원전 6세기 이스라엘이 바빌론 포로기를 역사적 배경으로 하고 있다. 당시 초강대국 바빌론에 의해 예루살렘이 망하고 많은 민족의 지도자들이 바빌론에 포로로 잡혀와 절망적인 상태에서 하나님으로부터 오는 위로의 말씀을 선포하고 있다: "위로하라

---

7) 본문과 번역을 위하여 E. Lohse(ed.), *Die Texte aus Qumran,. Hebräisch und Deutsch* (Darmstadt: Wissenschaftliche Buchgesellschaft, 1981), 66-67 참조.

위로하라 내 백성을 위로하라"(40:1). 그리고 이어서 이스라엘의 죄를 용서하시는 하나님의 선언이 나온다(2절). 그리고 광야에서 야훼의 길을 예비할 것과 하나님의 대로를 평탄케 할 것을 요구하는 외침이 나온다. 이 외침은 이스라엘 백성을 향한 과제라고 볼 수 있다.

구약본문(사 40:3)과 인용문을 비교하면 다음과 같다:

히브리어 구약본문	1QS VIII, 14
קול קורא	כאשר כתוב
במדבר פנו דרך יהוה	במדבר פנו דרך····
ישרו בערבה מסלה לאלהינו	ישרו בערבה מסלה לאלהינו

1) "외치는 자의 소리(콜 코레)"가 인용문에는 빠져 있다.

2) 야훼 대신 방점 4개를 찍고 있다. 점 4개로도 분명히 야훼를 의미한다는 것은 당시 문서를 쓰는 사람이나 읽는 사람들에게 통용되고 있었던 것으로 이해된다.

인용을 마친 뒤 15줄에서는 이 인용문의 의미를 설명하고 있다: "이것은 토라에 대한 연구(를 의미한다)"(היאה מדרש התורה). 쿰란 공동체 사람들은 이사야 본문의 의미에서 해석하지 않고 그들의 현재와 관련시켜 해석한다. 그리하여 주님의 길을 예비하는 것과 하나님을 위한 길을 닦는 일을 토라 연구와 동일시하고 있다. 그들은 하나님이 심판하러 오실 날이 멀지 않았고, 그러므로 누구든지 준비해야만 구원의 가능성이 있다고 본다. 그 날까지 하나님의 뜻대로 사는 경건한 의인만이 살아남을 것인데. 하나님의 뜻은 그가 주신 토라에 기록되어 있으므로, 그의 뜻을 파악하고 행하는 길은 무엇보다도 토라 연구라고 제시하고 있는 것이다.

3) 쿰란공동체의 정결목욕

요세푸스의 보고에 의하면 에세네 사람들은 매일 공동식사가 있었고, 공동식사 전에 흰옷으로 갈아입고 찬물에 몸을 씻었다(BJ II,

129). 쿰란 폐허지의 유적을 보더라도 이 공동체가 목욕에 대해 대단한 비중을 두고 있음을 알 수 있다. 우선 산으로부터 건물로 물이 모여들 수 있도록 물줄기가 연결되어 있고, 건물 한 가운데 직경 8미터, 깊이 10미터 정도의 물탱크가 있으며, 식당 옆에 계단식 목욕실이 있다.

공동체에서 시행하는 정결 목욕은 입회 과정 3년 중 1년이 지난 대기자 중에 첫 번째 시험에 합격한 자에 한한다.[8] 이후 2년 동안 성서 시험을 통해 정회원이 될 수 있다. 정회원이 되면 공동식사에 참여할 수 있는 특권이 부여된다. 그러므로 정결 목욕에 참여하는 멤버는 준회원 이상이라고 할 수 있다. 이 정결 목욕은 공동식사 전에 이루어졌다. 누가 누구에게 베푸는 것이 아니라 각자가 물에 들어가 씻고 나오는 목욕 같은 것이라고 할 수 있다. 이는 아마도 성례전적 의미라기보다는, 첨예화된 정결예식이라고 할 수 있을 것이다.

다마스커스 문헌에 의하면 씻을 물은 더러워져서도 안 되고 사람이 전체 잠길 정도로 물이 충분해야 한다고 한다:

"물을 통한 정결에 관하여: 어느 누구도 더럽거나 혹은 한 사람이 충분히 잠길 만큼 충분하지 않은 물에 씻어서는 안 된다"(CD X, 10-11).[9]

그들의 규율집에 의하면 이 정결 목욕은 하나님에 대한 참된 헌신이 아니면 아무 의미가 없는 것으로 여겨졌음을 알 수 있다:

"죄인은 속죄의 물로 깨끗하게 될 수 없고, 호수나 강에서 그 어떤 종류의 씻을 물에서도 경건하게 되지 못한다. 그가 하나님의 율법을 경시하고 공동체의 규율을 경시한다면, 그는 완전히 불경하게 있는 것이다"(1QS III, 4-6).[10]

---

8) 이에 관해서는 김판임, "쿰란공동체와 초기 그리스도교 공동체 비교: 입회과정과 자격조건을 중심으로", 『신약논단』 11/4 (2004 겨울), 837-870 참조.
9) E. Lohse(ed.), op.cit., 86-87 참조.
10) Op.cit., 8-11 참조.

4) 의의 선생의 자기 이해와 현재 이해

쿰란-에세네 공동체의 지도자로 알려진 의의 선생은 전혀 그의 이름이 알려지지 않았다. 다마스커스 문서에 의하면 그가 이 공동체의 리더가 되기 20년 전에 이미 공동체는 조직되어 있었다:

"그(하나님)가 그들을 바빌론의 왕 느부갓네살의 손에 넘겨준 후 390년에 이르는 진노의 시간 동안에 그들을 고향으로 돌려보냈다. 그리고 그는 그의 땅을 그들이 소유하고 그 땅에서 나는 소산물로 살이 찌도록 하기 위해 이스라엘로부터, 아론으로부터 식물의 뿌리가 나도록 했다. 그리고 그들은 자신들 안에서 불의를 보았으며, 그들이 죄 있는 사람들이라는 것을 알게 되었다. 그리고 그들은 소경과 같은 사람들이었다. 그리고 이십 년간 그 길을 더듬고 있었다. 그런데 하나님이 그들의 행위를 바라보셨다. 왜냐하면 그들이 온전한 마음으로 하나님을 찾고 있었기 때문이다. 그래서 그는 그들을 그의 마음의 길로 인도하시기 위해 의의 선생을 그들에게 일으켜 세우셨다"(CD I, 7-11).[11]

이에 의하면 의의 선생이 이 공동체를 발의하여 조직한 것이 아니라 이미 조직된 공동체의 리더로 활동한다고 볼 수 있다.

하박국 주석서(1QpHab)[12])에 보면 의의 선생에 관해 중요한 사실들을 알 수 있다. 그에 의하면 의의 선생은 세례요한처럼 제사장 가문 출신이며 신변의 위협을 받았다. "하나님은 그의 종들, 즉 예언자들의 말씀들의 모든 비밀을 전달하셨다"(1QpHab VIII, 4-5). 그 비밀이란 다름 아니라 예언자들의 예언 내용, 즉 종말에 관한 것들이라 할 수 있다. 에세네 사람들에게 의의 선생은 예언서의 올바른 해석

---

11) Op.cit., 66-67 참조.
12) 이 주석서는 에세네-쿰란 공동체의 성서해석의 대표적인 방법인 "페세르" 주석으로 이루어진 것이다. 하박국 예언서를 구절 별로 인용하고 "페세르(즉, 이 구절의 뜻은)"라는 표현과 함께 공동체의 현실과 관련시켜 해석하는 방식이다. 그들은 많은 예언서들을 이런 식으로 해석했는데, 그 중에서도 제1 동굴에서 발견된 하박국 주석서는 그 보존 상태가 좋은 작품 중의 하나이다. E. Lohse(ed.), op.cit., 227-243 참조.

에 절대적인 권위를 지닌 사람으로 알려져 있었다. 그의 이름이 알려지지 않은 이유는, 그의 이름이 밝혀질 경우 신변의 위협을 받는 존재라고 가정해 볼 수 있다. 이러한 가정은 그들이 가졌던 문서를 통해 확인되고 있다. 하박국 주석서에 의하면 의의 선생이 원수들에 의해 고통을 당했음을 알 수 있다:

"'너를 억누를 자들이 갑자기 일어나지 않겠느냐. 너를 괴롭힐 자들이 깨어나지 않겠느냐. 네가 그들에게 노략질을 당하지 않겠느냐. 네게 여러 나라를 노략하였으므로 그 모든 민족의 남은 자가 너를 노략하리니'(합 2:7-8a). 이 말씀의 해석은 다음의 제사장에 관한 것이다. 그는 일어나서(…) 하나님의 계명을 거슬러(…) 그를 사악한 심판으로 치기 위함이다. 또한 그들은 그에게 사악한 고통의 흉측함을 가했으며 그의 육신에 복수를 가했다"(1QpHab VIII, 13-IX, 2).

"네가 사람의 피를 흘렸음이요 또 땅과 성읍과 그 안의 모든 주민에게 강포를 행하였음이니라'(합 2:8b) 이 해석은 그 사악한 제사장에 관한 것이다. 그가 의의 선생과 그의 공동체 멤버들에게 끼친 죄 때문에 하나님께서 그를 그의 원수의 손에 넘기셨다. 멸망의 하나님이 징계와 영혼의 고통으로 그를 굴종시키셨으니, 이는 그가 자기의(하나님의) 택한 사람들에게 악행을 행했기 때문이다"(1QpHab IX, 8-12).

쿰란공동체의 리더인 의의 선생이 과연 누구였는지에 관해서는 그 동안의 쿰란 문헌 연구가들의 연구 결과 그의 신분과 지위에 관해 다음과 같이 의견이 좁혀지고 있다.

기원전 159-152년 사이 대제사장직이 공석으로 있었다(유대고대사 XX, 235-239)는 요세푸스의 보고에 대해 회의를 품은 쉬테게만은 바로 이 시기의 대제장직을 수행하던 사람이 의의 선생이라고 주장한다. 당시에는 예루살렘 성전이 존재했고, 그렇다면 속죄일에 속죄를 거행해야 할 대제사장이 공석으로 있다는 것은 있을 수 없는 일이기 때문이다. 그런데 요세푸스가 이 시기의 대제사장이 없다고

한 것은 그가 사용한 자료 때문으로 보고 있다. 쉬테게만에 의하면 요세푸스는 그 당시의 역사를 기록하기 위해 자료로서 마카베오서를 사용하는데, 이 역사서는 친하스몬왕가적 입장을 취하기 때문에 기원전 152년 하스몬가의 요나단이 불법으로 대제사장직을 찬탈한 것을 역사에 기록하지 않았다는 것이다.

그리고 하박국 주석서에 언급되는 사악한 제사장이란 다름 아닌 요나단이며, 의의 선생이 죽음의 위협을 받았다는 진술은 바로 요나단이 대제사장직을 찬탈한 후에 전직 대제사장을 죽이기 위해 찾아다닌 것으로 이해한다.13) 하박국 주석서에 나오는 의의 선생과 그의 공동체에게 범한 죄 때문에 하나님이 그를 멸망케 했다는 내용은, 바로 기원전 143년에 요나단이 시리아 사람들에게 포로로 되었다가 살해된 사건을 해석한 것이다.

요나단이 대제사장직을 찬탈하기 직전 대제사장이 의의 선생이라고 주장하는 쉬테게만은 4QMMT 문서14)를 그 단서로 사용한다. 이 문서는 매우 예의를 갖춘 편지이지만 그 내용은 다른 칼렌다를 사용할 경우 유대의 절기와 안식일을 올바로 지킬 수 없다는 것과, 요나단과 그의 군대를 자신이 세운 에세네파와 연합하여 전 이스라엘 연합체를 구성할 것을 희망하고, 요나단이 범한 오류, 즉 최고 정치가가 대제사장직을 찬탈한 불법행위를 지적하고 대제사장직을 포기할 것을 촉구하고 있다. 쉬테게만은 이 편지가 의의 선생이 요나단에게 보낸 것으로 보고 있다.15)

의의 선생이 마카비 가문의 요나단이 대제사장직을 찬탈하기 이

---

13) H. Stegemann, op.cit., 205-206.

14) 네 번째 동굴에서 6개의 사본이 발견되었다(4Q 394-399). 이 문서 중 토라의 규정을 요약하여 "Miksat Ma'ase ha-Tora"(토라의 몇몇 실천 사항들)라고 부르고 있는데, 이 단어의 머리글자를 따서 MMT라고 부른 것이다. 기원전 2세기 말경에 기록된 것으로 추정된다.

15) H. Stegemann, op.cit., 148-151 참조.

전 합법적인 대제사장이었다는 쉬테게만의 이러한 주장은 많은 학자들의 호응을 얻고 있다. 에밀 푸에쉬는 의의 선생은 다름 아닌 오니아스 3세의 아들일 가능성까지 내다보고 있다.16)

실제로 의의 선생이 자기 자신에 대해 어떤 의식을 가지고 있는지, 그가 당면하고 있는 현재를 어떻게 이해하고 있는지는 그가 작성한 찬양시들17)을 통해 살펴볼 수 있다.

의의 선생과 그의 동지들이 처한 현재의 특징은 고난과 역경이라고 할 수 있다.

1QH II, 20-30에 의하면 그의 현재는 폭행하는 자들, 힘센 자들이 선생의 생명을 위협하는 때이다. 그런 현실에서도 의의 선생은 생명 주신 하나님을 찬양한다. 하나님과의 언약에 의지하고 (II, 21과 28) 사악한 자들을 심판하실 것(II, 24)을 희망하면서 위협적인 현실을 극복하고자 노력한다.18) 1QH III, 19-3619)에 의하면 그들의 현재는 구원의 때가 아니라 사악한 사람들이 여전히 득세하고 있는 답답하고 불행한 현실이다. 인간은 죄의 세력에 빠져 있다(1QH III 24-25). 종말심판이 멀지 않다(1QH III 26-36). 세계의 멸망이 눈앞에 다가와 있는 현실에서, 악한들과 함께 어쩌지 못하고 있는 상황에서 의의 선생은 절망하지 않고 하나님을 찬양한다. 그 이유는 다가온 종말심판 앞에서 그와 그가 인도하는 공동체에게 주어지는 구원의 희망을

---

16) E. Puech, "Le Grand pretre Simon(III) fils d'Onias III, Le Maitre de Justice?", A. Steudel · B.Kollmann(eds.), *Antikes Judentum und Fruehes Christentum*, FS für H. Stegemann, zum 65. Geburtstag (Berlin: Walter de Gruyter, 1999), 137-158.

17) 1QH II-XI의 대부분의 찬양시들은 의의 선생이 쓴 작품으로 이해되고 있다. H. Stegemann, op.cit., 151-152 참조.

18) 김판임, "고난의 현재에 임하는 두 영적 지도자: 의의 선생과 바울 비교 (1QH II, 20-30와 고후 6:1-10을 중심으로)", 『신약논단』 9/2 (2002), 479-511.

19) 이 찬양시의 내용과 특징에 관해 김판임, "고난 중에 가지는 구원의 확신과 희망(1QH III, 19-36을 중심으로)", 『말씀과 교회』 18 (1998), 113-131.

바라보기 때문이다(20-21).

1QH VII, 7에 의하면 그의 현재는 사악한 전쟁의 와중에 있다. 그러나 그러한 현실에서도 그는 흔들리지 않고 하나님을 찬양한다. 왜냐하면 그는 성령을 받았기 때문이다(1QH VII, 6).[20] 성령을 받은 그의 능력은 그가 언약에 의지하고, 그의 공동체를 지도할 수 있는 기회와 능력을 부여받은 것으로 표현된다(1QH VII, 8-10). 유대 문화에서 대제사장이나 왕은 기름부음을 받는다. 사정이 여의치 않아 기름부음을 받지 못했을 경우는 성령을 받았다고 표현하는 경우도 있다(슥 4:6).

대제사장은 하나님의 뜻이 기록된 율법에 대해 절대적인 권위를 가지고 이에 대해 가르칠 수 있는 권위를 가진다. 그가 대제사장직을 빼앗기고 끊임없는 생명의 위협을 당하고 있는 전쟁과 같은 현재의 극한 상황에서도 흔들리지 않고 미래 이루실 하나님의 구원을 희망하고 하나님을 기쁨으로 찬양할 수 있는 것은 그가 가졌던 합법적인 대제사장직에 대한 확신이 있었기 때문인 것으로 사료된다.

2. 세례요한

1) 세례요한의 활동지역

세례요한이 에세네파-쿰란공동체에 소속 멤버였을 가능성은 "아기는 자라서 심령이 굳세어졌다. 그는 이스라엘 백성 앞에 나타나는 날까지 광야에 살았다"는 누가복음의 보도(1:80)에 의해 제기되었다. 베츠는 에세네파 사람들이 "다른 사람들의 자녀를 받아 자신들의 자녀처럼 돌보고 그들 삶의 방식에 따라 성장시켰다"는 요세푸스의 보고(BJ II, 120)에 근거를 두고 요한이 광야에서 외치는 소리가

---

[20] 김판임, 앞의 논문 (1998), 127-128.

될 때까지 쿰란에서 자란 것 같다고 추정한다.[21] 이러한 추정은 베츠가 처음 한 것이 아니라 이미 1956년에 가이서가 했던 것이다. 가이서는 세례요한의 부모가 늦은 나이에 요한을 낳았기 때문에 일찍 죽었고, 그래서 쿰란 공동체 사람들에 의해 입양되고 양육되었다고 말한다.[22] 재미있는 소설감이긴 하다. 그러나 역사적 증거를 얻을 수가 없다.

누가복음의 보도는 요한이 태어나자마자 요한의 아버지인 사가랴가 그의 인생의 의미를 부여하는 찬양을 드린 후에 곧바로 나오는 것이어서 갓난아이를 광야에 내버려 두는 것은 현실적으로 불가능한 것으로 보인다. 이 문제와 관련해서 쉬테게만은 눅 1:80은 역사성이 전혀 없는 순전히 누가의 첨가로 보고 있다. 1장의 세례요한의 탄생이야기와 2장의 예수의 탄생이야기를 병행하는데, 가브리엘 천사를 통한 탄생 예언, 탄생 후 아이의 인물됨에 대한 예언은 대칭을 이루고 있다. 그러나 예수의 어린 시절 이야기로 오직 12살 때 성전에 있었다는 에피소드를 얻은 데 반해 세례요한의 어린 시절 이야기는 이에 상응하는 것이 없기 때문에 전체적인 구상을 맞추기 위해 누가가 한 마디 첨가했다는 것이다.[23]

---

21) O. Betz, op.cit., 209.
22) A.S. Geyser, op.cit., 70 이하; W. Grundmann, *Das Evangelium nach Lukas*, ThHNT III (Berlin: Walter de Gruyter, 1974(7)), 74; 또한 J.A. Fitzmyer, *The Gospel according to Luke I-IX* (Garden City: Doubleday, 1981), 388-389. 피츠마이어는 이 구절에 근거하여 요한이 쿰란 공동체에서 에세네파의 교육을 받으면서 성장했다는 가설을 내세운다. 그리고 가톨릭에서 나오는 많은 문헌들에서 이러한 가설이 무비판적으로 사용되고 있다. 가령, 2004년에 번역된 안셀름 그륀 신부의 신동환 역, 『50가지 예수 모습』(왜관: 분도출판사, 2004), 16에서도 무비판적으로 세례 요한이 원래 에세네파였다고 말한다.
23) H. Stegemann, op.cit., 310-311. 80절이 누가의 작품이라는 것에 대해 설득력 있게 제시한 것으로는 J. Jeremias, *Die Sprache des Lukasevangeliums*, KEK Sonderband (Göttingen: Vandenhoeck und Ruprecht, 1980), 76-77 참조.

복음서 전승에 의하면 세례요한이 "광야에서" 죄 사함을 받게 하는 회개의 세례를 전파하였다. 그리고 그의 메시지를 들은 사람들이 "요단강에서" 세례를 받았다(막 1:4-5; 마 3:1-6). 이에 의하면 요한은 아무도 없는 광야에서 선포하였고, 세례는 요단강으로 나가서 베풀었다고 생각할 수 있다. 즉 그의 주요 활동지역은 광야와 요단강가라고 할 수 있다.

왜 요한은 범국민적 회개운동 지역을 광야로 택한 것일까? 광야는 사람이 살지 않는 곳인데, 그런 곳에서 회개를 촉구하는 메시지를 전한들, 누가 듣고 그에게 나아갈 수 있는가? 아니면 에세네파의 의의 선생과 유사하게 정치적인 이유에서, 즉 헤롯 안티파스의 잘못을 지적하는 바람에 생명의 위협을 느끼게 되어 광야로 피신해야 했는가? 세례요한이 진정 이스라엘 백성들로 하여금, 더 많은 수가 회개하여 종말심판에서 구원받기를 원한다면, 광야가 아니라 예루살렘이나 성전과 같이 사람들이 밀집한 곳, 그래서 많은 사람들에게 수 일 간에 영향력을 미칠 수 있는 곳을 선택하는 것이 옳지 않을까? 누가도 이와 유사한 문제의식을 가졌던 것 같다. 누가에 의하면 세례요한이 마태와 마가복음과는 달리 요단강 주변에 와서 회개의 세례를 전파한다(눅 3:3).

그런데 세례 장소로 요단강도 쉽게 받아들이기 어렵다. 여름 건기면 물도 거의 말라버리고 공기도 통하지 않아 숨이 막히는 요단강보다는 일 년 내내 물이 풍부한 게네사렛 호수가나 아니면 예루살렘이나 여리고 같은 도시의 개인 목욕탕이나 공공목욕탕에서 세례를 주는 것이 더 합리적이지 않을까? 왜 하필 요단강인가?

세례요한의 활동지역으로 광야와 요단강이 언급되는 것은 두 지역이 모두 신학적 의미를 가지고 있기 때문이라는 것이 이미 많은 연구가들에 의해 밝혀졌다.[24] 광야는 막 1:3에 나오는 구약 인용과

---

24) 가령, J. Ernst, *Johannes des Täufer. Interpretation-Geschichte- Wirkungsgeschichte*,

연결시키기 위해 나왔고, 내용적으로 세례요한의 활동과 관련하여 그의 활동이 구원의 시대를 준비하는 광야 시대임을 표현하고자 하는 의도가 있다는 것이다. 쉬테게만에 의하면 요한이 세례 장소로 요단강 동쪽을 선택했다고 보고 있다. 그 이유로는 성서적 전통을 든다. 즉 과거 이집트에서 나와서 약속된 땅(팔레스타인)으로 들어가기 전 "광야에" 있던 이스라엘의 존재와 세례요한의 등장을 유비시키고 있다는 것이다. 즉 광야는 요한의 실제 활동지역이라기 보다는 그가 광야세대에 속한다는 것을 표현하는 상징적 의미를 지니고 있으며, 이스라엘 백성에게 그들이 미래 구원 시대 앞에 있음을 상징적이고 예언자적인 표징 행위로써 보여주고자 했다는 것이다.25)

2) 이사야 40:3의 인용과 의미(막 1:2-3)

막 1:2에 "선지자 이사야의 글에 기록된 바와 같이(καθὼς γέγραπται)라는 표현과 함께 성서가 인용되고 있다. 그러나 인용문은 이사야에서만 나온 것이 아니다. 처음 문장 "보라 내가 내 사자를 네 앞에 보내노니 그가 네 길을 예비하리라"는 말 3:1에서 나온 것이다. 말 3:1의 구약본문은 다음과 같다: "내가 내 사자를 보내리니 그가 내 앞에서 길을 준비할 것이다". 구약본문에서 말씀하시는 분은 하나님이시고, 보내시는 이도 하나님이시다. 보내는 사자는 "언약의 사자"로 언급되고 있으며(말 3:2), 4:5-6에서 그 언약의 사자가 "엘리야"임을 밝힌다. 그 날, 여호와의 날은 하나님 자신이 심판하러 임하실 것인데(말 3:5), 그 앞에 엘리야가 와서 길을 예비할 것이다.

그 다음 문장이 바로 이사야 인용문이다. 쿰란 문서 저자들이 성서인용을 할 때 히브리어 본문을 사용한 반면, 신약성서의 저자들은 구약성서를 인용할 때 거의 70인역(그리스어 번역) 성서를 사용한

BZNW 53 (Berlin: Walter de Gruyter, 1989).
25) H. Stegemann, op.cit., 294-298.

것으로 추정된다. 마가본문도 같은 경우라고 할 수 있다. 구약본문과 비교하면 다음과 같다.

LXX(사 40:3)	막 1:3
φωνὴ βοῶντος ἐν τῇ ἐρήμῳ	φωνὴ βοῶντος ἐν τῇ ἐρήμῳ
ἑτοιμάσατε τὴν ὁδὸν κυρίου,	ἑτοιμάσατε τὴν ὁδὸν κυρίου,
εὐθείας ποιεῖτε τὰς τρίβους	εὐθείας ποιεῖτε τὰς τρίβους
τοῦ θεοῦ ἡμῶν	αὐτοῦ

먼저 히브리어 본문과 70인역(LXX) 본문을 비교해 보면,

1) "야훼의 길(דרך יהוה)"이 "주님의 길(τὴν ὁδὸν κυρίου)"로 번역되었다는 사실이다. 이것은 당시 유대인들이 야훼라고 표기하고 읽을 때는 아도나이(주님)이라고 읽는 관행으로 볼 때 이해할 수 있는 일이다.

2) "우리 하나님의 대로(מסלה לאלהינו)"가 그대로 그리스어 τὰς τρίβους τοῦ θεοῦ ἡμῶν로 번역되었다.

이사야 40장 3절의 70인역 본문과 신약성서에 인용된 문장을 비교해 보면,

1) 70인역 본문에서는 "광야"가 야훼(주님)의 길을 예비할 장소로 쓰인 반면, 인용문의 경우는 외치는 자가 위치한 장소로 쓰이고 있다.

2) 70인역 본문에서 야훼를 주님으로 번역한 것을 인용문에서 그대로 사용하고 있다.

3) "우리 하나님의 대로" 대신에 "그의"라고 3인칭 대명사의 속격형을 사용하여, 앞에 있는 주님(κυρίος)를 받는 것으로 사용하고 있다.

마가본문의 구약 인용과 관련하여 몇 가지 질문을 해야만 하겠다.

1) 막 1:2의 인용문이 이사야 인용만이 아닌데 왜 저자는 "예언자 이사야의 글에 기록하기를"이라고 했을까? 이러한 질문은 현대 비평에 익숙한 현대학자들만 제기한 질문은 아닌 것 같다. 왜냐하면 이러한 사실을 의식이나 한 듯, 마태는 이 인용문에서 말라기 인용을 삭제하고, 누가도 삭제했다. 그리고 누가는 말라기 인용을 삭제하고 난 후 인용문이 짧아진 사실이 애석했는지, 사 40:4-6의 인용을 독자적으로 첨가하고 있다.

구약성서에는 여러 예언서들이 있지만 이사야서는 종말 기대와 관련해서 많은 유대인들이 애용하는 예언서였으리라고 볼 수 있다. 실제로 쿰란 동굴에서 발견된 수많은 구약사본 중에 이사야 사본의 수가 그 무엇보다도 많고,26) 또한 쿰란 공동체 멤버들이 직접 행한 예언서 주석들 중에서 이사야 예언서의 주석이 많다는 사실을 주목할 필요가 있다. 두 본문에서 인용되었지만, 이사야서가 말라기보다는 대표성을 띈다고 할 수 있다.

2) 마가복음에 나온 이 인용문은 요한에 대한 역사적인 평가를 내리는 역할을 하는 것이라고 볼 수 있다. 즉 그의 인물됨과 활동에 대한 역사적 평가문인 것이다. 이러한 평가가 세례요한 자신이나 그의 측근에 의해서 이루어 진 것을 마가가 자료로 얻어 사용한 것인지, 아니면 애당초 그리스도교 공동체에서 처음으로 만든 것인지 질문을 던져야 한다. 이 질문에 답변이 될 때 쿰란 공동체와 세례요한의 관계에 관한 우리의 테마에도 어느 정도 접근할 수 있기 때문이다.

먼저 이 인용문이 그리스도교 공동체에서 세례요한에 대한 역사

---

26) 반더캄이 정리한 바에 의하면, 쿰란에서 발견된 구약성서 사본들 200여 개 가운데 가장 사본수가 많은 책은 시편(36개 사본), 그 다음은 신명기(29개 사본), 그리고 세 번째로 많은 책이 이사야(21개 사본)이다. J. C. VanderKam, op.cit., 30 이하. 반더캄의 도표는 김창선, op.cit., 27; 천사무엘, 『사해사본과 쿰란 공동체』(서울: 대한기독교서회, 2004), 27 참조.

적 평가를 위해 가져온 것이라고 가정한다면, 이 본문은 그 동안 이해해 온 바와 같이 세례요한은 예수(주님)을 위해, 그 분의 길을 준비하기 위해 사람들에게 세례를 주면서 회개할 것을 선포하였다고 이해할 수 있을 것이다. 기독교 공동체는 실제로 세례요한을 예수보다 낮은 자라는 것을 입증해야 할 역사적 과제를 안고 있었다. 왜냐하면 세례요한의 영향력이 유대인들 사이에 매우 컸고 그들의 주님이신 예수님도 요한이 베푸는 세례를 받았기 때문이다. 그러나 이 인용문에서 주님이 예수를 가리킨다고 보기 어려운 것은 "주" 칭호가 마가복음에서 예수에게 붙여진 경우가 매우 적기 때문이다.

그러나 이 인용문이 그리스도교인의 손에 들어오기 전에 이미 세례요한의 인물됨과 활동에 대한 역사적 의의를 제시하기 위해 이루어진 인용문이라고 가정한다면, 그리스도교인들이 손대기 전의 인용문을 복원할 수 있을 것이고, 그럴 때 세례요한에 대한 구약인용문의 의미를 새롭게 조명해 볼 수 있을 것이다.

첫째, 말라기 인용문에서 "내가 내 심부름꾼을 보낸다"에서 "네 앞에"는 그리스도교인(마가)의 수정이다. 구약본문에서는 심부름꾼을 하나님이 보내시고, 그 목적은 "네 앞에" 길을 예비시키기 위함이다. 즉 하나님의 길을 예비하는 것이지, 예수의 길을 예비하는 것을 의미하지는 않았던 문장이다. 이 문장을 인용하면서, "네 앞에"라고 수정한 것은 요한 자신이나, 그의 측근들이 했을 리는 없고, 세례요한이 예수 보다 먼저 와서 예수의 길을 예비한다고 말하려는 그리스도인들의 첨가문이라고 지적할 수 있다.

둘째, 말라기와 이사야 인용문이 원래 세례요한 자신이나 그의 측근에서 형성된 것이라고 본다면, 다음과 같이 재구성될 수 있을 것이다. 말라기 인용문에서 "네 앞에" "네 길"이라고 수정할 이유가 없을 것이다. 세례요한은 엘리야라는 자의식을 가지고 하나님의 앞길, 즉 종말심판자가 직접 심판을 행하시기 전에 와서 그 일이 잘 이루어지도록 예비하는 역할을 한다. 그리고 이사야 본문에서 "야훼" 대신에 "주님"으로, 그 다음 구절에 나오는 "하나님의 대로"를 마가본문처럼 "그의 대로"라고 변용했을 수도 있다. 왜냐하면 어법상으론 전혀 잘못된 것은 아니기 때문이다. 그러나 유대인에게 있어서 주님이란 표현은 하나님을 의미하기 때문에 사 40:3은 세례요한의 입장에서 보면, 에세네파와 마찬가지로 "하나님의 길"을 준비하는 것으로 이해되었을 것이 분명하다. 유대전통에서 엘리야가 하나님보다 먼저 와서 종말 심판의 예비역할을 하리라는 기대는 있었다.

만일 이 인용문이 그리스도교 공동체에서 비로소 이루어진 것이라면, 세례요한과 예수의 관계를 설정하려는 목적으로 이루어졌고, 그 의도는 구약본문을 수정함으로써 이루고 있다. 반면, 이 인용문이 세례요한 자신이나 그의 측근에 의해 이루어진 것이라면, 이 인용문은 하나님의 종말심판 전에 와서 하나님의 길을 준비하는 엘리야의 역할을 하는 것으로 세례요한의 역사적 의의, 즉 그의 활동에 관한 소명감 같은 것을 내용으로 하는 것이라고 볼 수 있다. 그렇게 본다면, 혹시 세례요한이 에세네파 공동체의 한 사람이었다가 탈퇴해서 하나님의 길을 예비하는 것이 에세네파처럼 토라를 연구하는 것이 아니라 세례라는 새로운 방향을 제시한 것이라고 볼 수 있을 가능성이 열린다. 아니면, 사 40:3은 에세네파만이 아니라 당시 유대인들 사이에서 현재를 "준비하는 시간"으로 보는 많은 사람들에게 애용되는 구절이었다고 볼 수도 있다. 그렇다면 에세네파와 세례요한의 관계는 전혀 없었을 가능성도 배제할 수 없다.

3) 세례요한의 세례

이름 요한에 "세례자"라는 명칭이 붙어 다닐 만큼 요한의 세례활동은 유대 역사에서 기록될 만한 의미 있는 사건이었다. 유대고대사를 쓴 유대사가 요세푸스도 세례자 요한의 활동에 대해 쓰고, 그를 사형에 처한 헤롯 안티파스의 결정이 하나님의 노여움을 샀다고 평가할 정도로 세례요한에 대해 호의적인 기술을 하고 있다 (Ant XVIII, 116-119).

"하나님의 아들 예수 그리스도의 복음"을 전하려는 마가의 경우도, 예수의 이야기를 시작하기도 전에 여러 구절을 할애해서 세례요한에 관해 서술하고 있다. 막 1: 4-5은 세례요한의 활동 내용과 이스라엘 백성에게 미친 영향에 대한 요약이다: "세례 요한이 광야에 이르러 죄사함을 받게 하는 회개의 세례를 전파하니 온 유대지방과 예루살렘 사람이 다 나아가, 자기 죄를 자복하고 요단강에서 그에게 세례를 받더라".

세례요한은 이스라엘 백성들에게 실제로 무엇을 선포했는가? 그가 선포한 "죄사함을 위한 회개의 세례"(막 1:4)란 무엇을 의미하는가? 세례요한은 사람들에게 세례를 주면서 죄를 용서했는가?

세례요한의 메시지를 재구성하기 위해 다음과 같은 개념들에 대한 기본적인 이해가 요구된다.

1) 회개(μετάνοια)는 "돌아섬"을 의미한다. 생각, 가치관, 삶의 태도 등의 방향전환을 의미한다. '이래서는 안 된다. 돌아서야 한다. 지금 우리들은 아무도 하나님 뜻대로 사는 사람이 없다. 모두 돌아서라.' 이러한 회개의 외침은 유대 역사에서 종종 있었다. 이스라엘 백성들이 하나님의 뜻에서 멀어질 때 하나님이 그의 말을 대언할 예언자들을 불러 세우시고 이스라엘 백성들을 돌이키시고자 하였다. 세례 요한 당시 이미 유대인들은 수백 년 동안 예언자의 음성을 듣지 못하였다.

2) 죄의 용서(ἄφεσις ἁμαρτιῶν): 사람의 죄는 사람이 용서할 수 없다. 이것은 하나님만 하실 수 있는 일이다(막 2:7 참조).[27] 세례요

---

[27] 구약성서의 이해에 의하면 하나님은 사람들의 죄를 현재와 종말에 용서하신다(출 34:7; 사 43:25; 44:22; 55:7; 시 103; 130:4). 유대교에서 혹시 구약성서

한이 세례를 주면서 "네 죄가 사하여졌다"고 선언할 수는 없었을 것이다. 후기 유대문헌에 의하면 "마지막 때 하나님은 세상의 모든 악과 죄를 섬멸하시리라, 그 때 용서받고 살아남은 자들에겐 구원의 은사가 기다리고 있다"는 종말 기대가 만연되어 있다.[28]

그러므로 "죄를 용서받게 하는 회개"란 다음과 같이 이해할 수 있을 것이다: "종말심판의 때가 다가왔습니다. 누구든지 죄 사함(구원)을 얻기 원하거든 회개하시오. 지금처럼 살아서는 구원받을 수 없습니다. 돌아서야 합니다."

죄사함을 받게 하기 위한 회개의 세례를 선포하는 세례요한의 이러한 운동은 세례 요한파를 형성하기 위한 것이 아니라 범민족적으로 행해졌던 것으로 보인다. 세례요한은 이스라엘의 예언자이다. 복음서 전승에 의하면 이스라엘의 모든 사람들이 요한을 참예언자로 여겼고(막 11:32), 예수도 그를 예언자로 보고 있다.(마 11:7-10; 눅 7:24-27). 일반 예언자보다 "더 큰자"라고 평가한 것은 요한의 메시지가 특히 종말 심판과 관련된 것이기 때문일 것이다. 마태와 누가 본문에 전해지는 세례요한의 다음과 같은 표현들도 종말심판을 의미하고 있다: 나무뿌리에 놓인 도끼, 타작마당, 알곡과 죽정이를 가르고 불에 태움(마 3:7-12; 눅 3:7-9, 15-18).

3) 세례(βάπτισμα): 세례요한의 메시지를 보면 예언자임에 틀림이 없음에도 불구하고 그는 예언자 요한이 아니라 "세례자 요한"으로

의 이러한 이해를 넘어 하나님 외에 죄를 사하는 메시야에 대한 이해가 있었는지 여부에 관해서는 이미 성종현 교수의 박사학위논문, J. H. Sung, *Vergebung der Sünden* (Tübingen: J.C.B. Mohr, 1993), 139-146에서 검토되었다. 그는 종말론적 존재 메시야, 인자, 대제사장을 중심으로 살펴본 결과, 유대문헌들에서도 하나님 외에는 어느 누구도 죄를 사할 수 없다는 것을 확실히 하였다. 쿰란 문헌에서도 하나님이 죄용서의 주체로 이해되고 있다 (11QMelch; CD XIV).

28) P. Volz, *Die Eschatologie der jüdischen Gemeinde im neutestamentlichen Zeitalter* (Hildesheim, 1966=Nachdruck der Ausgabe Tübingen, 1934), 385-392.

평가되었다. 왜냐 하면 그의 메시지가 일반 예언자들처럼 "회개하라"는 데 그친 것이 아니라 세례를 첨가함으로서 다른 선지자들과 차별성을 보였기 때문이다. 회개만으로는 안 된다. 회개는 마음과 생각, 생활 실천 모든 영역에서의 전환을 의미한다면, 회개한 표시로 세례를 받으라는 것이다.

종말심판 때에 구원 얻는 방도로서 회개의 세례를 제시한 요한의 활동은 범민족 회개 운동이라고 할 수 있다. 많은 사람들이 그의 선포를 받아들여 세례를 받기를 원했다. 예수도 그의 세례를 받았다. 지금 한국에서 누군가 이와 유사한 메시지를 외치고 추종자들이 생긴다면 우리는 또 이상한 사이비 종파가 형성되었다고 할 것이다. 그러나 예수 당시 팔레스타인의 분위기는 사뭇 달랐다. 하나님의 종말심판이 다가왔다는 선포는 전하는 사람이나 받아들이는 사람이나 모두에게 진지한 것이었다. 그리고 종말 심판 때에 멸망당하지 않고 죄 사함 받아 구원을 얻으려는 사람들의 갈망도 진지한 것이었다. 세례요한의 메시지는 파급효과가 지대했다. 유대인 모두가 세례를 받기 위해 그에게 나아왔다.

그러나 요한은 세례를 받으러 오는 모든 지원자들에게 세례를 베푸는 것이 아니라, 지원자가 참되게 회개를 했는지 판단하고 그러한 자에 한해서 세례를 주었다(마 3:7-10; 눅 3:7-9). 세례요한의 세례는 사람이 참으로 회개했다는 사실을 확인하고, 마지막 때에 죄를 용서받는, 구원을 위한 보증서라고도 할 수 있다. 그러므로 요한의 세례에서는 세례를 베푸는 사람이 매우 중요하다. 그가 세례 지원자들의 참 회개 여부를 판단하는 능력, 다시 말하면, 종말에 구원받을 수 있을 자를 선별하는 능력을 가지고 있기 때문이다. 이러한 요한의 세례는 이스라엘 역사에서 최초로 등장한다.

흐르는 물에 씻는다는 점에서 세례와 유사한 현상이 쿰란공동체에 나타나고 있지만, 쿰란공동체의 침수예식은 여러 가지 점에서 세례요한의 세례와는 다르다.

4) 세례요한의 자기 이해와 현재 이해 (막 1:6-8/마 3:11/눅 3:16)

세례요한이 과연 무슨 자의식을 가지고 있었기에, 그리고 현재에 대해 무슨 이해를 가지고 있었기에 사람들에게 세례를 베풀며, 종말 심판 때에 구원 얻을 자와 그렇지 못할 자를 구별하는 권세를 발휘할 수 있었을까?

그가 그의 현재를 임박한 종말 심판 앞에 놓여 있다고 이해한 것은 그의 모든 예언들을 통해 알 수 있다. 종말 심판은 도끼가 나무뿌리에 놓인 것처럼 임박해 있다(마 3:10/눅 3:9). 하나님과 언약을 체결한 아브라함의 자손이라는 것도 이제는 더 이상 구원의 보증이 되지 못한다(마 3:9; 눅 3:8). 현재는 임박한 하나님의 심판 앞에 준비해야 하는 시기이다. 요한은 그 준비로 회개를 촉구하고 회개하고 세례 받기를 원하는 자에게 세례를 베풀었다.

세례요한의 메시지를 듣고 많은 유대인들이 그에게 나아와 세례를 받으려 했다는 사실은 임박한 종말에 관한 그의 메시지와 세례행위에 권위가 있었기 때문일 것이다. 그의 권위는 어디서 오는 것일까? 이스라엘 역사에서 이스라엘 백성들을 행한 그의 소명 내지 자의식은 요한의 유별난 의복에서 추정해 볼 수 있다.

약대털을 입고 허리에 가죽 띠를 띤 요한의 의복은 엘리야의 모습과 유사하고(왕하 1:8), 허리의 가죽 띠는 권위를 상징한다. 메뚜기와 석청은 요한의 금식의 모습이 아니라 광야 생활을 가리킨다. 메뚜기는 고급 단백질을, 석청은 야생꿀로서 풍부한 미네랄과 탄수화물을 함유한 고급 음식이라고 할 수 있다. 이 복장과 음식은 광야에서 하나님의 길을 예비하는 엘리야로서의 요한의 자의식을 보여준다.[29]

---

[29] Ph. Vielhauer, "Tracht und Speise Johannes des Taeufer", *Aufsaetze zum Neuen Testament*, (München: Chr. Kaiser Verlag, 1965), 47-54.

복음서 전승에 의하면 예수도 세례요한을 엘리야로 생각하였다: "엘리야가 과연 먼저 와서 모든 것을 회복하였거니와 … 그러나 내가 너희에게 말하노니 엘리야가 왔으되 기록된 바와 같이 사람들이 임의로 대우하였느니라 하시니라"(막 9:12-13). 여호와의 날 그가 임하시기 전에 오리라 하던 엘리야는 바로 이 요한인 것이다.

세례요한의 자기 이해는 그의 예언의 메시지에도 반영되고 있다. 막 1:7-8에 의하면 그의 예언은 임박한 종말심판이 관한 것이다:

1) 세례요한은 "능력이 많으신 이의 도래"에 관해 예언한다. "나보다 능력이 많으신 이"라는 표현은 유대 어법상 하나님을 가리킴에 의심이 없다. 유대인들은 하나님을 부를 때 이름보다는 "크신 분, 위대하신 분, 자비하신 분, 전능하신 분" 등 형용사를 써서 사용하는 경우가 많다.[30]

2) 세례요한은 물로 세례를 주는 반면, "그 (능하신 분)는 성령(과 불)로 너희에게 세례를 주시리라"고 예언한다. 종말 시에 "하나님"이 의인들에게 성령을 부어주시리라는 예언은 이미 예언서 요엘 3장, 에스겔 36:25-29, 이사야 32:15-18에 언급되어 있다. 쿰란 문헌 1QS IV, 18-23[31]에 의하면 하나님이 종말심판을 그의 영으로 수행하신다. 성령 세례가 종말심판을 의미한다는 것을 분명하게 하기 위해 Q자료는 "불"을 첨가한다.

3) 불에 의한 심판의 말은 마 3:10과 12(눅 3:9와 17)에 잘 표현되어

---

30) 가령, 신 10:17; 수 4:24; 렘 39:18 등. Ph. Vielhauer, "Johannes der Taufer", RGG, 805 참조. 그는 "나보다 강한 자"를 하나님에 대한 표현으로 이해하고 이 존재를 "초월적인 심판자"로 명명한다. 그는 다윗 가문의 메시야나 인자일 수는 없다는 것이다.

31) 이에 관해서는 김판임, "쿰란문헌에 나타난 종말심판과 새창조", 『밀레니엄과 신약성서의 종말론』 신약논단 제 5권 (서울: 한들, 1999), 65-80; 김판임, "쿰란 문헌의 성령이해", 『성서와 성령』, 박창건교수 은퇴기념논문집, 조경철 엮음 (서울: 대한기독교서회, 2000), 273-292.

있다. 그 외에 "도끼가 나무뿌리에 놓임", "타작마당", "알곡과 죽정이" 등의 표현에도 종말심판의 임박성도 분명하게 드러난다.

3. 비교

1) 공통점: 임박한 종말 심판 기대

그들의 현재를 세대가 마감하는 때로 이해하고, 종말 심판 앞에서 준비를 해야 할 것을 요청하고 있다는 사실이 쿰란-에세네파와 세례 요한의 공통점이라고 할 수 있다. 현재를 종말심판이 임박한 때로 본다는 사실로써 세례요한이 에세네파 멤버라고 말할 수 있을까? 아니면, 이들이 공유하고 있는 임박한 종말 심판에 대한 이해는 이미 오랫동안 유대인들이 공유하고 있었던 사상은 아니었을까?

사 40:3의 인용과 광야 모티브 또한 두 그룹에서 모두 "준비"라는 의미를 가지고 있는데, 이는 이들이 공통으로 공유하고 있는 성서적 유산이라고 할 수 있다.

2) 차이점:

(1) 종말심판에 대한 준비 방식:

종말심판이 임박하고 준비를 해야 한다는 의식은 쿰란 공동체와 세례 요한이 일치하지만, 그 준비 방식으로 제시된 것은 서로 다르다. 쿰란-에세네파가 성서연구를 제시한 반면, 세례요한은 회개의 세례를 제시한다. 그러므로 이들은 구원제시에 있어서 경쟁 관계라고 할 수 있을 것이다. 유대인들에게 구원은 하나님이 뜻대로 살아야 가능한 것이므로 성서연구는 하나님의 뜻을 실천하기 위한 기본이라고 할 수 있다. 에세네파에서 의미하는 성서연구는 개인이 각자 알아서 하는 것이 아니라 에세네파 공동체에 속하여 함께 하는 것이다. 그러므로 구원을 위해 이들이 제시하는 것은 결국 성서 연구를 하는 에세네파 공동체에 가입하는 것이 구원에로 가는 길이다.

　반면 세례요한은 모든 사람이 하나님의 뜻과는 다르게 살아가기 때문에 심판은 불가피하다고 본 것 같다. 그래서 모든 사람들에게 돌아설 것을 요청하고, 참으로 하나님을 향해 돌아선 사람들에게만 그 징표로 세례를 베풀었다고 볼 수 있다. 세례요한의 범국민 회개 운동이 세례와 함께 공동체를 형성했다는 증거는 없다.

　(2) 침수 목욕과 세례 의식: 흐르는 물에 씻는다는 점에서 공통점을 보이는 쿰란-에세네파의 침수목욕과 세례 요한의 세례도 신학적으로 실천적으로 많은 차이를 보이고 있다. 쉬테게만은 이 둘의 차이점을 다음과 같이 정리하고 있다.[32]

　① 세례요한의 세례는 다른 사람에게 세례를 준다는 의식이 큰 의미를 가지고 있다. 그리고 세례 주는 자가 필수적인 구성요소이다. 그리고 물에서 나올 때 세례식을 거행한다. 반면, 쿰란에서는 각자가 씻고 나오는 행위이다. 세례 주는 자가 따로 필요한 것이 아니다.

　② 세례요한의 세례는 성례전적인 의미를 가진다. 즉 요한은 임박한 종말 심판 때에 멸망에서 보호하고 미래 구원 시대로 들어갈 수 있게 한다. 반면 쿰란의 침수목욕은 성례전적인 것이 아니라 전적으로 제의적인 정결예식이라고 할 수 있다.

　③ 요한은 특정한 장소 요르단강가에서 세례를 준 반면, 에세네파는 쿰란과 그외 그들이 거주하고 있는 모든 장소에서 침수목욕을 행했다.

　④ 세례요한의 세례는 일생에 한 번 받는다. 반면 쿰란 에세네파의 침수목욕은 공동식사 전에 행하는 정결예식으로서 하루에도 두 번씩 행해졌다.

　⑤ 요한의 세례는 장래 종말심판에서 죄 사함을 보증한다. 반면 쿰란-에세네파의 침수목욕에는 종말 심판 사상이나 죄용서 중개는

---

32) H. Stegemann, op.cit., 306-307.

어떤 방식으로도 연관성이 없다.

⑥ 요한의 세례는 회개의 수행을 입증한다. 물론 에세네파에도 회개는 토라에 대한 철저한 순종을 의미한다. 그런데 그것은 디아스포라에서 귀화하거나 그 공동체에 가입함으로써 구체화된다.

⑦ 에세네파는 침수목욕에 참여하기 위해서는 일 년의 대기기간이 지난 후에야 비로소 가능하다. 반면 요한의 세례는 그런 조직적인 대기기간이 없다.

⑧ 에세네파는 정회원들만 침수목욕에 허용된 반면, 세례요한의 경우는 그에게 오는 모든 사람들을 그 이전에 어느 단체에 소속되었느냐에 상관없이 세례를 주었고, 또 세례 준 후에 자신의 조직에 편입시키지도 않았다.

(3) 의의 선생과 세례요한

이미 기존의 연구들은 의의 선생과 세례요한이 동일인물이 될 수 없음을 입증해 냈다. 기원전159-152년 예루살렘의 대제사장직을 수행했던 사람이 마카비가문의 요나단에게 대제사장직을 빼앗기고, 예루살렘을 떠나 은신하기 위해 시리아지방으로 갔을 때 그곳에 이미 조직되어 있던 경건한 사람들과 생사를 함께 하며 하나님의 뜻을 성서연구를 통해 추구한다. 전직 대제사장이라는 절대적인 권위와 함께 올바른 성서해석을 제공함으로써 공동체 사람들을 통솔하며, 한편 불법적으로 대제사장직을 탈취한 요나단의 위협 속에서 은신을 해야 했을 것으로 짐작된다. 그가 살아 있는 동안, 그리고 기원전 100년 경 그가 죽은 후에도 이 쿰란-에세네파 사람들은 하나님이 인간 세상에 개입하시기 전에 도래할 종말론적인 메시야를 기다리고 있었다.

세례요한은 의의 선생이 죽은 후 1세기가 지난 후에 탄생한 것으로 볼 수 있다. 누가가 입수한 자료에 의하면 세례요한의 부모가 모두 제사장 가문으로 알려져 있지만, 대제사장은 아니었다. 그리고 메시야를 기다리기보다는 스스로 임박한 하나님의 종말심판을 준비하는 엘리야라는 의식을 가지고 활동한 것 같다. 엘리야는 하나님의 날에 그 앞에 와서 하나님의 일을 준비하는 자이다. 매우 임박한 종말심판을 전하고, 심판 때에 구원받기 위한 준비를 백성들에게 시키기 위해 활동하는 종말론적 예언자라고 할 수 있다.

    세례 요한은 당시 이스라엘인들에게서 상당한 권위를 인정받았다. 그가 가졌던 권위는 종말심판이 다가왔다는 예언 자체에서, 그리고 백성들이 구원받기를 바라는 마음으로 구원의 방도를 제시하는 데에서 드러나고 있는 백성들에 대한 배려, 그리고 이전에 없었던 새로운 방도 제시, 즉 회개만 아니라 세례에서, 끝으로 참으로 회개를 했느냐 거짓으로 했느냐를 분별하는 능력에서 왔으리라 짐작할 수 있다.

제9장 쿰란공동체와 예수

1. 들어가는 말

예수와 쿰란공동체가 역사적으로 신학적으로 어떠한 관계에 있는지 밝히려고 하는 것이 본 연구의 과제이다. 다빈치코드의 열풍과 유다복음의 발견으로 역사적 예수에 관해 많은 의혹이 일고 있는 현 시점에서 예수에 관해 올바른 지식이 요청될 뿐만 아니라, 이 주제는 1947-1956년 사해 주변 쿰란 동굴에서 고문서들이 발견된 직후 1950-1960년대에 역사와 신학계에서도 많은 관심을 보였으며,[1] 한동안 잠잠했지만 1980년대 중반부터 다시 활발해지기 시작한 흥미로운 주제이기 때문이다.[2]

---

[1] 가령, G. Jeremias, *Der Lehrer der Gerechtigkeit* (Göttingen: Vandenhoeck und Ruprecht, 1963); J. Becker, *Das Heil Gottes* (Göttingen: Vandenhoeck und Ruprecht, 1964); H.-W. Kuhn, *Enderwartung und gegenwaertiges Heil: Untersuchungen zu den Gemeindeliedern von Qumran mit einem Anhang über Eschatologie und Gegenwart in der Verkündigung Jesu* (Göttingen: Vandenhoeck und Ruprecht, 1966); W.H. Brownlee, "Jesus and Qumran", L.F.T. Trotter(ed.), *Jesus and the Historian: Written in Honor of Ernest Cadman Colwell* (Philadelphia: Westminster, 1968), 52-81; F.F. Bruce, "Jesus and the Gospels in the Light of the Scrolls", M. Black(ed.), *The Scrolls and Christianity,* SPCKTC 11 (London: SPCK, 1969), 70-82.

[2] H. Stegemann, "Some Aspects of Eschatology in Texts from the Qumran Community and in the Teaching of Jesus", J. Amitai(ed.), *Biblical Archaeology Today: Proceedings of the International Congress on Biblical Archaeology,* (Jerusalem: Magnes, 1985), 408-426; J.H. Charlsworth, "Jesus and the Dead Sea Scrolls", J.H. Charlsworth(ed.), *Jesus within Judaism,* ABRL 4 (New York:

90년대에 예수 혹은 기독교와 관련해서 쿰란문서에 대한 연구가 활발해진 이유로는 두 가지 차원에서 생각해 볼 수 있다. 첫째는 학문적인 면에서의 업적을 들 수 있다. 그 동안 수 년 동안 베일에 가려 있는 쿰란 테스트가 사진 형태로 공개되었으며,3) 쿰란 텍스트의 공식 출판을 담당해 왔던 옥스퍼드대학의 DJD(Discoveries in the Judean Desert) 시리즈가 90년대에 들어와 상당 부분 결과물을 내어 놓았고, 미국 프린스턴 대학의 찰스워즈(J.H. Charlesworth)의 책임 지휘 하에 기획된 사해문헌 프로젝트(Princeton Theological Seminary Dead Sea Project)가 1994년 이래로 여러 권의 책을 출간하였기 때문이다.

둘째, 90년대 초에 비전문가들에 의해 출간된 책들의 영향이기도 하다. 1991년 영국의 저널리스트 베이전트(Michael Baigent)와 레이(Richard Leigh)는 *The Dead Sea Scrolls Deception*이라는 책을 공저했다. 이들은 그 당시 세계적인 베스트셀러였던 "Der Name der Rosa(장미의 이름)"과 유사하게 사람들의 흥미를 불러일으키고자, 저널리스트로서 감추어진 사실을 밝히는 것과 같은 방식으로 "사해문서가 기존의 기독교의 가르침과 신앙의 전체 건축물을 무너뜨리는 종교적 폭탄"이라고 선언하고, 그렇기 때문에 바티칸과 세계 학자들이 이에 대해 연구 결과나 문서에 대해 아무 언급을 하지 않는다고 주장하였다. 이 책은 정작 영국에서는 큰 반응을 일으키지 않았으나,

---

Doubleday, 1988), 54-75; J.H. Charlsworth, *Jesus and the Dead Sea Scrolls* (New York: Doubleday, 1992); C.A. Evans, "Jesus and the Dead Sea Scrolls", C.A. Evans・P.W. Flint(ed.), *Eschatolgy, Mesianism, and the Dead Sea Scrolls*, SDSRL 1 (Grand Rapids: Eerdmans, 1997) 91-100; C.A. Evans, "Jesus and the Dead Sea Scrolls", P.W. Flint・J.C. VanderKam(ed.), *The Dead Sea Scrolls after Fifty Years Vol. II* (Leiden: Brill, 1999), 573-598.

3) R.H. Eisenman・J.M. Robinson(ed.), *A Facsimilie Edition of the Dead Sea Scrolls, 2 Vols.* (Washington: Biblical Archaeology Society, 1991); E. Tov(ed.), *The Dead Sea Scrolls on Microfiche: A Comprehensive Facsimilie Edition of the Texts from the Judaean Desert* (Leiden: Brill, 1993).

독일어로 번역되면서, 책의 이름을 Schlusssache Jesus. Die Qumranrollen und die Wahrheit über das frühe Christentum(예수는 끝장이다. 쿰란 두루마리와 초기 기독교의 진실)으로 붙임으로써 대중의 호기심을 자극하여 독일어권에서 베스트셀러가 되었다. 전문가들의 연구결과를 전혀 반영하지 않은 흥미위주의 비전문서적임에도 불구하고, 결국 비전문가들에게는 사해문서에 대한 관심을 불러 일으켰고 전문가들에겐 올바른 책을 내야겠다는 동기부여를 제공한 셈이다. 한국어로도 번역되었지만,4) 다행스럽게도 한국에서는 큰 반응을 얻지 못했다.

대중의 흥미를 끌기 위해 저술한 비전문가들 외에 전문가의 글에도 유사한 내용이 있다. 오스트레일리아의 종교학자이자 쿰란문서 연구가인 시어링(B. Thiering)은 Jesus and the Riddle of the Dead Sea Scrolls: Unlocking the Secrets of His Story(1992) 출간하였다.5) 시어링은 쿰란텍스트에서 여러 번 언급된 "의의 선생"이 세례요한이며 그의 적대자로 언급된 사악한 제사장은 예수라고 주장하였다. 아이젠만(R. Eisenmann)과 바이제(M. Wise)는 더 나아가 쿰란공동체의 의의 선생과 사악한 제사장을 신약시대의 인물과 동일시하기도 한다.6) 의의 선생은 예루살렘의 수장이자 예수의 형제 야고보이며, 사악한 제사장은 그의 적대자인 바울이라고 주장하지만 이는 기독교

---

4) M. Baigent · R. Leigh/서울대학교 성서연구모임 역,『예수의 비밀-사해사본에 나타난 기독교의 뿌리』(서울: 세기문화사, 1992). 이 책의 저자가 쿰란문서의 비전문가가 저술한 것과 마찬가지로, 한국어번역도 비전문가들에 의해 이루어졌다. 이러한 사실은 이 분야에 전문적인 지식을 가진 사람의 역할이 얼마나 중요한지 분명히 보여주는 예라고 하겠다.

5) 이 책도 한국어로 번역되었다. 정성호 역,『인간예수. 사해사본에 대한 새로운 해석』(서울: 신천지, 1994).

6) R. Eisemann · M. Wise, The Dead Sea Scrolls Uncovered (Dorset: Element Books, 1992). 독일어번역: Jesus und die Urchristen. Die Qumran-rollen Entschlüsselt (München: Bertelsmann Verlag, 1993).

인의 관심을 끌기 위한 것일 뿐, 쿰란의 역사에 비추어볼 때 억측에 불과할 뿐이다. 예수는 에세네파에 속했으며, 주로 유대 광야에서 생활했다고 주장했다. 더 나아가 시어링은 요즘 다빈치코드에서 말하는 것과 같은 유사한 주장을 했다. 즉 기원후 30년 9월에 막달라 마리아와 혼인했으며, 33년에 시몬 마구스와 젤롯당원 유다와 함께 십자가형에 처했으나 최후의 순간 무의식 상태에서 탈출하는데 성공하여 60년대에 로마로 가서 70세까지 살았다고 주장했다. 이러한 주장은 성서를 기초로 예수에 대한 이해를 가지고 있는 기독교인들에게 충격적인 관심을 불러 일으켰다.

위에 언급한 두 권의 책은 대중을 겨냥해서 흥미 위주로 저술한 것이고, 내용에 있어서 허구이거나 잘못된 가설임이 밝혀졌음에도 불구하고 여기서 언급하는 이유는, 이들의 이러한 저술로 말미암아 대중적 관심을 불러 일으켰고, 쿰란 문헌 전문가들의 올바른 지침서가 있어야겠다는 책임의식과 함께, 쿰란과 사해문서에 관한 많은 저서들이 90년대에 봇물 터지듯 쏟아져 나오게 되었기 때문이다.[7]

많은 기독교인들의 관심을 끌기 위해서 역사적 사실과 무관한 것을 주장한 것이든, 아니면 진정 역사적인 근거가 있는 것이든 쿰란공동체와 예수의 관련은 흥미진진한 주제가 아닐 수 없다. 왜냐하면

---

[7] 90년대에 보여준 쿰란문서에 대한 세계적인 열의를 가리켜 마틴 헹엘은 "새로운 쿰란의 봄(ein neuer Qumransfrühling)" 표현하였다. M. Hengel, "Die Qumranrolle und der Umgang mit der Wahrheit", ThBeitr 23 (1993), 233-237. 가령 수십 년간 쿰란문헌 연구에 혼신을 다해 온 연구가들의 연구 결과들을 종합 정리한 개론서들이 나왔다. H. Stegemann, *Die Essener, Qumran, Johannes der Täufer und Jesus* (Freiburg: Herder, 1993); J.C. VanderKam, *The Dead Sea Scrolls Today* (Grand Rapids: Eerdmans, 1994). 그리고 쿰란문헌들에 대한 신뢰할 만한 번역들이 나왔다: 가령 J. Maier, *Die Qumran-Essener: Die Texte vom Toten Meer*, 3 Vols, UTB 1862, 1863, 1916 (München,: Ernst Reinhardt Verlag, 1995); F. Martinez · E.J.C. Tigchelaar(eds.), *The Dead Sea Scrolls Study Edition* (Leiden: Brill, 1997/8); G. Vermes, *Complete Dead Sea Scrolls in English* (New York: Penguin Press, 1997) 등을 소개할 수 있다.

요세푸스가 그러했던 것처럼 예수도 쿰란 공동체의 생활 규범과 사상, 혹은 성서해석에 관해 들었을 가능성을 배제할 수 없기 때문이다. 예수가 활동하던 당시 에세네파 사람을 만났을 가능성은 충분히 있다고 볼 수 있다. 과연 예수는 쿰란 공동체와 어떤 관계가 있는가?

2. 역사적 관계

1) 쿰란공동체의 리더였던 의의 선생과 예수의 관계

위에 언급한 책들은 내용의 역사적 가치에 관한 한 의미가 없지만, 그들의 엉터리 주장들은 전문가들로 하여금 쿰란공동체와 쿰란문서(사해문서)에 관한 연구결과들을 적극적으로 발표하게끔 해주었다는 점에서 의미가 있다. 의의 선생은 세례요한이고, 의의 선생의 적대자인 거짓제사장이 예수라는 시어링의 주장은 쿰란공동체의 리더였던 의의 선생의 생존기간에 관한 연구결과들을 고려하면 터무니없는 것임이 드러난다.

쿰란공동체라는 표현은 쿰란동굴에서 발견된 문서를 집필하거나 보관했던 집단을 가리킨다. 그리고 이들은 유대교 종파 중 에세네파라는 이론이 가장 유력하다.[8] 에세네파 혹은 쿰란공동체의 성립과

---

[8] 이러한 주장은 쉬테게만에 의해 제시되었고, 오늘날 E. Puech 등 많은 학자들의 공감대를 형성하고 있다. H. Stegemann, "The Qumran Essenes-Local Members of the Main Jewish union in Late Second Temple Times", *The Madrid Qumran Congress,* J.T. Barrera · L.V. Montaner(eds.), 83-166; H. Stegemann, 앞의 책 (1993), 198 이하. J.C. VanderKam, op.cit.(1994), 97; H.J. Farby, "Qumran", *Lexikon für Theologie und Kirche* 8, 1999; H. Lichtenberger, "Qumran", TRE 28 (1997), 65; T.S. Beall, "Essenes", *Encyclopedia of the Dead Sea Scrolls I* (Oxford: Oxford University Press, 2000), 262-269. 이를 지지하는 국내학자로는 김창선,『쿰란문서와 유대교』(서울: 성서학연구소, 2002), 63-90; 그리고 천사무엘,『사해문서와 쿰란공동체』(서울: 대한기독교서회, 2004), 49 이하 참조. 물론 쿰란공동체를 사두개파로 보는 학자도 있다. 가령

멸망은 기원전 168년경부터 기원후 68년 로마의 의한 예루살렘 멸망과 연결된다.

그리고 이 공동체의 지도자인 의의 선생에 관한 가설들 중 쉬테게만의 주장이 가장 많은 학자들의 지지를 받고 있다.9) 그에 의하면 의의 선생은 하스몬가의 요나단이 대제사장직과 왕위를 겸직하기 위해 직위를 박탈했던 대제사장이라는 것이다. 기원전 150년 경 쿰란-에세네 공동체를 만나 리더 역할을 하고, 기원전 110-100년 정도까지 생존했던 인물로 평가되고 있다. 요세푸스는 기원전 159-152년 사이 대제사장직이 공직이었다고 서술했는데, 이는 실제 역사상 불가능한 일이었을 것으로 쉬테게만은 보고 있다. 이는 요세푸스가 사용한 사료인 마카비서가 하스몬왕가의 친정부적인 입장에서 역사를 기록하고 있기 때문에 요나단이 불법적인 방법으로 기존의 대제사장을 몰아내고 스스로 대제사장이 된 부끄러운 역사를 기록하지 않으려는 의도에서 당시 제사장의 이름을 밝히지 않았을 것으로 보고 있다. 그 이후 대제사장은 신변의 보호를 위해 이름을 사용하지 않고 "의"를 가르치는 사람, "의로운 사람"이라는 뜻으로 "의의 선생(모레 하체덱)"이라고 불렀을 것이라는 것이다.10) 즉, 쉬테게만에

R. Schiffman, "The Sadducean Origin of the Dead Sea Scrolls Sect", *Understanding the Dead Sea Scrolls*, 35-49; R. Schiffman, *Reclaiming the Dead Sea Scrolls* (Philadelphia: The Jewish Publication Society, 1994) 쉬프만의 가설은 이미 많은 반격을 받았다.

9) 이에 관해서는 M.A. Knibb, "Teacher of Righteousness", *Encyclopedia of the Dead Sea Scrolls* (Leiden: Brill, 2000), 918-921 참조; E. Puech, "Le grand prêtre Simon(Ⅲ) fils d'Onias Ⅲ, le maître de Justice?", B. Kollmann · W. Reinbold · A. Steudel(eds.), *Antikels Judentum und Frühes Christentum. FS für H. Stegemann zum* 65. Geburtstag; (Berlin: Walter de Gruyter, 1999), 137-158.

10) 의의 선생에 관해서는 H. Stegemann, "The Teacher of Righteousness and Jesus: Two Types of Religious Leadership in Judaism at the time of the Era", Sh. Talmon(ed.), *Jewish Civilization in the Hellenistic-Roman Period* (Sheffield: Sheffield University Press, 1991), 196-213; H. Stegemann, 앞의 책 (1993),

의하면 예수는 의의 선생보다 180년 정도 후에 태어났다. 다시 말하자면 의의 선생이 타계한 후 1세기 이후에 예수가 태어났다고 말할 수 있다.

이와 같이 시간적으로나 사회 신분적으로 볼 때 쿰란공동체의 리더인 의의 선생과 예수는 전혀 역사적 연관성을 찾을 수 없는 별도의 인물임이 분명하다. 그럼에도 불구하고 의의 선생과 예수는 여러 가지 점에서 유사한 면과 동시에 차이점도 보여준다.[11]

의의 선생과 예수는 자신을 권위 있는 종교지도자이며 교사로 이해했다. 의의 선생의 권위는 이스라엘의 유일한 적법한 대제사장이라는 사실에 있다. 그는 하나님의 계시의 비밀이 오직 자신에게만 열려있으며(1QH V, 25), 따라서 자신에게만 유일하게 성서 해석의 전권이 있다고 여기고 주장했다. 이러한 권위 주장은 혼자만의 외침이 아니라 쿰란공동체 멤버들에게 인정을 받았다.

쉬테게만에 의하면 종교적 지도자로서의 의의 선생의 권위는 철저히 대제사장에 대한 전통적인 권위와 맞물려 있다.[12] 의의 선생은 이스라엘의 대제사장으로서 자의식을 근거로 하여 새로운 공동체를 철저히 계급적으로 구성하였다. 제사장 그룹을 제 1순위에 놓았고(그 중 사독가문의 제사장은 그 모든 사람들 우위에 있는 엘리트이다), 그 다음에 레위인들, 그 다음 세 번째가 일반 이스라엘 백성들이다. 이러한 계급 사회에서 대제사상의 권위를 주장하는 의의 선생은 당연히 탁월한 토라 해석자로 간주되고. 공동체 내에서 어느 누구도 그의 권위에 대해 도전하는 사람이 없었을 것으로 예상된다. 하박국 주석서에 의하면 하나님이 의의 선생의 마음에 예언자들이

205-206; 김판임, "두 영적 지도자 의의 선생과 바울 비교(1QH II, 20-30과 고후 6:1-10을 중심으로)",『신약논단』9/2 (2002. 여름), 479-511; 김창선, 앞의 책 (2002), 91-111.

11) 이에 관해 H. Stegemann, op.cit.(1991), 199 이하 참조.

12) 앞의 책 (1991), 201.

말한 모든 것을 해석할 수 있는 통찰력을 주었다고 한다:

"하나님이 그의 마음에 [통찰력]을 넣어주심은, 그의 종들, 즉 예언자들의 모든 말들을 해석할 수 있도록 하기 위함이다. 왜냐하면 하나님은 그들을 통해 장차 그의 백성과 [그의 땅]에 일어날 모든 일에 관해 알려 주셨기 때문이다"(1QpHab II, 8-10).

"달려가면서도 읽을 수 있게 하라.(합2:2) 이 구절의 해석은 의의 선생에 관한 것이다. 하나님이 그에게 그의 종들, 즉 예언자들의 말들의 모든 비밀을 밝히 알려주셨다"(1QpHab VII, 3-5).[13]

의의 선생이 사망한 후에 쿰란공동체 멤버들은 새로운 지도자를 선출하지 않고 지냈다는 사실에 대해 쉬테게만은 의의 선생의 권위가 유일한 것으로 이해했던 때문인 것으로 이해하고 있다. 의의 선생의 권위가 대제사장이라는 점에 기초를 두고 있었다고 감안한다면, 그가 사망한 후에 그의 직위를 계승할 자손이 존재하지 않았다고 볼 수 있을 것이다.

예수도 복음서에서 권위 있는 가르침을 제공하는 자로 평가되었다:

"그들이 가버나움에 들어가니라. 예수께서 곧 안식일에 회당에 들어가 가르치시매 뭇사람이 그의 교훈에 놀라니 이는 그가 가르치시는 것이 권위 있는 자와 같고 서기관들과 같지 아니함일러라(막 1:21-22)…… 다 놀라 서로 물어 이르되 이는 어찜이냐, 권위 있는 새 교훈이로다. 더러운 귀신에게 명한즉 순종하더라"(막 1:27).

그러나 예수 자신은 의의 선생과는 달리 스스로 자신의 권위를 주장하지는 않았던 것으로 보인다. 그의 권위의 근거에 대해서도 쉽게 말하기가 어렵다.[14] 왜냐하면 예수는 의의 선생이나 세례요한과 같

---

13) 위 본문과 번역은 E. Lohse, *Die Text aus Qumran* (Darmstadt: Wissenshaftliche Buchgesellschaft, 1981), 228-231, 234-235 참조.

이 대제사장이나 일반제사장도 아니고15) 종교지도자로 교육받은 것도 아니기 때문이다. 아마도 그의 권위는 집안이나 출신에 있다기 보다는 가르침 자체에 있다고 볼 수 있을 것이다.

의의 선생이 공동체를 매우 조직적으로 구성하기 위해 노력한 반면, 예수는 의의 선생과는 달리 이스라엘 내에 어떤 공동체를 이루려는 의지를 가지지 않았던 것으로 보인다. 오히려 예수는 자기를 따르는 사람들을 돌려보낸다. 예수 추종자들은 대개 예수가 치유하고 귀신들을 쫓아내 준 사람들이다(막 5:18-20; 눅 8:23). 혹은 예수의 가르침이나 행동에 감동을 받은 사람들이기도 하다. 예수는 이들을 곁에 두기 보다는 그들이 삶의 현장에 돌아가 하나님의 이루시는 역사를 말하도록 돌려보낸다. 물론 복음서에 보면, 생업에 종사하고 있는 사람들에게 다가가 "나를 따르라"고 권하기도 한다(막 2:16-18). 그러나 그들을 부름은 조직력 있는 공동체를 구성하기 위함이 아니라 예수가 경험한 하나님나라를 보여주고 가르치기 위함이며, 결국 그들이 경험한 하나님나라를 전하고, 귀신들을 축출하도록 다른 지역에 보낸 것이다(막 6:7-13; 마 10:5-15; 눅 9:1-6 참조).

의의 선생과 공동체 멤버들의 관계가 강한 결속력이 있었던 반면, 예수는 제자에 의해 배신을 당하기도 하였다. 이러한 사실은 어떻게 설명될 수 있을까? 이에 대해 쉬테게만은 의의 선생이 가진 대제사장으로서의 권위가 그들을 하나로 묶었으며, 그의 권위로 모든 회원

---

14) 예수의 카리스마에 관한 연구는 가령, G. Theissen · A. Merz/손성현 역, 『역사적 예수』(서울: 다산글방, 2002), 277-351; G. Vermes/노진준 역, 『유대인 예수의 종교』(서울: 은성, 1995), 61-95 참조.

15) 세례요한과 예수에 관한 최근 연구로는 김판임, "예수와 세례요한", 『말씀과 교회』 39 (2005, 여름), 125-155 참조. 저자는 이 논문에서 예수가 세례요한의 제자였다는 타이센을 비롯한 현대 다수의 학자들이 견해에 대해 비판적인 입장을 취함. G. Theissen · A. Merk, 손성현 역, 앞의 책 (2002), 292-316 비교.

들을 계급에 따라 정해진 자기 위치를 결정해 주었기 때문인 것으로 보고 있다. 박정수는 2002년 한국신약학회 주최 봄 정기 학술발표대회에서 필자가 발표한 "영적 지도자 의의 선생과 바울"이란 논문에 대한 논찬에서 "의의 선생과 공동체 멤버는 공동의 적대자가 있었다"고 지적한 바가 있다.16) 실로 의의 선생과 그의 공동체는 의의 선생이 이스라엘의 유일한 합법적인 대제사장이라는 의견을 지니고 있는 한, 불법적으로 의의 선생의 대제사장직을 탈취하고 대제장직을 수행하고 있는 거짓 대제사장과 적대 관계를 가지고 있었을 것이 분명하다. 그러나 예수에게서는 누구와 적대관계를 맺도록 하는 가르침이 전혀 없다. 예수는 활동 초기에 세례요한의 세례를 받고 시작하였다가 나중에 세례요한에게서 분리되어 독립적인 활동을 하였어도 그와 대립관계를 갖기 보다는 세례요한의 가치를 올바로 평가해 주었다(마 11:7-14 참조). 예수는 일흔 번을 일곱 번이라도 용서하며(마 18:21-22), 원수도 사랑하라(마 5:43-48; 눅 6:27-36)고 가르쳤다.

2) 쿰란공동체와 예수의 관계

예수는 쿰란공동체의 일원이었을까? 요세푸스처럼 가입은 하지 않았어도 이 공동체에 지대한 관심을 가지지는 않았을까? 혹은 가입까지 했던 정회원이었다가 그 공동체에서 탈퇴하여 나름의 공동체를 이루었다는 증거를 찾을 수는 없을까?

일반적으로 알려진 바와 같이 예수가 기원전 4년부터 기원후 30년 경 생존했다고 본다면, 예수가 쿰란-에세네파와 만났을 가능성을 배제할 수 없다. 예수와 쿰란공동체와의 관계를 밝히기 위해서는 많은 사람들이 오해하고 있는 사실에 대해 해명이 필요하다.

---

16) 박정수, "'고난의 현재에 임하는 두 영적 지도자 의의 선생과 사도 바울 비교'에 대한 논평", 『신약논단』 9/2 (2002, 여름), 513-516.

쿰란-에세네파에 관해 만연되어 있는 오해는 이들이 일반적인 시민 사회를 벗어나 수도승처럼 살았다는 것이다. 쉬테게만에 의하면, 에세네파 사람들은 쿰란 지역에만 산 것이 아니라, 예루살렘과 팔레스틴, 그리고 다메섹에까지 여러 지역에 살았다. 그러므로 쿰란공동체라는 표현은 쿰란동굴에서 발견된 문서들을 소장관리하고 있었던 공동체라는 의미이지, 일반 시민 사회와 격리되어 쿰란지역에 (만) 살고 있던 폐쇄적인 공동체라는 의미는 아니다. 문서가 발견되었던 쿰란동굴 주변에 있는 "유적지"는 이들 공동체들의 주거지가 아니라, 문서를 소장, 집필, 관리하던 도서관으로 쉬테게만은 보고 있다.17) 예수가 성장하고 활동하던 갈릴리 지역에도 에세네파 사람들이 있었는지에 대해서는 분명히 알려진 것이 없다. 그러나 시간적 차원에서 볼 때 예수가 그 공동체 멤버를 만났다거나, 혹은 그 그룹에 소속했을 가능성을 배제할 수는 없다. 예수가 생존하던 당시에는 아직 쿰란-에세네파가 존속하고 있던 시기이기 때문이다.

흥미로운 것은 예수의 이야기가 전해지는 공관복음서에 보면 예수의 적대자들로 바리새인과 사두개인이 종종 언급되는 반면 에세네인은 한 번도 언급되지 않는다는 점이다. 혹시 예수와 에세네파는 우호적인 관계가 아니었을까? 예수가 에세네파 사람이었다는 것을 증거할만한 것은 없을까? 쿰란-에세네파 공동체 생활과 일치하는 예수의 삶의 방식이 있는가?

1) 쿰란-에세네파 공동체에는 가입을 위한 엄격한 입회과정과 정회원이 된 이후에는 회원으로서의 엄격한 의무가 있었다.18) 3년간

---

17) H. Stegemann, op.cit.(1993), 53-193 참조. 이 책의 영역본은 이러한 쉬테게만의 의도를 살려 제목을 붙였다: *The Library of Qumran: On the Essenes, Qumran, John the Baptist, and Jesus* (Grand Rapids: Eerdmans, 1998). 쿰란 유적지가 고대 도서관이라는 것은 1961년 Cross 박사의 통찰에 의한 것이다. F. M. Cross, *The Ancient Library of Qumran and Modern Biblical Studies* (New York: Doubleday & Company, 1961)

세 차례의 성경 시험과 생활훈련을 거쳐 정회원으로서의 입회가 허락되면, 재력과 체력과 지적능력을 공유한다. 종말이 가까이 왔음을 인식하고, 마지막 때에 구원을 받기 위해 하나님의 뜻대로 사는 것을 목표로 성서 연구와 공동생활을 실천하기 위해 엄격한 규정이 만들어진 것으로 보인다.

그런데 예수의 활동에서는 이와 유사한 공동체 규정 같은 것을 찾아보기 어렵다. 예수의 제자들이 예수가 인도하는 공동체의 가입을 위해 시험을 치루거나 대기기간을 가지는 식으로 이루어지지는 않았기 때문이다. 제자부름 사화에서 예수가 "나를 따르라"고 말할 때 불가항력적으로 예수를 따르는 방식으로 묘사되고 있다(막 1:16-17 참조). 뿐만 아니라 예수의 공생애에서 예수의 어머니와 동생들이 예수를 찾으러 왔다는 이야기(막 3:31-35)는 예수가 에세네파 사람들처럼 공동생활을 했다고 평가하기 어려운 증거이다.

2) 요세푸스는 에세네파사람들은 흰 옷을 입었다고 표현한다(JW II, 123/1QM VII, 9-10). 예수도 흰옷을 입었는가? 복음서 전체에서 예수의 의복에 관해 특별한 언급은 찾아볼 수 없다. 세례요한의 특별한 패션을 언급하고 있는 복음서에서 예수의 의복에 관해서는 전혀 언급이 없다는 것은 예수의 복장에 대해 특징적인 것이 없었음을 의미할 것이다. 예수가 흰옷을 즐겨 입었을 수도 있다. 왜냐하면, 동서고금을 막론하고 흰옷은 태양빛이 강한 나라에서 많은 사람들이 즐겨 입는 옷이기 때문이다. 흰색은 빛을 반사하는 특징이 있기 때문이다. 그러므로 예수가 흰옷을 입었다 해도, 그것은 더운 지역에서 빛과 열을 피하기 위해 입었던 일반적인 의복이란 의미이지, 예수가 에세네파 멤버였다는 증거는 되지 못한다.

3) 쿰란-에세네파 사람들은 정회원 간에 공동식사를 했다. 예수도

---

18) 이에 관해 김판임, "쿰란공동체와 초기 그리스도교 공동체 비교: 입회과정과 자격조건과 관련하여", 『신약논단』 11/4 (2004, 겨울), 837-870 참조.

사람들과 어울려 먹고 마시기를 즐겨했다는 표현(마 11:19; 눅 7:34)으로 미루어 볼 때 쿰란공동체의 생활과 유사한 점이 있어 보인다. 쿰란-에세네파 사람들의 공동식사는 매일 점심과 저녁 회원들 간에 이루어졌고, 공동식사에는 적어도 10명의 성인 남자로 구성되어야 하며, 그 모임에 반드시 1명의 제사장이 있어야 했다. 식전에 제사장의 기도로 시작하고, 식후에도 제사장의 기도로 마친다는 엄격한 규정(1QS VI, 2-5; 1QSa II, 17-20)[19]이 있었다.

반면 예수의 경우 이러한 규정은 찾아보기 어렵다. 예수가 제자들이나 그 외 다른 사람들과 함께 식사하는 일은 많았다. 예수는 다른 사람들의 식사 초대에 기꺼이 응했으며(눅 10:38-43) 심지어 바리새인의 초대에도 응했다(눅 7:36). 예수는 쿰란공동체 사람들처럼 공동체 멤버들로 한정된 그룹과 공동식사를 한 것이 아니었다. 당시 죄인으로 취급받던 세리와 죄인들과도 함께 식사하셨다(막 2:13-17). 수천 명을 먹인 기적 이야기도 전해지고 있다. 이 모든 이야기들은 예수가 여러 사람들과 기꺼이 함께 식사를 하지만, 쿰란공동체처럼 엄격한 규정에 따라 했다거나, 자기 공동체 멤버들과만 공동식사를 한다거나 하는 면은 없었음을 보여준다.

4) 쿰란-에세네파사람들은 식전에 물에 들어가 씻고 나오는 침수예식을 거행했다. 쿰란공동체의 침수예식이 세례요한의 세례와 유사한 것이 아닌가하여 많은 사람들의 호기심을 자극하였는데, 둘을 비교하면 여러 가지 면에서 차이를 보인다.[20] 세례요한의 세례가 마지막 때에 구원을 얻는 방안으로 세례를 제시하고, 회개함을 확인하고 일생에 한 번 세례 요한이 주는 것이라면, 쿰란공동체는 종말론

---

19) 이에 관해 김판임, "쿰란공동체와 초기 그리스도교 공동체 비교(2): 공동식사를 중심으로",『신약논단』11/1 (2005, 봄), 133-155 참조; 1QS VI, 2-6와 1QSa II, 17-20의 텍스트와 번역은 136-137 참조.

20) H. Stegemann, op.cit.(1993), 306-307 참조; 본서 제 8장 참조.

적 구원과 관련 없이 매번 식사 전에 물에 들어가 씻고 나오는 정결예식을 시행하였던 것이다. 일반적으로 유대인들이 식전에 손을 씻는 정도로 정결례를 시행했다면 쿰란공동체는 더욱 철저한 정결례를 행하였다고 평할 수 있을 것이다.

예수와 그의 제자들이 이와 유사한 일을 했을 가능성에 대해 복음서에는 언급이 없다. 오히려 그들은 목욕은 커녕 손을 씻는 정결례를 잘 지키지 않는다고 비난받았다(막 7:1-6/마 15:1-20). 예수가 세례 요한처럼 타인에게 세례를 주었다는 언급은 복음서 전체에 전혀 찾아볼 수 없다.

5) 독신생활: 예수가 독신으로 살았다는 것에 대해 의구심을 제기하는 많은 작품들이 있다. 최근에는 소설『다빈치코드』에서 그러했고, 카잔차키스의 소설『최후의 유혹』에서도 그러했다. 호주의 시어링은 쿰란문서와 관련시켜서도 예수가 막달라 마리아와 혼인해서 살았다는 이야기를 쓰기도 했다.

이러한 주장들과 달리 신약성서의 복음서 증언에 따르면 예수는 독신으로 살았다. 흥미롭게도 요세푸스와 필로가 에세네파에 관해서 언급할 때, 그들은 아내를 두지 않았다(유대고대사 V, 21), 혹은 여자를 가까이하지 않고 금욕을 미덕으로 여긴다고 증언한다(유대전쟁사 II, 120). 이러한 사실과 예수의 행태가 일치하는 것처럼 보인다.

쿰란 에세네파 사람들의 독신생활에 관해 이의를 제기한 사람은 쉬테게만이다. 그는 창 1:27의 "생육하고 번성하라"는 하나님의 말씀을 지키고자 하는 유대인이라면 혼인을 거부한다는 것은 있을 수 없는 일이라고 전제하면서, 요세푸스는 에세네파에 속한 것이 아니라 외부인으로서 관찰했을 뿐이기 때문에 그러한 진술이 가능했다고 본다. 쉬테게만에 의하면 쿰란문서 어디에도 독신 생활을 강요하는 구절은 하나도 없고, 다만 사람이 일생에 단 한 번만 혼인하는 것을 말하고 있다는 것이다. 일반적으로 유대인들은 이혼 후나 사별 후에 재혼을 하는 반면, 쿰란-에세네파 사람들은 그렇지 않았다. 일생에 오직 한 명의 사람만을 파트너로 하나님이 주셨다고 여겼기 때문에 일생에 단 한 번만 혼인을 해야 하고, 이혼이나 사별 후에 재혼은 불가한 것으로 여겼다.[21] 다른 유대인들과는 달리 혼인 적령도 일반 유대인들보다 늦었기 때문에(20세, 1QSa I, 6-11 참조), 외부인인 요세푸스가 볼 때에는 독신자들의 모임처럼 보였을 가능성이 있었다고 본다.

그러므로 예수가 독신 생활을 한 것은 결코 쿰란-에세네파와는 관련이 없다. 예수가 만일 쿰란 공동체에 가입했다면 20세에는 혼인을 했을 것으로 보이기 때문이다.

3. 신학적 관계

1) 공통점

(1) 성서 중시

예수와 쿰란공동체는 성서를 중시했다는 점에서 일치한다. 쿰란 공동체가 성서를 중시했다는 사실은 다음과 같은 증거들을 통해 의심의 여지가 없다.

첫째, 그들이 수많은 구약성서 사본을 필사, 소장 보관했다는 사실이다.[22]

---

21) 쿰란공동체의 혼인생활에 관하여는 김판임, "쿰란공동체와 초기 그리스도교 공동체 비교(3): 혼인생활을 중심으로", 『신약논단』 12/3 (2005, 가을), 645-671 참조.

22) Vanderkam의 정리에 의하면 쿰란동굴에서 발견된 구약성서 사본의 수는 202개이다. 그중 제일 많이 발견된 것은 시편 36개 사본이다. J.C. Vanderkam, *The Dead Sea Scrolls Today* (Grand Rapids: Eerdmans, 1994), 32.

둘째, 쿰란공동체는 회원들에게 성서 연구를 요구했다는 점이다. 쿰란공동체의 규정집에 제시된 바에 의하면, 가입을 원하는 자는 "온 마음과 온 생명을 다하여 모세의 토라로 돌아가야 한다"(CD XVI, 1-2; 1QS V, 7-9)로 되어 있다. 열 명중 한 명은 반드시 성서연구에 몰두할 것을 요구하고 있다:

"열 명이 있는 곳에는 이웃에 관한 올바른 행동을 위해 율법(토라)를 주야로 쉬지 않고 연구할 사람이 없지 않도록 해야 할 것이다. 공동체에서 회중은 한 해에 삼분의 일의 밤을 깨어 지키며, 책을 읽고 율법을 연구하며 함께 기도할 것이다"(1QS VI, 6).

셋째, 공동체 리더인 의의 선생의 최고 가치는 토라이다. 그래서 그는 자신의 마음에 토라를 묻었다고 표현하고 있다: "나의 마음 가운데 파묻힌 당신의 토라"(1QH IV, 10).

넷째, 페쉐르[23] 및 미드라쉬[24] 등 쿰란 공동체는 자체적으로 성서를 해석하였다는 점이다. 이러한 성서 해석은 쿰란 공동체가 어떻게 성서를 그들의 현재에 적용했는지 알 수 있게 해준다. 쉬테게만은 이 공동체의 입회과정에서도 성서를 시험 과목을 채택했을 것으로 본다.[25]

예수도 그 누구 못지않게 성서를 중시한 것으로 보인다. "율법의

---

[23] 페쉐르(פשר)는 성서 인용 후에 이어지는 표현으로서 "이 말의 뜻은" 이라는 의미로 해석될 수 있다. 페쉐르 주석서로는 이사야 주석(3QIsa, 4QpIsa[a-e]), 호세아주석(4QpHos[a,b]), 미가주석(1QpMic, 4QpMic), 나훔주석(4QpNah), 하박국 주석(1QpHab), 스바냐 주석(1QpZeph, 4QpZeph), 말라기 주석(5QpMal) 등 예언서를 중심으로 했고, 그 외 시편주석이 있다(4QpPs[a,b]).
[24] 미드라쉬란 "해석"이란 뜻이다. 쿰란에서 발견된 것으로는 창세기 미드라쉬, 멜키세덱 미드라쉬, 종말론적 미드라쉬가 있다.
[25] 입회를 위한 시험과목으로 쉬테게만은 신명기, 이사야, 시편이 사용되었을 것으로 보고 있다. H. Stegemann, op.cit.(1993), 211-212, 274-275 참조. 김판임, 앞의 논문 (2004), 837-870 참조.

한 획이 떨어짐보다 천지가 없어짐이 쉬우리라"(마 5:18; 눅 16:17)는 표현으로 토라의 중요성을 강조했고, 중요한 토론이나 주장에서 성서 구절이 인용되기도 한다.26) 가령, 어떤 사람이 영생, 즉 최고의 종교적 가치를 얻는 방법에 대해 물을 때 예수는 성서에 있는 계명을 제시한다(막 10:17-19/마 19:16-19/눅 18:18-20).

이처럼 쿰란공동체와 예수가 공통적으로 성서를 중시하였다는 증거는 어렵지 않게 제시될 수 있다. 그러나 이러한 사실이 예수가 쿰란-에세네파와 관련이 있다고 말할 수는 없다. 왜냐하면 예수 당시 유대인들 모두에게 성서는 그들 삶의 중요한 가치기준이었기 때문이다. 쿰란 에세네파뿐만 아니라 바리새파도 사두개파도 토라를 중요시했다.

(2) 종말론적 사고

예수와 쿰란공동체는 종말론적 사고를 했다는 점에서 공통적이다.27) 쿰란공동체가 종말론적인 사고를 했다는 것은 쿰란에서 발견된 여러 문서들에 의해 강력한 증거들을 찾아볼 수 있다.

첫째, 쿰란공동체가 제작한 것은 아니지만, 종말전쟁을 묘사하는 전쟁 문서(1QM)를 보관하고 관리했다는 점이다. 이 문서에 의하면 하나님의 심판은 빛의 자녀들과 어둠의 자녀들 간의 전쟁이다. 이 전쟁은 40년간 안식년을 제외하고 계속된다. 이 전쟁을 통해 악한 영이 지배하는 시대는 끝이 나고 구원의 시대가 도래한다. 이 책에 언급되는 빛의 자녀들을 쿰란-에세네사람들은 동일시했다. 그러나 이들이 이러한 문서를 소중히 여겼음에도 불구하고 전쟁을 직접 일

---

26) 가령 이혼논쟁(막 10:1-9)에서 창 1:27이 인용되었고, 창 2:24이 변용 인용되었으며, 안식일 논쟁(막 2:23-28)에서 구약의 이야기(삼상 21:6)가 인용되었다. 예수의 이혼논쟁에 관해서는 김판임, "이혼논쟁에 나타난 예수의 결혼이해(막 10:1-9를 중심으로)", 『한국여성신학』 44 (2000, 겨울), 6-20 참조.

27) H. Stegemann, op.cit.(1991) 참조.

으키지 않은 것으로 보아, 아직은 종말심판을 의미하는 전쟁이 일어나지는 않은 것으로 이해했다고 평가된다. 그 날이 매우 가까이 임박했다고 여겼다고 보는 것이 합당하다.

둘째, 쿰란-에세네 공동체는 자신들의 현재를 독특하게 이해했다는 점이다. 그들의 현재를 "날들의 마지막(אחרית הימים 아하릿 하야밈)"28)으로 표현했는데, 이 시간은 아직 구원의 때는 아니고, 종말심판을 위한 전쟁이 시작되지도 않은 시간이다. 오히려 그들의 현재는 어둠과 악의 세력이 지배하는 시기이다. 종말 심판과 구원의 때가 도래하기 직전이며, 그래서 더욱 악이 팽배한 시대의 마지막에 살고 있다고 여겼다.

셋째, 쿰란공동체는 종말론적 존재로서 예언자와 메시아를 기다렸다는 점이다(1QS IX, 11; 1QSa II, 11-22; CD XII, 23; XIV, 19; XIX, 10; XX, 1).29)

넷째, 쿰란공동체는 구약성서의 예언이 자신들의 시대에 성취되고 있다고 믿고, 예언서의 특정 본문을 자신들의 현재와 관련시켜 해석하는 페쉐르 성서 해석을 여러 권 남겼다(이사야, 호세아, 미가, 나훔, 하박국, 스바냐, 말라기, 시편).

가령 나훔 주석서에 보면,

---

28) 쿰란공동체의 현재를 표시하는 전문용어인 아하릿 하야밈(אחרית הימים)은 쿰란문서 전체에 다양하게 나타난다. 대부분의 경우는 페샤림과 미드라쉼과 같은 성서해석에 나타나며, 그 외 공동체 규정집(1QSa, CD), 그리고 의의 선생의 편지(4QMMT)에 등장한다. 그 용어를 직역하면, "날들의 마지막"이란 뜻이지만, 미래를 가리키는 표현이 아니라, 자신들의 특별한 현재를 의미하는 말이다. "우리 시대에는"이란 의미로 이해하면 적절할 것이다. 이를 "미래적 종말"의 의미로 이해하면 오류가 있을 수 있다. 이에 대해 A. Steudel, "אחרית הימים" in Qumrantexts, RdQ 16 (1994), 225-246 참조.
29) 쿰란공동체의 종말론적 예언자와 메시아 이해에 관해서는 김판임, "쿰란문서의 메시아 이해와 신약성서의 예수 그리스도 이해",『신약논단』13/1 (2006, 봄), 223-253 참조.

"내가 또 가증스럽고 더러운 것들을 네 위에 던져 능욕하여 너를 구경 거리가 되게 하리니 그 때에 너를 보는 자가 다 네게서 도망하여"(나훔 3:6-7a). 이 구절의 해석은 매끄러운 것을 구하는 자들과 관련된다. 그들의 사악한 행위는 종말의 시간에 온 이스라엘에게 드러나게 될 것이다. 또한 많은 사람들은 자신들의 죄를 깨달을 것이며 그들을 저주하며 그들이 죄에 찬 자만심으로 인해 그들은 배척을 받게 될 것이다. 그리고 유다에게 명예가 계시되면, 에브라임의 단순한 자들은 그들의 모임 가운데로부터 달아날 것이며 그들을 유혹한 자들을 떠나 이스라엘에 속하게 될 것이다. 그리하여 그들은 말할 것이다: "니느웨가 황폐해졌도다. 누가 그것을 위하여 애곡하며 내가 어디서 너를 위로할 자를 구하리요"(3:7b). 이 구절의 해석은 매끄러운 것들을 구하는 자들과 관련된다. 그들의 모임은 망할 것이요 그들의 공동체는 멸할 것이다. 그리하여 그들은 그 모임을 지속적으로 유혹하지 못할 것이다(4QpNah III, 1-8a).

이 본문에서 "매끄러운 것들을 구하는 자들"이란 성서를 매끄럽게 해석하는 바리새파를 가리킨다고 많은 학자들이 보고 있다.

하박국 주석서에는 하박국에 언급되는 의인이 바로 쿰란공동체 멤버들로 해석되고 있다:

"의인은 믿음으로 산다"(합 2:4). 이 구절의 해석은, 유다의 집에서 율법을 지키는 자들과 관련된다. 하나님은 그들이 고통과 의의 교사에 대한 그들의 믿음 때문에 심판의 집에서 그들을 구원하실 것이다" (1QpHab VIII, 1-2).

여기서 유다의 집에서 율법을 지키는 자들이란 바로 자신들, 쿰란 공동체 멤버들을 가리킨다.

페세르 성서주석 외에 미드라쉬 성서해석 중에 특별히 종말과 관련된 것이 있다는 점을 지적할 수 있다. 4Q174(=4Qflor)와 4Q 177 (4QCatena)은 같은 문서로서 종말로 관련된 내용을 담고 있다

(4QMidrEscha$^{a/b}$).30) 종말과 관련된 성서 인용으로 이루어진 4Q175 (4QTest)31)도 그들이 종말의식이 매우 강했음을 보여준다.

1892년 요한네스 바이스가 『하나님나라에 관한 예수의 설교(Die Predigt Jesu vom Reich Gottes, Göttingen, 1892)』라는 책에서 예수의 메시지의 핵심어가 하나님나라이고 하나님나라는 종말론적인 것이라고 밝힌 이후 거의 1세기 동안 전 세계 신약학계에서는 예수의 사고가 종말론적이라는 점에 대해 확고한 신념을 나타내었다. 20세기 말 경 북미를 중심으로 예수를 랍비 힐렐과 같은 바리새적인 현자 유형(James M. Robinson; Marcus Borg)32)나 혹은 헬라의 견유철학자(J.D. Crossan;33) Burton Mack34))등 비종말론적인 측면에서 이해해보고자 하는 시도들이 나타나곤 하지만 많은 비판을 받고 있다.

그러나 종말이 매우 가까이 와있다는 의식은 쿰란공동체의 독점적인 것이 아니라 당시 유대사회의 보편적인 의식이었다고 볼 수 있다. 종말이 가깝다는 의식은 특별히 기원전 2세기 중엽 시리아의 셀류커스 왕조의 통치 하에서 야훼신앙을 지키기 어려운 상황과 대제사장직의 순탄치 못한 인계 등의 역사와 그러한 역사 속에서도 들리지 않는 예언자의 음성 등이 종말의식을 더욱 강화시켰을 것으로 이해된다. 물론 쿰란동굴에서 발견된 많은 문서들이 이를 반영해주지

---

30) 이 문서에 관해서는 A. Steudel, *Der Midrasch zur Eschatologie aus Qumrangemeinde, 4QMidrEscha$^{a/b}$* (Leiden: Brill, 1994) 참조.
31) 이 문서의 한국어 번역은, 김판임, 앞의 논문 (2006), 234-235 참조.
32) M. Borg/김준우 역, "예수와 종말론", 『세계의 신학』 51 (2001. 여름), 28-70. 보그는 이 논문에서 데이빗 원과 샌더스를 비판하면서 예수의 메시지는 비종말론적이라고 주장한다.
33) J.D. Crossan/김준우 역, 『역사적 예수』(서울: 한국기독교연구소, 2000).
34) B. Mack, *A Myth of Innocence: Mark and Christian Origins* (Philadelphia: Fortress, 1988). 맥에 대한 비판은 C.A. Evans, "Jesus and the Dead Sea Scrolls", The Dead Sea Scrolls after Fifty Years Vol. II, P.W. Flint · J.C. VanderKam(ed.) (Leiden: Brill, 1999), 576-580 참조.

만, 이 문서들이 공동체 내부의 작품만이 아니라, 그중 많은 문서들이 공동체 형성 이전에 이루어진 문서(가령 전쟁문서, 새예루살렘)라는 점을 감안하면, 종말론적 의식은 당시 유대교 전체의 공유물이라고 해야 할 것이다.

2) 차이점: 구원의 미래와 현재

(1) 성서해석

쿰란공동체와 예수가, 아니 당시 유대교 내의 모든 집단과 개인이 성서를 중요시했다는 것은 의심할 여지가 없다. 다만 그들이 중시하는 성서에 대한 해석은 서로 달랐다. 자료가 남아 있지 않아서 바리새파와 사두개파의 성서해석은 비교할 수 없지만, 쿰란 에세네파의 성서해석은 매우 독특하며, 예수의 성서해석 또한 당대-오늘날까지 어느 누구와 비교할 수 없을 정도의 탁월함이 있다.

쿰란공동체의 성서해석의 독특한 두 방식, 페쉐르와 미드라쉬에 대해서는 언급한 바 있다. 특별히 종말이나, 멜키세덱 등 주제를 두고 성서를 해석하는 미드라쉬가 있고, 성서 구절을 한 구절 한 구절 인용하면서 그들의 현재에 적용 해석하는 페쉐르가 있다.

예수의 성서해석은 이들과는 전혀 다르다. 예수도 성서를 중시하지만, 예수의 성서 해석에서 독특한 것은 성서를 구구절절 인용하고 현재에 적용하는 방식이 아니라, 성서 전체에 흐르는 하나님의 뜻을 파악하였다는 점이다. 성서에 기록되어 있는 모든 계명들을 열거하는 법이 없다. 중요한 사안에서 십계명을 제시할 만도 한데, 그러지 않고 오직 "하나님사랑과 이웃사랑"을 제시한다(막 12:28-34/마 22:34-40/눅 10:25-28). 그 중 "네 이웃을 네 몸과 같이 사랑하라"는 레위기 19:18의 말씀은 여느 유대인들은 그냥 지나칠 수 있는 그런 구절이었다. 하나님의 뜻을 정확히 파악한 사람만이 39권의 방대한 내용의 성서를 한두 마디로 요약할 수 있는 것인데, 바로 예수가 그랬던 것이다. 일반적으로 하나님의 뜻을 추구하기 위한 성서연구가 성서 잣구를 강조하는 경향이 있다면, 예수의 경우는 성서 잣구에 매달리기 보다는 성서전체에 흐르는 하나님의 뜻을 찾았다고 할 수 있겠다.

(2) 종말심판과 구원의 때

쿰란-에세네 사람들은 그들의 현재가 악령이 득세한 시대로 보았다. 쿰란공동체의 리더로서 구원의 확신을 노래했던 의의 선생의 찬양시들을 보면 구원은 항상 미래에 있는 것으로 여겼던 것을 알 수 있다. 구원은 희망의 내용이지, 그들의 현재에서 누리는 것이 아니었다.35) 구원의 때는 여전히 미래이며, 현재는 악과 죄가 팽배한 시간이다. 성서에 대한 연구와 실천을 중심으로 한 그들의 학문과 경건은 구원의 때에 참여하기 위한 준비과정이다. 이 공동체만이 그것을 제공해 줄 수 있다. 현재 팽배한 악의 세력에 맞서서 싸우고 미래에 있을 하나님의 구원에 참여하려면 공동체에 소속해 하나님의 뜻이 담긴 성서를 연구하며 공동체 생활에 충실히 임해야 한다.

지상의 예수가 선포한 내용의 핵심은 "하나님 나라의 도래"이다. 하나님 나라란 하나님이 왕으로서 통치하는 나라를 말하며 모든 세상나라, 세상의 권력과 대립되는 개념이다. 예수는 귀신들이 물러감을 보고 하나님의 구원역사가 시작됨을 확인하였다.36) "내가 하나님의 성령을 힘입어 귀신을 쫓아내는 것이면 하나님 나라가 이미 너

---

35) 김판임, "고난 중에 가지는 구원의 확신과 희망(1QH III, 19-36을 중심으로)", 『말씀과 교회』 18 (1998, 봄), 113-132; 김판임, "쿰란공동체의 종말심판과 새창조(1QS IV, 18-25와 4Q186을 중심으로)", 『신약논단』 6 (서울: 한들, 1999); 김판임, "신약성서와 밀레니움-고난의 현재에 임하는 두 영적 지도자 의의 선생과 바울 비교(1QH II,20-30과 고전 6:1-10을 중심으로)", 『신약논단』 9/ 2(2002. 여름), 479-511 참조.

36) 지상의 예수가 가졌던 구원이해에 관해서는 김판임, "신약성서의 구원이해: 예수와 바울을 중심으로』, 『신약논단』 11/3 (2004, 가을), 533-575. 특히 542-556 참조.

희에게 임하였느니라"(마 12:28; 눅 11:20). 이러한 이해와 함께 예수는 현재를 하나님의 구원이 임한 때, 기쁨의 때로 파악하고, 가난하고 병든 자들을 축복하며 그들과 함께 식사함으로써 구원과 축복, 기쁨을 나누는 삶을 살았다.

4. 나오는 말

　예수와 쿰란공동체의 관계에 관해 역사적, 신학적으로 고찰한 결과 많은 유사성에도 불구하고, 간과할 수 없는 결정적인 차이점으로 인해 둘의 연관성을 주장하기는 어렵다는 것이 밝혀졌다. 예수와 의의 선생은 그 둘의 가르침의 유사성에도 불구하고 동일인물이 아님은 물론, 역사적으로 180년 정도의 시간적 간격을 두고 있다. 뿐만 아니라 예수가 쿰란-에세네파의 일원이었는지의 여부에 관해서도 어느 정도 부정적인 결과에 이르렀다.
　예수가 즐겨했던 공동식사와 같은 유사한 생활에 있어서도 그 이유와 방법이 쿰란공동체와는 매우 상이함을 파악할 수 있었다. 예수가 쿰란공동체의 일원이 아니었다는 증거는 그 외에도 공동체를 구성하려는 의지가 예수에게는 없었다는 것, 그리고 쿰란공동체가 행했던 침수예식을 시행하지 않았다는 것, 그리고 예수가 독신이라는 점을 들 수 있다.
　성서의 가치를 존중하고 자신들이 살고 있는 시대에 대해 종말론적 의식을 갖고 있다는 점 등, 이들의 공유하는 유사성은 예수가 쿰란공동체에 소속했기 때문이라기보다는 당대 유대교 전반적인 분위기로 이해된다. 쿰란공동체가 나름대로 독특한 성서해설을 했다는 점에서 특징을 이루고 있지만, 예수의 성서해석은 이들과도 달랐다. 쿰란공동체가 그들의 현재가 예언이 이루어지고 있는 시대로 이해하고 그에 합당한 성서 잣구를 해석하는 데에 관심을 모았다면,

예수는 성서전체에 일관성 있게 흐르는 하나님의 뜻을 파악하고 가르쳤다.

쿰란공동체에 대한 예수의 결정적인 차별성은 무엇보다도 그의 선포의 핵심이 "하나님나라"에 있다는 점이다. 예수에게 하나님나라란 하나님이 직접 관여하고 통치하는 인간 세계의 삶의 현장이다. 당대 유대 사회는 종말이 가까왔다는 의식은 하고 있었지만, 쿰란공동체는 물론 유대교 내의 어느 누구도 어렵고 곤고한 현재에서 하나님의 구원의 손길을 느낀 사람은 없었다. 오직 예수만이 하나님나라의 도래를 보고 현재가 구원의 때임을 인지하였던 것이다. 예수에 의하면 하나님은 가장 어둡고 암울한 현실에서도 사람들의 구원을 위해 활동하고 계신다. 이로써 예수와 쿰란공동체는 유사한 면이 상당수 있음에도 불구하고 생활면에서나 사상면에서 매우 다르다고 말할 수밖에 없다.

제10장 의의 선생과 바울

본 논문은 예수 이전 시대 유대교 내의 위대한 종교적 지도자 의의 선생과 예수 이후 예수를 주로 고백하는 그리스도교의 위대한 종교적 지도자 사도 바울이 그들의 현재적 삶에서 어떻게 하나님을 신뢰하고 찬양하며 그들의 신학을 형성하였는지 살펴보고 비교하고자 한다. 동서고금을 막론하고 신학의 형성은 그 때의 현재적 삶을 기피하거나 방관 혹은 기만하는 태도에서 이루어지는 것이 아니라- 그것이 고난으로 가득 찬 것이든 기쁨과 감사로 가득 찬 것이든- 그와는 반대로 현재의 삶을 충실히 살면서 아파하고 기뻐하며 진지하게 대하는 가운데, 하나님에 대한 숙고와 함께 이루어지는데, 바로 의의 선생과 사도 바울이 그것을 잘 보여주고 있다. 그들의 현재는 어떠했으며, 이에 대한 그들의 태도는 어떠했을까? 이를 위해 의의 선생이 썼다고 알려져 있는 찬송시들 중에 한 편 1QH II, 20-30과 사도 바울의 서신들 중의 한 본문 고후 6:1-10을 택하여 내용을 분석하여, 그 본문들에 나타난 그들의 현재 이해와 하나님 이해를 비교 고찰하고자 한다.

1. 의의 선생과 그의 찬송시들

1) 인물 의의 선생에 관하여[1]

1947-1956년 사이에 사해 주변 쿰란의 여러 동굴에서 800-900 개

---

[1] 의의 선생에 대한 가장 신뢰할 만한 사전적 정보로는 J. Murphy-O'Connor, "Teacher of Rightousness", *ABD* 6, 340-341; M.A. Knibb, "Teacher of Rightousness", *Encyclopedia of the Dead Sea Scrolls*, Vol. 2, 918-927을 추천할 만하다.

에 달하는 문서들이 발견되었다.2) 이 문서들 중에 "모레 하 체덱 (מורה הצדק 의의 선생)"3), 혹은 절대적 용법으로 "모레(מורה) 그 선생)"4) 등의 표현이 자주 나오는데, 이는 쿰란공동체 즉 에세네파를 이끌어가던 지도자라고 학계의 의견이 모여지고 있다. 의의 선생은 세례 요한이나 예수, 혹은 바울과는 달리 그의 이름이 아무 데에도 알려져 있지 않다. 그는 과연 누구였는가? 왜 그는 이름이 역사에 밝혀지지 않은 채 의의 선생이란 별명만을 가지고 살아야 했을까?

의의 선생이란 체덱을 질적 소유격(genitivus qualitativus)으로 이해하느냐 혹은 목적적 소유격(genitivus objectivus)으로 이해하느냐에 따라 "의로운 선생", 혹은 "의에 관해 가르치는 선생"으로 해석될 수 있다. "의"는 구약성서에 의하면 하나님의 속성이며 또한 하나님의 뜻이기도 하다. 그리고 하나님의 뜻은 토라에 모두 담겨져 있다. 그런 의미에서 의의 선생이란 하나님의 의에 관해 가르치는 사람, 즉 토라에 맞게 올바로 가르치는 사람을 표현한다고 하겠다. 하나님의 뜻이 담긴 토라를 올바르게 가르치는 의의 선생은 가르침과 삶의 태도가 분리되지 않고 일치한다고 가정하면 의를 가르치는 의의 선생

---

2) 이 문서들은 "사해문헌" 혹은 "쿰란문헌"이라고 불리우는데, 대부분 히브리어로 쓰여졌고, 아람어와 희랍어 문헌도 소수지만 발견되었다. 발견된 문서들은 그 내용에 따라 다음과 같이 크게 네 가지로 분류해 볼 수 있다: 1)성서 사본, 2) 외경과 위경: 토빗서, 시락서, 희년서, 에녹서 등, 3) 에세네파 공동체 이전 작품들: 성전두루마리, 모세 작품집, 창세기 외경, 새 예루살렘, 천사 제의문, 지혜문학, 전쟁 규율집 등, 4) 에세네파 공동체의 저술 작품들: 요나단에게 보내는 의의 선생의 지침서(4QMMT), 찬송시수집록(1QH), 공동체 규율집(1QS), 그 외에 많은 성서 주석들. 이들의 특징에 관한 간단하고도 정평 있는 정보를 위해서는 H. Stegemann, *Die Essener, Qumran, Johannes der Täufer und Jesus* (Freiburg: Herder, 1994)을 참조. 이 책의 영어번역본과 이탈리아어 번역본도 있다.

3) CD I, 11; XX, 32(관사 없이), 1QpHab I, 13; II, 2; V, 10; VII, 4; VIII, 3; IX, 9; XI, 5.

4) CD XX, 28.

은 의로운 선생이라고 말할 수 있을 것이다.

쉬테게만에 의하면 의의 선생이란 표현은 이스라엘에서 최고의 교수 권위를 표시하는 대제사장직을 의미하며, 모레 하체덱 외에 모레 하야핫(מורה היחד 유일하신 선생)[5], 도레쉬 하토라(דורש התורה 토라 해설자)[6]라는 표현들도 모두 의의 선생을 가리키는 것으로 본다. 쿰란에서 발견된 문헌들 중에 시편 37편 주석서(4QpPs 37 III, 14-15)[7]를 보면 의의 선생이 제사장 가문 출신임이 드러난다. 하박국 주석서(1QpHab) VII, 4-5는 그에게 "하나님이 그의 종들, 즉 그의 예언자들의 말씀들의 모든 비밀을 전달하셨다"[8]고 전한다. 그 전후 맥락을 살펴보면 이 비밀이란 예언자들의 예언 내용, 즉 종말에 관한 예언들이다. 즉 의의 선생은 예언서들, 특히 그 중에서도 종말에 관한 예언들을 올바르게 해석할 수 있는 전권을 하나님으로부터 부여받았다고 에세네파 사람들은 알고 있었다. 이처럼 의의 선생은 예언서들을 올바로 해석할 수 있는 전권을 부여한 자로 알려져 있건만, 그의 이름이 에세네파 내부에서나 외부에서나 전혀 알려지지 않고 있다는 사실은 무엇을 의미하는가?

---

5) CD XX, 1.

6) 김창선, "절대적인 성서해석가 의의 교사의 자의식", 『좀 쉽게 말해 주시오』, 민영진박사 회갑 기념 논문집 (서울: 대한기독교서회, 2001), 498-515 참조. 저자는 이 논문에서 의의 선생을 성서해석의 절대적인 권위를 가진 자로 이해했는데, 이러한 해석은 의의 선생을 지칭하는 표현 중에 "도레쉬 하토라"가 의의 선생을 가리킨다는 점에서 무리가 없는 이해라고 볼 수 있다.

7) 히브리어 텍스트와 독일어 번역을 위해서는 E. Lohse, *Die Texte aus Qumran* (Darmstadt: Wissenschaftliche Buchgesellschaft, 1981), 272-279을 보라. 이 본문은 시 37:23-24의 인용과 그 해석을 포함한다: "야훼에 의해 사람의 발걸음은 견고케 되고, 그 모든 길을 야훼께서 기뻐하셨다. 저는 넘어져도 아주 엎드려지지 않는다. 왜냐하면 야훼께서 그의 손을 붙드시기 때문이다"(시 37:23-24). 이 의미는 제사장, 즉 의의 선생과 관련된 것이다. 하나님께서 그에게 공동체를 세우라고 명령하셨다.

8) 앞의 책, 234-235.

하박국 주석서(1QpHab)[9]는 의의 선생이 악한 사제에 의해 박해를 받았다고 증언한다:

"9 이것의 해석은 악한 사제에 관한 것인데, 그의 사악한 행동은 10 의의 선생과 그의 공동체 사람들에 대해 행해졌는데, 하나님은 그를 적들의 손에 붙이셨다"(1QpHab IX, 9-10).

"4 이것의 해석은 악한 사제에 관한 것인데, 5 그는 엄청난 분노로 의의 선생을 박해하였고, 6 그의 유배지에서 그를 없애려고 하였다. 휴일인 7 속죄일에 그는 그들을 없애려고 나타났고 8 그들이 금식하고 쉬는 안식일에 그들을 넘어뜨리기 위해 나타났다"(1QpHab XI, 4-8).

의의 선생이 과연 누구였는지, 어느 시대의 인물인지, 또 왜 그의 이름이 알려질 수 없었는지에 관한 쉬테게만의 해설은 매우 흥미로울 뿐만 아니라, 역사적으로 개연성이 매우 높아 보인다.[10] 그에 의하면, 의의 선생은 마카비 혁명 이후 하스몬왕가가 이스라엘을 이끌어 가던 시기[11]의 인물로 본다. 쉬테게만은 특별히 요세푸스의 역사

---

9) 이러한 해석들은 의의 선생이 악한 사제에 의해 지속적으로 신변의 위협을 겪고 있었음을 말해준다.

10) H. Stegemann, op.cit., 205-206. 요나단에 의해 직위를 박탈당한 대사제라는 의의 선생에 관한 쉬테게만의 견해는 위의 책뿐만 아니라 그의 박사학위 논문에서 이미 주장되고 있다. *Die Entstehung der Qumrangemeinde* (Bonn: Diss., 1971). 그리고 이제는 쉬테게만 혼자의 이론이 아니라 이제 쿰란 연구의 권위있는 학자들에게 받아들여지고 있다. 가령, J. Murphy-O'Conner, op. cit.; E. Puech, *La Croyance des Esseniens, Vol I*, 25-28; E. Puech, "Le grand pretre Simen(III) fils d'Onias III. le Maitre de Justice?", B. Kollmann · W. Reinhold · A. Steudel (eds.), *Antikes Judentum und Frühes Christentum*, FS für H. Stegemann zum 65. Geburtstag (Berlin: Walter de Gruyter, 1999), 137-158; 김창선, 앞의 글도 의의 선생에 대해 쉬테게만의 견해를 전적으로 동의하고 지지하고 있다.

11) 이 시대의 역사적 정황에 관해서는 보 라이케(1968) / 한국신학연구소 역, 『신약성서 시대사』(서울: 한국신학연구소, 1986), 46-75; 로제(1971)/박창건 역, 『신약배경사』(서울: 대한기독교출판사, 1995), 24-37 참조.

서술에서 기원전 159-152년 사이에 대제사장이 없었다는 데에 의문을 가졌다. 그 당시, 아직 예루살렘에 성전이 존재하고 해마다 속죄일 행사가 거행되는 시기에 성전제의를 담당할 대제사장이 부재한다는 것은 상식적으로 있을 수 없는 일이기 때문이다. 기원전 159년에 대제사장 알키모스가 죽고 기원전 152년에 마카비가의 요나단이 대제사장직에 올랐다는 것은 역사 기록에서 나타나고 있지만, 요나단의 선임자가 누구였는지는 전혀 알려지지 않았다. 이 시대의 역사는 제 2 마카베오서12)와 제 1 마카베오서13)에 기록되어 있다. 마카비 혁명의 발단과 경과 및 결과를 담은 기원전 160년까지의 역사는 제 2 마카베오서로 마감되고, 그 이후의 역사는 제 1 마카베오서에 계속된다. 이 책은 하스몬왕가에 대해 매우 우호적인 경향을 지닌다. 이 역사서에는 요나단이 누구에 이어 대제사장에 올랐는지 언급이 결여되어 있는데, 이는 요나단의 대제사장 등위가 불법이었을 가능성을 시사해 준다. 즉 마카베오 1 서 저자의 입장에서 하스몬왕가의 명예를 회손하는 역사를 기록하는데 주저할 수밖에 없었을 것이고, 역사 서술이 최소한 거짓이라는 후대의 평가에서 벗어나는 유일한 가능성으로서 침묵의 형태를 취했으리라는 것이다. 쉬테게만은 요세푸스의 역사서술이 바로 제 1 마카베오서를 자료로 사용하고 있다는 점을 지적한다. 즉 요세푸스는 마카베오서에 기원전 159-152년 대제사장에 관해 언급이 없는 것을 보고, 나름대로 이 기간에 대

---

12) 마카베오 2서의 특징과 내용에 관해서는 Ch. Habicht, *2. Makkabäerbuch*, Jüdische Schriften aus hellenistische-römischer Zeit Bd.1/3 (Gütersloh: Gütersloher Verlag, 1979) 참조. 한국어 번역으로는 『구약외경 I』, 외경 위경 전서 1 (서울: 성인사, 1979), 201- 284. 가톨릭과 개신교가 공동으로 번역한 『공동번역 성서』(서울: 대한성서공회, 1977)를 들 수 있다.

13) 마카베오 1서에 관한 개론과 내용에 관해서는 Klaus-Dietrich Schunk, *1. Makkabäerbuch*, JShrZ Bd I/4 (Gütersloh: Gütersloher Verlag, 1980) 참조. 한국어 번역으로는 『구약외경 I』, 87-200 참조.

제사장직은 공석이었다고 서술했다는 것이다. 쉬테게만은 기원전 159-152년 사이에 예루살렘의 대제사장직을 가지고 있었던 사람이 바로 의의 선생이라고 본다. 그 증거로 그의 칭호를 든다. 즉 의의 선생이란 토라에 맞게 올바르게 가르치는 사람으로서, 이는 대제사장에 대한 관직칭호라는 것이다. 예수 시락서(Sir 50,1)에 보면 대제사장 시몬에게 "하 코헨(그 제사장)"이란 칭호가 붙었는데, 바로 같은 칭호가 의의 교사에게도 붙어 있다.

쉬테게만에 의하면 기원전 152년 마카비 가문의 요나단이 대제사장직을 불법적으로 탈취했을 때, 그 때까지 대제사장으로 있던 의의 선생은 신변의 위협을 느끼며 예루살렘을 떠나 요나단의 정치력이 미치지 않는 시리아로 망명한다. 시리아의 중심지 다마스커스에서 유대 공동체를 만나,[14] 이 공동체를 기반으로 하나님의 선택의 언약의 대변자인 대제사장으로서 이스라엘 연합 운동을 벌인다. 그를 추종하는 사람들은 시리아뿐만 아니라 유대 땅과 쿰란, 나중에는 예루살렘에 이르기까지 방방곳곳에 공동체를 이루며 살면서 그들의 종교적 지도자인 의의 선생의 신변을 보호할 의무를 가졌을 것이라는 것이다. 왜냐하면 그는 요나단과 그의 왕가에 의해 지명 수배를 당하고 있는 인물이었을 가능성이 많다.[15] 그렇지 않다고 하더라도, 그들보다 10-20년 전에 사독 가문이 아닌 메넬라오스가 돈으로 셀류커스의 왕 안티오쿠스 4세로부터 대제사장직을 얻어낸 후, 오니아

---

14) CD I, 9-11 참조. 이에 의하면 의의 선생이 공동체를 조직하기 전에 시리아에 이미 유대 공동체가 지도자 없이 20여 년간 존속하고 있었다.

15) 1QpHab, 4QpPs 37에 의하면, 의의 선생이 악한 제사장에 의해 박해와 위협을 받았다고 전하는데, 이 악한 제사장이란 다름 아닌 요나단을 지칭한다. 이러한 주장은 G. Vermes 와 J.T. Milik에 의해 제기되었고, 그 후 G. Jeremias, H. Stegemann, E. Puech 등 많은 학자들의 지지를 받고 있다. 송창현, "'악한 사제' 요나단 마카베오와 쿰란공동체", 『신약논단』 11/4 (2004, 겨울), 895-922 참조.

스 3세를 암살했던(기원전 170년) 역사를 기억하는 그들로서는 그들 지도자의 신변 보호를 위해 철저히 그의 이름을 감추어야 했을 것이다.

2) 의의 선생의 찬송시에 관하여

의의 선생이 생명의 위협을 느끼는 그의 현재에서 어떻게 그의 고난에 대처했는지 살펴보고자 하는 본 논문은 에세네파 공동체의 찬송시수집록의 시 한편을 다루고자 한다. 이 논문에서 소개하려는 1QH는 첫 번째 동굴(1Q)에서 발견된 찬송시 호다요트(Hodajot)의 약어이다. 제 4동굴에서도 호다요트의 여러 사본들이 발견되었다.16) 제 4동굴에서 발견된 사본들에 비해 제 1동굴에서 발견된 사본은 비교적 좋은 상태로 보관되어 있었다고 말할 수 있다. 비록 이 두루마리의 처음과 끝은 심히 파손되어 있지만, 이 문서는 28단으로 이루어져 있고, 각 단마다 41-42줄을 가지고 있다.

이 필사본의 중간 부분에 있는 17개의 찬송시들-편집자의 순서에 따르면 II-XI단의 본문들-은 대개 에세네파의 지도자인 의의 선생에 의해 집필된 것으로 알려져 있다. 그 내용은 대개 그의 사적인 운명, 더 나아가 그가 유일하게 합법적인 대제사장이라는 그의 요구를 반영하며, 고난에 차고 위험이 따르는 현실에서도 선하고 신실하신 하나님에 대한 찬양이 들어 있다. 그 외 수집록의 다른 찬양시들은 에세네파 사람들에 의해 작성된 것으로 알려져 있다. 이들은 주로 그들 공동체에 대한 하나님의 은혜에 감사하며, 하나님의 인자하심을 찬양하고 성령의 은사에 의한 지식을 감사한다. 이 모든 찬양시들은

---

16) 제 4동굴에서 발견된 호다요트 사본들은 매우 심히 파손된 상태에 있다. 제 1동굴에서 발견된 텍스트와 비교하면서 재구성하는 작업은 캐나다의 McMaster 대학의 교수인 Eileen Schuller 수녀에 의해 수행되었다. Eileen Schuller, "4Q 427-432", *Discoveries in the Judaean Desert of Jordan*(이하 DJD.로 약함)XXIX (Oxford: Clarendon Press, 1999), 69-232 참조.

기원전 2세기 중엽 후반에 작성되었다. 이 찬송시들은 에세네파의 영적인 경건성 및 인간 이해, 하나님 이해, 전 세계를 위한 하나님의 심오한 구원 계획에 대한 깊은 통찰이 주된 자료이다.

3) 1QH II, 20-30의 본문, 번역과 해설17)

(1) 본문과 번역:

20 אודכה אדוני כי שמחה נפשי בצרור החיים
21 ותשוך בעדי מכול מוקשי שחת כי עריצים בקשו נפשי בתומכי
22 בבריתךה והמה סוד שוא ועדת בליעל לא ידעו כיא מאתכה מעמדי
23 ובחסדיכה תושיע נפשי כיא מאתכה מצעדי והמה מאתכה גרו
24 על נפשי בעבור הכבדכה במשפט רשעים והנגבירכה בי נגד בני
25 אדם כיא בחסדכה עמדי ואני אמרתי חנו עלי גבורים סבבוני בכל
26 כלי מלחמותם ויפרו חצים לאין מרפא ולהוב חנית באש אוכלת עצים
27 וכהמון מים רבים שאון קולם נפץ חרם להשחית רבים למזוורות יבקעו
28 אפעה ושוא בהתרומם גליהם ואני במוס לבי כמים ותחזק נפשי בבריתך
29 והם רשת פרשו לי תלכוד רגלם ופחים טמנו לנפשי נפלו בם ורגלי עמדה במישור
30 מקהלם אברכה שמכה

20 a 당신을 찬양하나이다. 주님!
   b 왜냐하면 당신은 나의 영혼에 생명을 허락하시고
21 a 모든 구렁텅이로부터 나를 보호하시나이다.
   b 폭행하는 자들이 나의 생명을 찾는데,
   c 이는 내가 당신의 언약에 의지하기 때문입니다.
22 a 그들은 거짓집단이며 벨리알의 공동체입니다.
   b 그들은 나의 인생이 당신으로부터 유래한다는 것과
23 a 당신의 은혜로써 당신이 나를 도우신다는 것,

---

17) E. Lohse, op.cit., 116-119. N. Lohfink, *Lobgesänge der Armen. Studien zum Magnifikat, den Hodajot von Qumran, und einigen späten Psalmen*, SBS 143 (Stuttgart: Katholisches Bibelwerk, 1990), 49-55 참조.

    b 나의 발걸음이 당신으로부터 나온다는 것을 알지 못합니다.
24 a 그들은 당신으로 인해 나의 영혼에 대항하여 모입니다.

    b 그러나 당신은 사악한 자들을 심판하심으로써 당신 자신을 영화롭게 하며,
25 a 당신이 힘 있는 분이심을 모든 인간들 중에서 내게 보이시나이다.
    b 왜냐하면 당신의 은혜 안에 내가 존재하기 때문입니다.
    c 나는 말합니다. 힘센 자들이 나를 대항해 에워싸고 있습니다.
    d 그들은 무기를 가지고 나를 포위하고 있습니다.
26 a 그리고 화살이 관통하면 어느 누구도 치유하지 못하며
    b 창의 섬광은 불같고, 나무들을 다 태워 버립니다.
27 a 강한 파도 소리 같은 그들의 위협적인 소리는
    b 많은 것을 멸망시키기 위해 요란하게 불어대는 폭풍우입니다.
    c 별들에게까지 헛된 망상과 기만이 솟아오릅니다.
28 a 그들의 파도가 밀려올 때는.
    b 그러나 나의 심장이 물처럼 녹아질지라도 나로서는
    c 나의 영혼이 당신의 언약을 꼭 붙들고자 하나이다.
29 a 그들은 나를 향해 그물을 펼칩니다. 그러나 그것은 그들의 발에 걸립니다.
    b 그들은 나의 영혼을 향해 덫을 놓지만 그들 자신이 그 함정에 빠집니다.
    c 그러나 나의 발은 탄탄한 바닥 위를 디디고 있습니다.
30   그들의 모임 가운데에서도 나는 당신의 이름을 찬양하리이다.

(2) 해설

① 도입(1QH II, 20a-21c)

위의 찬양시는 전체 부분이 손상됨 없이 가장 잘 보존된 것들 중

의 하나이다. 찬양시는 "오드카 아도나이(אדכה אדוני 당신을 찬양하나이다, 주님)"라는 전형적인 표현으로 시작된다(1QH II, 31; III, 19; III, 37; V, 5; VII, 6; VIII, 4; XI, 15 비교). 이 외에 "바룩 아타 아도나이(ברוך אתה אדוני 찬양을 받으소서 주님)"이라는 표현이 도입구로 쓰이기도 한다(1QH V, 20; X, 14; XI, 29). 그 다음엔 키(왜냐하면)이라는 이유를 나타내는 접속사를 동반하여 찬양의 이유를 간단히 서술한다. 여기서 하나님을 찬양하는 이유는 생명을 주시고 모든 위협으로부터 보호해 주시기 때문이라는 것이다. 21a줄에 나오는 구렁텅이(מוקשי שחת)란 표현은 생명이 위협 당하는 곳, 하나님이 멀리 계신 곳, 악이 활발하게 작용하는 곳 등 부정적인 장소를 의미한다. 찬양자는 곧바로 그가 그의 현재에서 겪는 생명의 위협에 관해 언급한다. "폭행하는 자들이 그의 생명을 해치려고 찾고 있다"는 것이다. 이 시에는 세 존재가 등장한다: 일인칭 단수형으로 언급되는 찬양자 의의 선생, 이인칭 단수형으로 언급되는 찬양의 대상인 하나님, 그리고 삼인칭 복수로 언급되는 의의 선생의 적대자들. 이 세 존재들이 바리에이션을 이루며 찬양시 전체를 이루고 있다.

② 적대자들(1QH II, 22a-24a)

찬양자의 생명을 위협하는 적대자들은 이미 서두에서 "폭행하는 자들(עריצים)"이라고 언급되었다. 의의 선생이 그들에 의해 생명의 위협을 느끼는 이유로서 찬양자는 그가 하나님의 언약을 의지하기 때문이라고 노래한다. 하나님의 언약에 의지하고 있다는 찬양자 의의 선생의 자기 이해는 오직 그만이 예루살렘의 합법적인 대제사장이라는 요구가 반영되어 있다. 왜냐하면 예루살렘의 대제사장이란 전통적인 견해에 의하면 하나님이 그의 백성과 시나이산에서 맺은 선택의 언약을 대표하는 최고의 권위자이기 때문이다.[18]

---

18) H. Stegemann, op.cit., 206.

의의 선생이 기원전 152년에 요나단에 의해 그의 대제사장직을 박탈당하고 시리아로 망명했을 때 얼마동안은 안전하다고 생각을 했을 것이다. 그러나 요나단의 박해를 겪은 후(1QpHab XI, 2-8)[19] 의의 선생은 항상 암살의 위협을 받고 있었다고 볼 수 있다. 이어서 찬양자 의의 선생은 그들은 "거짓 집단이고 벨리알의 공동체 (סוד שוא ועדת בליעל)"라고 말한다. 그들이 그를 죽이려 하는 것은 그들의 무지의 소치이다. 그가 누구인지 안다면, 그들은 감히 그를 잡으려고 할 수 없을 것이다. 그는 하나님에게서 나왔고 하나님의 은혜로써 도움을 받으며 살고, 그의 모든 발걸음 즉 그의 행동 하나 하나가 다 하나님으로부터 나온다. 여기서 의의 선생의 자기 이해를 엿볼 수 있다. 즉 그의 권위, 가르침과 행동의 권위는 그것이 하나님에게서 유래한다는 점에 있다. 그런데 어떻게 보면 그가 하나님의 언약에 의지하고 있다는 그 이유 때문에, 더 짧게 말하자면, 하나님 때문에(24a) 그의 적대자들은 그를 죽이려고 하는 것이다. 왜냐하면 합법적인 대제사장이 살아있는 한 위법의 대제사장은 자신의 존립의 부정함이 드러날 것이기 때문이다.

③ 하나님(1QH II, 24b-25b)

---

19) E. Lohse, op.cit., 240-241. 1QpHab XI, 2-8 번역: "저주가 있을지어다. 이웃에게 술을 마시우되 자기의 분노를 부어 넣는 자. 그는 그들의 잔치를 보기 위해 그들을 술 취하게 했다(합 2:15 인용). 이 해석은 불경한 사제에 관한 것이다. 그는 의의 선생을 그가 추방장소에서 분노로 그를 잡아먹으려고 박해했다. 그리고 속죄일에 그들을 죽이려고 나타났고, 또 금식일, 안식일에 멸망시키려고 그들에게 나타났다". 이 본문은 하박국서 2:15의 인용과 이에 대한 주석을 담고 있다. 에세네파는 이 구절을 그들의 시대에 일어남 사건에 연관지어 해석한다. 즉 합 2:15에 나오는 저주문을 속죄일에 나타나 그들을 괴롭힌 불경한 제사장을 향한 것이라고 해석한다. 의의 선생의 적대자가 하스몬 왕가의 요나단이라는 쉬테게만의 견해를 받아들인다면, 이 본문에서 언급하는 불경한 제사장이란 요나단을 의미하는 것이고, 요나단의 박해는 의의 선생 개인만이 아니라 공동체에 속한 사람들이 모두 경험했다고 볼 수 있다.

그러나 하나님은 사악한 자들을 심판하여 자신을 영화롭게 하며, 찬양자에게 하나님이 강력한 분이심을 보이신다. 이는 찬양자의 존재가 하나님의 은혜에 의해 가능하기 때문이다. 심판자 하나님 사상은 구약성서 전체에 흐르는 사상으로서 유대인인 의의 선생이나 에세네파 사람들 모두에게 아무 문제없이 받아들여질 수 있는 내용이다. 하나님의 위대한 심판은 종말에 이루어질 것이다. 유대인들은 그들의 현재가 불행할수록 종말심판을 더욱 희망했다. 이 찬양시에서 의의 선생이 "사악한 자들을 심판하심으로써…"라고 노래할 때 하나님의 심판이 이미 이루어졌다는 것을 의미하지 않는다. 아직 구원의 때는 아니다. 사악한 자들은 현재 여전히 힘을 자랑하며 의의 선생을 위협하고 있다(25c-26b). 하나님이 미래에 그들을 심판하실 것을 확신하며 현재 하나님을 의지하는 것이다.

여기서 독특한 것은 하나님에 대한 이해보다는 찬양자 자신에 대한 자기 이해가 반영되고 있다는 사실이다. 찬양자는 자신이 하나님의 은혜에 의해 선택되어, 다른 사람은 모르는 지식을 갖고 있다. 그 지식은 다름 아니라 현재 그를 위협하는 적대자들을 하나님이 섬멸해 주실 것에 대한 기대이다. 이 지식이 그를 위협적인 현실에서 담대할 수 있는 용기를 주고 자신의 자부심을 지킬 수 있도록 했을 것이다.

④ 그들(1QH II, 25c-28a)

찬양자는 자신을 위협하는 세력에 대해 다시 언급한다. 그들을 "힘센 자들(גברים)"이라고 명명한다. 찬양자는 현재 그들에 의해 포위당해 있음을 감지한다. 그들에 의해 생명이 위협받고 있는 현실을 지각한다. 그 위기의 현실을 다음과 같은 그림언어로 표현한다: 그들은 화살이나 창과 같은 무기를 가지고 그를 포위하고 있는데, 그 화살을 맞으면 치유가 불가능하고, 창의 위력은 나무를 불태워 버릴 만큼 강력하다. 그들은 위협적인 소리를 내며 그를 포위한다. 이처럼 찬양자 의의 선생이 느끼는 현재는 무기를 지닌 적대자들의 공격이 언제 다가올지 모르는, 항상 위기의 순간이라고 할 수 있다.[20]

⑤ 나, 찬양자의 의지(1QH II, 28b-30a)

찬양자 의의 선생은 생명의 위협을 느끼는 현실에서도 하나님의 언약을 꼭 붙들겠다는 의지를 확고히 한다. 이와 함께 적대자들이 멸망할 것을 확신하며, 하나님의 이름을 찬양하리라는 의지를 밝힌다. 찬양시 결말에 밝히고 있는 이러한 의지는 찬양시 서두에서 "당신을 찬양합니다, 주님"이라고 찬양을 시작한 것과 같은 내용이라고 할 수 있다.

4) 의의 선생의 현재 이해와 자기 이해

찬양시에서 볼 수 있는 바와 같이 의의 선생이 당면해 있는 현재는 구원의 때가 아니라 생명의 위협과 고난으로 가득한 때이다.[21] 그런 현재에 살아가면서 의의 선생은 하나님을 원망하거나 위협적인 현실 앞에 좌절하지도 않는다. 그것은 하나님에 대한 신뢰 때문이다. 하나님은 멀지 않은 장래에 이스라엘 역사에 개입하셔서서 모든 악과 악한 무리들을 섬멸하실 것이다.

하나님의 역사에 대한 개입은 모든 유대인에 의해 기대되었다. 일반적으로 유대인들이 가지고 있던 종말 기대가 이스라엘을 지배하고 있는 외세를 하나님이 물리치시고 이스라엘에게 구원의 은사를 주실 것을 기대하는 민족적인 희망상[22]이었다면, 의의 선생이 가지

---

20) 의의 선생이 그의 현재를 종말심판에 임박한 것으로 이해했다는 것은 1QH III, 19-36에 잘 나타나 있다. 이에 관해서는 김판임, "고난 중에 가지는 구원의 확신과 희망. 1QH III, 19-36을 중심으로", 『말씀과 교회』 18 (1998, 봄호), 113-131 참조.

21) 의의 선생뿐만 아니라 에세네파 전체가 공유하였던 현재 이해에 관해 A. Steudel, אחרית הימים in the Texts from Qumran, RdQ 16 (1993), 225-246.

22) 유대교의 종말표상에 관해서는 P. Volz, *Die Eschatologie der juedischen*

고 있던 희망상은 구체적인 적이 외세가 아니라 불법적으로 자신의 대제사장직을 탈취한 요나단과 그의 왕궁의 멸망이었다고 볼 수 있다.

아직 하나님의 심판이 개시되지는 않았다.23) 적대자들의 힘은 여전히 막강하다. 언제 그들의 화살에 맞아 죽을지 모르는 현실이다. 그러나 의의 선생은 두려워하지 않는다. 그는 담대하다. 오히려 다음과 같이 노래한다. 적대자들이 정말 자기가 누구인 것을 안다면, 그가 하나님의 은혜로 존재한다는 사실을 안다면, 그들은 태도를 바꾸어야 할 것이다. 그가 담대할 수 있는 근거는 바로 그가 하나님의 언약에 충실하다는 사실에 있다. 하나님의 언약에 충실하다는 것은 하나님의 백성으로 머물고자 함이다. 바로 이 사실 때문에 적대자들로부터 생명의 위협을 받고, 바로 그 이유 때문에 또한 위협적인 현실에서도 하나님의 능력의 역사를 신뢰하며 담대할 수 있는 것이다.

하나님의 언약에 대한 충실이 위협적인 현실에서도 의의 선생이 담대할 수 있는 근거이다. 그 언약은 하나님이 주신 말씀, 즉 토라에 들어 있으므로, 언약을 잘 지킨다는 것은 토라에 대한 올바른 해석과 적용이라고 볼 수 있다. 의의 선생이 가지고 있는 자부심인 하나님의 언약에 대한 충성은 곧 그가 가진 토라 해석의 권위를 표현한다고 하겠다. 의의 선생과 그를 지도자로 모시고 있는 에세네파 사람들은 성서 해석에 대한 그의 권위를 전적으로 신뢰하였다면, 이것

Gemeinde im neutestamentlichen Zeitalter: nach den Quellen der rabbinischen, apokalyptischen und apokryphen Literatur, 2 (Tübingen: J.C.B. Mohr, 1934 = Hildesheim 1966)을 참조하라. Volz에 의하면 유대의 종말 희망에는 민족적 희망 외에 우주적 희망상이 있다. 하나님의 구원 통치가 이스라엘을 넘어 전 우주에 미친다고 하는 것인데, 이는 하나님이 세상의 창조자라는 데에 그 근거를 두고 있다.

23) 에세네파의 종말 심판 이해에 관해 김판임, "쿰란 문헌에 나타난 종말심판과 새창조", 『밀레니엄과 신약성서의 종말론(신약논단 5)』(서울: 한들, 1999), 65-80 참조.

은 바로 대제사장직을 박탈당한 후에도 대제사장으로서의 위엄은 잃지 않았다는 것을 의미한다.

2. 사도 바울과 그의 서신들

1) 인물 사도 바울에 관하여

그리스도교 역사에서 바울만큼 유명한 사람은 없다. 대부분 역사에 유명한 사람들은 생존 시보다 죽은 이후에 유명해지는 경우가 많다. 그러나 바울은 그가 살아 있을 때부터 유명하였다. 그러나 실제로 바울이 언제 어디에서 태어나 어떻게 살다가 언제 어디서 죽었는지 그의 일생을 전기로 기록하는 일은 쉽지 않다. 보른캄은 바울처럼 유명하면서도 그 인생이 명확하지 않은 사람도 없을 것이라고 말한다.24) 여기에는 이유가 있다. 바울이 유명해진 데는 오직 한 가지 사건이 있다. 그의 인생을 180도 완전히 달라지게 한 사건, 그것 때문에 그는 유명해졌다. 바울은 예수의 직제자가 아니었다. 베드로처럼 예수 살아생전에 예수와 함께 어울려 다니며 함께 식사도 하고 예수의 놀라운 일들을 체험한 사람이 아니었다. 바울은 예수를 직접 알지 못했다. 그런데 그는 부활하신 예수를 만남으로써 인생이 완전히 변화된 사람임을 고백하는 기독교 역사에서 최초의 사람이다.

바울은 이 사건을 "이방인을 위한 사도"로 부르는 하나님의 역사로 이해한다(갈 1:15-16). "내가 예수를 알기 전에는 이런 인간이었는데, 예수를 만난 뒤 내 인생이 이렇게 변하였다"라는 고백을 예수의 제자들 중의 대표라고 할 수 있는 베드로에게서도 들어보지 못하였다. 부활하신 예수를 만나기 전 바울은 예수 믿는 사람들을 박해하던 사람이었다. 그러나 예수를 만난 후 그는 그 이전까지 그에게 가

---

24) 보른캄/허혁 역,『바울』(서울: 이대출판부, 1977)

장 귀했던 것을 쓰레기처럼 여기고 예수를 아는 지식을 가장 귀하게 여기며(빌 4:7-8) 그를 전하는 일에 헌신했다.25)

예수의 소식, 즉 예수를 통한 하나님의 구원의 소식을 예수가 다시 오시기 전에 세상 끝까지 전하려는 사명감에 불탄 바울은 나름대로 선교 원칙을 갖는다.26) 1) 선교 대상자들의 입장에서 선교한다(고전 9:20-23). 바울 표현에 의하면, 유대인에게는 유대인처럼, 이방인에게는 이방인처럼, 약한 자들에게는 약한 자와 같이 행하여, 그의 선교 태도는 다양한 방식으로 나타나는데 이는 모쪼록 그들을 얻기 위함이라고 말한다. 2) 예수의 이름이 불리워지는 곳에는 선교하지 않는다(롬 15:20).

바울이 이러한 선교 원칙을 가지게 된 데에는 두 가지 이유가 있는 것 같다. 첫째는 바울이 선교하는 과정에서 겪은 경험 때문이다. 고린도전후서에서 찾아볼 수 있는 바, 바울이 고린도에 복음을 전한 이후 다른 선교자들이 와서 다른 식의 복음을 전하여 교회 분위기를 혼란시키는 경우를 겪은 바울로서는 그렇지 않는 것이 선교를 위해 유익하다고 생각했을 것이다.

둘째로 생각해 볼 수 있는 것은 바울이 예수의 다시 오심이 매우 임박했다고 생각했기 때문이라는 점이다. 바울은 예수께서 다시 오시기 전에 좀 더 많은 사람들에게 복음을 전하여 한 사람이라도 더 많이 구원에 참여케 될 수 있기를 바랬다. 그렇기 때문에 바울은 이미 예수의 이름이 알려진 곳보다는 아직 예수가 전해지지 않은 곳에 선교하기에 마음과 몸이 매우 바빴다고 볼 수 있다. 그렇기 때문에 바울은 자신이 선교한 지역일지라도 어느 정도 예수 믿는 일에 자리

---

25) 바울의 삶과 활동에 관한 필자의 견해는 최근에 출간된 김경희 외,『신약성서개론』(서울: 대한기독교서회, 2002), 281-300 참조.
26) 이에 관해 김판임, "바울의 신앙고백과 선교"『말씀과 교회』26 (2000, 가을), 221-235 참조.

가 잡힌 것 같다고 여겨지면, 다른 지역의 복음화를 위해 떠나간다.

 2) 고린도전·후서의 특징 및 고후 6:1-10 문맥 이해

 고린도에서의 선교가 어느 정도 싹이 났다고 여겨졌기 때문에 바울은 그곳을 떠나 선교 활동지를 에베소로 옮긴다. 그곳에서 그는 고린도교회에서 온 사람들로부터 소식들을 듣는다.

 교회 안에 분파가 생기고 있다는 것(고전 1:10-4:21), 고린도의 부도덕한 성문제가 교회 안에 영향을 끼치고 있는데 교회가 이를 묵인하거나 방관하고 있다는 것(5:1-13), 교인들 간의 시비를 세상 법정에까지 끌고 가는 사태(6:1-11)가 벌어지는가 하면, 영적인 것만을 추구하는 열광주의자들이 육체와는 아무런 상관이 없다하여 부도덕한 짓을 일삼는다는 소식(6:12-20) 등, 참으로 염려스러운 것이었다. 바울은 사도로서의 책임감을 가지고 편지를 쓴다. 그 외에도 고린도교회에서 문제가 되었던 결혼과 이혼, 독신에 관해(7:1-40), 우상숭배(8:1-11:1), 예배의식(11:2-34), 성령의 은사(12:1-14:40) 그리고 죽은 자들의 부활(15:1-58)에 관해 고린도전서에서 바울은 소상히 사도의 견해를 피력하고 있다.

 그런데 고린도후서는 전서와 매우 다른 성격을 지닌다. 전서가 교회의 문제에 대한 사도의 책임감있는 가르침이라면, 후서에는 그의 사도직의 정당성을 변호하는 내용으로 가득차 있다. 고린도후서는 그의 편지들 중에서 가장 사적인 편지이며 동시에 사도직을 예수를 따름에 있어서 고난에 찬 봉사로 이해하는 신학적으로 가장 중요한 문서이다. 고린도후서만큼 사도 바울의 마음 속 깊은 곳과 그의 자신의 신앙생활에 관해 알게 해주는 것은 없다. 물론 바울은 그의 적대자들에 의해 도전을 받고 그에 대항하므로 고린도교인들을 미혹케 한 그들을 정열적으로 거짓사도 혹은 사탄의 봉사자라는 날카로운 표현을 쓰면서 그의 인격을 모욕하는 것들을 거부하며 동시에 그

의 사도직의 정당성과 십자가에 달리신 예수 그리스도의 복음 안에 고린도교인들을 지키기 위해 분투한다.

바울의 사도직에 대한 변호가 주안건이 되고 있는 고린도후서는 크게 세 중심부분으로 나누어 볼 수 있다(1-7장; 8장과 9장; 10-13장). 서두인사와 죽음의 위험으로부터의 구조에 대한 감사의 말(1:1-11)을 마친 후 바울은 첫 번째 문단(1:12-7:16)에서 과거를 되돌아본다. 여기서 그는 제일 먼저 비난들에 대해 변호하고 오해들을 해명한다(1:12-2:11). 2:12에서 에베소에서 트로야를 경유하여 마케도니아에 이르는 바울의 여행에 관한 서술이 시작된다. 이 보도는 사도직의 본질에 관한 폭넓은 이해를 통해서 중단된다(2:14-7:4). 이 부분은 일종의 보설 같은 성격을 띠고 있는데 여기서 바울은 사도직에 대한 그의 능력을 하나님으로부터 받은 소명에 근거해서 설명한다(2:14-3:6). 그리고나서 사도직의 영광과 고난에 관해 말하고(3:7-5:10), 사도의 직무를 화해의 봉사로 묘사한다(5:11-6:10). 6:11-7:4에서 바울은 다시 교회를 향해 완전히 하나가 될 것을 부탁한다. 그 중에 6:14-7:1에는 우상숭배에 대한 경고가 삽입되고 있다. 끝으로 7:5-16에서 바울은 여행 보고를 끝내고 고린도교회를 다녀온 디도의 소식에 대해 기쁨을 표현한다. 둘째 중심부분인 8장과 9장은 서로 독립적으로 기록된 것으로 인정되고 있는데, 여기서 바울은 예루살렘 원교회를 위한 모금을 다루고 있다. 셋째 중심부분(10-13)에서 바울은 완전히 새롭게 시작하며 고린도에서의 그의 적대자들을 고려하고 있다. 끝으로 바울은 세 번째 방문을 전제하며 만일 교회가 올바로 서지 않을 경우 그의 사도적 권위로 벌을 주겠다고 경고를 하고 있다(12:14-13:10). 짧은 권면과 인사, 축복문으로써 편지는 끝난다(13:11-13). 서신 전체를 지배하고 있는 바울의 사도직에 대한 변호는 바울의 사도로서의 위엄에 대한 적대자들의 공격을 전제하고 있다.

이처럼 고린도후서가 전서와 전혀 다른 성격을 띤 것은 아마도 바울이 전서를 쓰고 난 후 바울과 성격이 다른 전도자들이 들어와 바울이 진정한 사도가 아니라고 하며 바울의 권위를 깎아 내리는 발언을 하였고(고후 10:10; 11:6), 고린도교인들이 그들의 말을 받아들여 그들처럼 바울을 우습게 보려는 경향이 생겼는데(고후 11:4), 바울이 이를 알고 분개하며, 바울 자신도 그들에 못지않다는 것을 피력하는 데서(고후 11:16; 11:22-23) 비롯된 것이라고 볼 수 있다. 바울은 이들에 대해 다른 예수, 다른 복음을 전하는 자들(고후 11:4)이라고까지 말한다. 이들은 과연 누구일까?

바울의 적대자들에 관해서는 많은 연구가 있었다.[27] 크게 팔레스틴계 유대인 그리스도인들[28], 영지주의자들[29] 그리고 헬레니즘계 유대인 그리스도인들, 이 셋으로 의견이 분분하다. 우선 분명한 것은 고후 11:22-23에 비추어 볼 때 바울의 경쟁자들은 유대인 그리스도인들이었으리라는 점이다. 그러나 물론 그들은 갈라디아서에 나오는 유대주의자들로 규정해서는 안 될 것이다. 왜냐하면 그들은 분명히 고린도교인들에게 할례나 율법준수를 요구하지 않았기 때문이다. 또한 갈라디아서의 본문은 그들이 예루살렘의 원교회로부터 추천서를 가지고 등장했다는 것에 대해 직접적인 언급을 내포하고 있지 않다. 적대자들은 열광적인 영체험을 과시하고 기적행위를 벌임으로써 강력한 인상을 남겼을 것이고(11:18; 12:12), 바울이 참된

---

27) 이에 관해 김판임,『고린도후서』대한기독교서회창립 100주년 기념성서주석 39 (서울: 대한기독교서회, 1999), 40-49 참조.

28) 바울의 적대자들이 팔레스틴 출신 유대 그리스도인이라는 주장은 바우르(F.C. Baur), 빈디쉬(H. Windisch), 케제만(E. Käsemann), 큄멜(G. Kümmel) 등 독일의 거장들과 영국의 바레트(C.K. Barrett)에 의해 설파되었다.

29) 고린도전서와 후서에 나오는 적대자들을 동일하게 보고 그들이 영지주의자들이라고 명명한 학자들은 불트만(R. Bultmann), 딩클러(E. Dinkler), 쉬미트할스(W. Schmithals)로 대표된다.

영소유자가 아니라는 등(10:2), 말에 능하지 못한 자라는 등(11:6) 바울을 비난했다. 그들은 능력을 행하였고 교회로부터 부양을 받는 일을 당연히 여겼다. 바로 이 점이 바울의 적대자들이 영지주의자들이라는 근거가 되는데, 문제는 영지주의자들이 어떻게 예루살렘에서 추천서를 받아 올 수 있겠느냐는 것과, 바울이 적대자들의 주장에 대항해서 그가 그 누구보다도 히브리인 중의 히브리인임과 이스라엘인, 아브라함의 자손이라고 호소하는 것으로 미루어보아 그 적대자들이 영지주의자들이라는 것은 적절하지 못하다. 적대자들 연구에서 가장 설득력 있는 것은 헬레니즘계 유대 그리스도인이다.

바울의 적대자를 헬라 세계의 철학과 종교 양식을 취한 헬라화된 유대 그리스도인으로 보는 학자들도 여럿이다. 이들도 몇 가지 점에서 차이를 보이고 있다. 가령 게오르기(D. Georgi)의 경우 이러한 헬레니즘적 유대 그리스도인들을 "신적 인간"이라는 개념으로 표시하였고,30) 프리드리히(G. Friedrich)는 "신적 인간"이라는 개념에 반대하며 행 6:1에 나오는 "헬라파 사람들"과 연결시켜 고린도후서의 적대자들을 "예루살렘에서 추방된 스데반 계열의 사람들"이라고 본다.31) 두 이론 모두 흥미롭지만 실제로 입증하기가 매우 어렵다. 랑은 그의 주석서에서 바울의 적대자들을 "헬레니즘계 유대 그리스도인 이동 설교자(judenchristlich-hellenistische Wanderprediger)"라는 포괄적인 개념을 사용하여 설명한다. 이들은 특별한 성령의 은사와 그리스도에게 소속했음을 자랑하며 추천장을 가지고 활동함으로써 자신의 사도권을 내세워 교회로부터 부양하도록 했다. 이들은 아마도 베드로의 선교지인 시리아 지방에서 고린도로 왔을 것이고, 어쩌면 안디옥에서 파송된 사람들일 수도 있다고 보고 있다.

---

30) D. Georgi, *Die Gegner des Paulus im 2. Korintherbrief*, WMANT 11 (1964).
31) G. Friedrich, Die Gegner des Paulus im 2. Korintherbrief, *Auf das Wort kommt es an, Ges. Aufsätze* (1978), 189-223.

타이센은 이동 선교자(Wandercharismatiker)라는 개념을 사용하여 고린도교회의 바울의 적대자들을 설명한다.32) 그에 의하면 이들은 예수 운동의 기원이 된다. 이들은 도시가 아니라 시골환경을 배경으로 하고 있으며33) 돈이나 식량 없이 여행하고34) 숙박과 생계도 후원자들에 의해 해결하였다35). 예루살렘으로부터 추천서를 받아 가지고 지중해 지방의 여러 지역을 자유롭게 떠돌아다니며 예수의 소식을 전하는 방랑 선교자로서 교회에서 주는 것으로 먹고 지내며 자신의 정통성을 예루살렘에서 온 것으로 주장했다는 것이다. 이들과는 달리 바울은 스스로 벌어가며 선교했고 그들처럼 예루살렘과의 유대성도 없었다는 점이다. 타이센의 이러한 해석은 어느 정도 납득이 가는 사실이어서 학계에서 타당성 있는 이론으로 받아들여지고 있다. 그러나 타이센에게 한 가지 지적하고 싶은 것이 있다. 그것은 다름 아니라, 그 적대자들이 자유롭게 떠돌아다니는 전도자였던 반면에 바울과 그의 동역자 바나바는 교회를 조직하는 사람이었다고 말한 점이다. 바울과 그의 동역자들이 교회를 조직하려는 데 관심이 있었고 그래서 그들을 교회 조직가라고 명명하는 것은 역사적으로 문제가 있다. 앞에서 바울의 선교 원칙을 고려해 볼 때, 예수께서 다시 오시기 전에 예수의 복음을 세상 끝까지 전하려는 사명에 급급한

---

32) G. Theissen(1974), "Legitimation und Lebensunterhalt: Ein Beitrag zur Soziologie unchristlicher Missionare", *Studien zur Soziologie des Urchristentums*, WUNT 19 (Tübingen: J.C.B. Mohr, 1989), 201-230. 한국어번역: 김명수 역, "사도적 정당성과 생계", 『원시그리스도교에 대한 사회학적연구』(서울: 대한기독교출판사, 1986), 245-286(이 번역은 1983년에 나온 제2판을 대본으로 했다). 이 번역에서는 Wandercharismatiker를 "카리스마를 지닌 방랑자"라고 번역했다. 타이센은 이 논문에 앞서 1973년에 발표한 논문에서는 "Wanderradikalismus"라는 개념으로 시작했다.
33) 앞의 책(한국어 역), 251.
34) 앞의 책, 252.
35) 앞의 책, 254.

바울은 어느 특정 지역의 교회 조직에 힘을 썼다기 보다는 어서 다른 지역, 예수의 이름이 전해지지 않고 있는 지역으로 건너가 선교하는 일에 매진하기를 원했을 것이기 때문이다. 바울이 진정 교회 조직을 원했더라면 고린도를 떠나지 않고 한 곳에 머물며, 좀더 탄탄한 교회의 조직과 성장을 위해 힘을 기울였을 것이고, 그랬었다면 고린도전서와 후서 같은 서신들도 쓰여지지 않았을 것이다. 바울도 지중해 여러 지역을 다니며 복음을 전했다.

3) 고후 6:1-10의 본문, 번역과 해설

(1) 본문과 번역

6:1 Συνεργοῦντες δὲ καὶ παρακαλοῦμεν
 μὴ εἰς κενὸν τὴν χάριν τοῦ θεοῦ δέξασθαι ὑμᾶς·
 2 λέγει γάρ·
 καιρῷ δεκτῷ ἐπήκουσά σου
 καὶ ἐν ἡμέρᾳ σωτηρίας ἐβοήθησά σοι.
 ἰδοὺ νῦν καιρὸς εὐπρόσδεκτος, ἰδοὺ νῦν ἡμέρα σωτηρίας.
 3 Μηδεμίαν ἐν μηδενὶ διδόντες προσκοπήν,
 ἵνα μὴ μωμηθῇ ἡ διακονία,
 4 ἀλλ᾽ ἐν παντὶ συνιστάντες ἑαυτοὺς ὡς θεοῦ διάκονοι,
 ἐν ὑπομονῇ πολλῇ, ἐν θλίψεσιν, ἐν ἀνάγκαις, ἐν στενοχωρίαις,
 5 ἐν πληγαῖς, ἐν φυλακαῖς, ἐν ἀκαταστασίαις, ἐν κόποις,
 ἐν ἀγρυπνίαις, ἐν νηστείαις,
 6 ἐν ἁγνότητι, ἐν γνώσει, ἐν μακροθυμίᾳ,
 ἐν χρηστότητι, ἐν πνεύματι ἁγίῳ,
 ἐν ἀγάπῃ ἀνυποκρίτῳ,
 7 ἐν λόγῳ ἀληθείας, ἐν δυνάμει θεοῦ·
 διὰ τῶν ὅπλων τῆς δικαιοσύνης τῶν δεξιῶν καὶ ἀριστερῶν,
 8 διὰ δόξης καὶ ἀτιμίας, διὰ δυσφημίας καὶ εὐφημίας·

ὡς πλάνοι καὶ ἀληθεῖς,
9 ὡς ἀγνοούμενοι καὶ ἐπιγινωσκόμενοι,
ὡς ἀποθνήσκοντες καὶ ἰδοὺ ζῶμεν,
ὡς παιδευόμενοι καὶ μὴ θανατούμενοι,
10 ὡς λυπούμενοι ἀεὶ δὲ χαίροντες,
ὡς πτωχοὶ πολλοὺς δὲ πλουτίζοντες,
ὡς μηδὲν ἔχοντες καὶ πάντα κατέχοντες.

6:1 우리는 동역자로서 여러분들에게
하나님의 은혜를 헛되이 받지 않을 것을 권면합니다.
2 왜냐하면 그가 다음과 같이 말씀하시기 때문입니다:
"은혜의 때에 내가 너를 들었고, 구원의 날에 내가 너를 도왔다"
보시오 지금은 은혜의 때요, 보시오 지금은 구원의 날입니다.
3 그 직무가 방해받지 않도록 우리는 무슨 일이든지 아무 사람에게든지
거리낌을 주지 않으려고 합니다.
4 오히려 우리는 다음과 같은 모든 일에서
우리 자신들을 하나님의 봉사자로 내세웁니다:
많은 인내 중에, 환난 중에, 고난 중에, 걱정하는 중에,
5 매맞는 중에, 감금 중에, 불안한 중에, 수고하는 중에,
밤을 지새울 때, 금식 중에.
6 깨끗함 안에서, 지식 안에서, 길이 참음으로, 선으로, 성령 안에서,
거짓 없는 사랑안에서
7 진리의 말씀 안에서, 하나님의 능력 안에서:
좌우에 가진 의의 무기를 통해,
8 영광과 수치를 통해,
비난과 칭찬을 통해
미혹하는 자 같으나 참되고
9 무명한 자 같으나 유명하며,
죽는 자 같으나 보시오 우리는 살아 있습니다.
징계받는 자 같으나 죽임을 당하지 아니하고,

10 근심하는 자 같으나 항상 기뻐하며,
　　가난한 자 같으나 많은 사람을 부요하게 하며,
　　아무 것도 가지지 않은 자 같으나 모든 것을 가지고 있습니다.

(2) 해설

① 도입: 지금은 구원의 때(고후 6:1-2)

　고후 6:3-10은 바울이 사도직을 수행할 때에 어떤 자세로 무슨 일을 겪으면서 해 왔는지 잘 보여주는 본문이다. 바울은 3-10절에서 사도로서의 그가 겪은 고생들을 열거하기 전에 그의 현재에 대한 이해를 선포한다. "보라 지금은 구원의 때, 보라, 은혜를 받을 만한 때이다". 현재가 구원의 때라고 선언하기 위해 바울은 2절에서 이사야 49:8을 인용한다. 이사야서는 종말과 관련해서 유대인들에게 매우 애용되는 예언서이다. 바울도 이사야서를 많이 인용한다.[36] 3-10절의 단락은 문장구조상 1절의 "우리가 권하노라"라는 주동사에 연결시켜 이해해야 한다. 권면의 내용은 "하나님의 은혜를 헛되이 받지 말라"는 것이다. 이 권면은 하나님의 은혜가 이미 사람들에게 임했음을 전제로 하는 말이다. 바울에게 하나님의 은혜란 예수 그리스도의 죽음과 부활을 통한 우리의 구원이다. 그래서 그는 "지금이 구원의 때"라고 외칠 수 있었다. 문맥으로 볼 때 하나님의 은혜를 헛되이 하는 일이란 아마도 교회 안에 화해를 깨는 일, 즉 교회 안에서 반목과 갈등을 일으키는 일이라 추정된다(고후 5:17-21 참조).

② 바울의 사도직 수행의 경험과 삶의 원칙들(고후 6:3-7a)

　바울은 자신의 사도직을 봉사(Diakonia)로 이해한다. 사도직을 수행하는데 있어서 아무런 방해요소도 있어서는 안 된다고 본다. 무슨 일들이 사도로서 봉사하는 일에 거리끼는 것일까? 사도 바울을 부자유하게 하는 것은 무엇인가? 고전 9장에서 바울은 사도들이 교회

---

[36] 바울의 구약인용에 관해 김판임, 앞의 책(1999), 169-172 참조.

에서 먹을 권리가 있다고 피력하면서도 자기 자신은 굳이 자비량을 한다고 강조한다.37) 이는 그가 오직 자유로운 자로서 그리스도의 복음에 아무 장애가 없도록 하기 위한 것임을 알 수 있다(고전 9:12). 지금이 은혜의 때, 구원의 때라고 외치는 사도로서의 바울의 삶은 사람들의 가치관에 비추어 성공했다거나 행복하고 편안한 그런 인생이었다고 말할 수 없으며 오히려 그와는 정반대로 고난과 역경에 가득찬 삶이었다.

바울은 하나님의 일군으로 자처하는 자가 겪는 일로서 제일 먼저 인내(ὑπομονή)를 언급한다. 인내야말로 바울이 그 다음에 열거하는 모든 고난에 가득찬 현실 속에서도 그의 사도직을 유지해 나가는 데 가장 기본적인 자세이기 때문이다. 바울의 적대자들이 그럴 듯한 행위로써 그리스도의 사도됨을 입증해 보인다면 바울은 고난에 찬 봉사를 수행함으로써 참된 하나님의 사도임을 증명하려고 한다. 인내 다음으로 바울은 환난(θλῖψις)과 궁핍(ἀνάγκη)과 걱정(στενοχωρία)을 열거한다. 바울의 인생이 환난의 역사라고 말해도 좋을 만큼 바울은 환난이란 말을 자주 쓴다(고후 1:4-10; 2:4; 롬8:35 등). 그는 가끔 풍요할 때도 있었는지 모르지만 거의 궁핍했고(빌 4:12), 동족의 구원 문제로 인해(롬 9:1-3), 모든 교회를 위하여(고후 11:28), 그리고 자신의 신상문제 등으로 끊이지 않는 염려와 걱정이 있었던 사람이었다.

바울은 계속해서 사도로서 겪었던 고난들을 열거한다: 매 맞음, 옥에 갇힘, 불안한 시간들, 수고, 잠 못 자는 밤, 굶주림. 바울은 고후 10-13장에서 더욱 상세하고도 애절하게 사도로서 자신이 겪은 고통을 언급한다:

---

37) 바울의 자비량 선교의 이유에 관해 김판임, "바울은 왜 스스로 벌어가며 선교하였나(고전 9:1-27 연구)",『말씀과 교회』19 (1998 여름), 132-147과 "바울의 자비량 선교와 모금 운동에 나타난 경제 원칙",『신학논단』4 (서울: 한들, 1998), 237-263 참조.

"내가 수고를 넘치도록 하고 옥에 갇히기도 하고 매도 수없이 맞고 여러 번 죽을 뻔하였으니 유대인들에게 사십에 하나 감한 매를 다섯 번 맞았으며, 세 번 파선하는데 일주야를 깊음에서 지냈으며 여러 번 여행에, 강의 위험과 강도의 위험과 광야의 위험과 바다의 위험과 거짓 형제 중의 위험을 당하고, 또 수고하며 애쓰고, 여러 번 자지 못하고 주리며 목마르고, 여러 번 굶고 춥고 헐벗었노라"(고후 11:23b-28).

6-7a절에서는 어떠한 고난에도 굴하지 않고 사도 바울의 삶을 지켜주는 원칙들이 열거된다: 깨끗함, 지식, 오래 참음, 자비함, 성령, 거짓 없는 사랑, 진리의 말씀, 하나님의 능력.

깨끗함(ἀγνότης)이란 고후 1:12; 4:2에서 짐작해 볼 수 있는 대로 양심에 있어서 거리낌이 없고 모든 일 처리를 하나님의 거룩함과 진실함에 어긋나지 않게 하는 삶의 투명성을 의미한다.

지식(γνῶσις)이란 우리 사회에서 매우 비판적으로 적용되고 있는 데 반해, 바울에게 있어서는 성령의 은사들 중의 하나이다(고전 12:8). 바울뿐만 아니라 바울 당시에는 지식이란 말이 유대 문화권에서나 헬라 문화권에서나 긍정적으로 사용되던 말이다. 에세네파의 지도자였던 의의 선생이나 공동체 멤버들은 하나님을 찬양할 때 무엇보다도 먼저 하나님을 아는 지식을 갖게 된 것에 감사를 드린다. 하나님을 아는 지식에 근거해서 그들의 삶은 영위되거니와, 이 지식은 바로 하나님 자신으로부터, 다시 말하면 그의 말씀, 그의 율법으로부터 오기 때문에 그들은 이 지식 때문에 교만해지거나 방자해지지 않고 더욱 겸손히 하나님을 찬양하게 되었던 것이다. 헬라문화권에서도 지식이 높이 평가된 것은 영지주의자들의 이해를 통해서 알 수 있다. 우리는 "영지"라고 번역을 해서 다른 단어라고 오해하기 쉬운데 이것은 지식과 같은 말이다. 영지주의자들은 하늘로부터 영적인 지식을 습득함으로써 구원을 얻었다고 열광했던 사람들로서 그들에게 가장 중요한 것은 지식이었다. 바울은 그리스도를 아는 지식이 가장 고상함이라(빌 3:8)고 지식의 내용을 그리스도로 분명히 제시하고 있으며, 그리스도를 안다고 할 때 그 지식(γνῶσις)은 다름 아니라 그에 대한 신앙(πίστις)을 의미한다.

오래 참음(μακροθυμία)은 사랑의 태도에 속한다고 할 수 있다(고전 13:4). 그 다음에 열거하고 있는 자비함(χρηστότης)은 롬 2:4에서 알 수 있듯이 하나님의 속성이다. 이 모든 것들은 하나님의 거룩한 영의 작용에 의해 가능한 성령의 열매들로서(갈 5:22,25) 자기의 유익을 구하지 않는(고전 13:5) 거짓 없는 사랑을 가능케 해준다. 성령을 받은 사람은 하나님의 성품에 어긋나지 않는 삶을 살고자 한다. 바울은 그러한 자의 모범을 보이며 자기를 닮으라고 권한다. 그 다음에 열거되는 "진리의 말씀(λόγος ἀληθείας)"은 바울이 전하는 예수 그리스도를 통한 하나님의 화해의 메시지(고후 5:19)인 복음을 의미한다. 복음은 바울의 말과 행함에 있어서 기준이 된다고 하겠다. 복음을 전하면서 바울은 사도로서 더욱 확고한 자신을 경험한다. 그리고 사도로서의 바울의 삶은 하나님의 능력 안에(ἐν δυνάμει θεοῦ) 있기를 원한다. 사도 바울은 그의 복음 선포에서 하나님의 능력이 나타나기를 원한다. 엄밀히 말해 여기 전치사 엔과 여격 명사로 열거되고 있는 모든 삶의 원칙들은 복음을 전하기에 합당한 성품, 하나님의 성품을 갖는 것을 가능케 해주는 성령의 역사이며 이는 또한 하나님의 능력 안에서 일어난다고 하겠다.

③ 역설적인 바울의 현재 모습(고후 6:7b-10)

역경에 가득찬 현실에서(4-5절) 하나님과 같은 성품을(6-7절) 삶의 원칙으로 삼고 살아가는 일은 쉬운 일이 아니다. 전쟁과 같이 분투해야 하는 삶일 것이다. 거짓과 탐욕으로 가득찬 악한 세상에서 하나님 보시기에 참되고 맑게 살아가는 일이란 하나님의 능력에 의지한다 해도 쉬운 일이 결코 아니라 악과 불의에 대항해서 싸우는 투쟁의 역사일 것이다(고후 10:3-4). 그래서 바울은 의의 무기를 좌우에 가지고 산다고 표현한다. 로마 병사들은 오른 쪽에 공격의 무기로 칼을, 왼쪽에는 방어를 위한 방패를 가진다. 바울은 이 본문에서 좌우에 의를 무기로 가진다고 표현했고, 살전 5:8에서 그리스도인들에게 "믿음과 사랑의 흉배를 붙이고 구원의 소망의 투구를 쓰자"고 권면한다. 은혜의 때, 구원의 때에 살고 있는 사도 및 그리스도인의 현재는 모든 문제가 해결되어 있는 안온한 상태가 아니라 복음 선포를 위해 거리끼는 모든 장애 요소들을 대항해서 싸워야 하는 때이다.

예수 그리스도의 복음을 전할 때에 모든 사람들에게서 칭찬을 받고 영광된 것만은 아니다. 오히려 비난을 받고 수치를 당하는 일도 허다하다. 이런 모든 일들 중에 흔들리지 않으려면, 의를 무기로 삼고 자기 자신을 지켜야 한다. 의는 정의, 곧 올바름이다. 바울이 무기로 삼고 있는 의는 하나님의 의이다. 하나님의 의는 이미 예수 그리스도의 죽음과 부활에서 나타났다(롬 3:21-26). 십자가의 도는 세상의 가치관과 전적으로 다른 것이다. 일반인의 눈에 영화로워 보이는 것, 값비싼 것, 영화와 부귀 등과는 완전히 반대이다. 가장 수치스러운 모습으로 예수는 우리 인류의 구원을 가져왔다. 예수의 십자가 죽음에서 하나님의 결정적인 구원의 역사를 깨달은 바울은 복음을 전하는 데 사람들의 평가에 아랑곳하지 않고 거리낌 없이 당당하게 나아갈 수 있었다.

그러므로 8b-10절에서 바울은 굳굳하게 말한다. 사람들 눈에 그가 속이는 자로 보일지라도 자기 자신이 참되다는 것, 사람들 눈에는 잘 알려져 있지 않지만 하나님과 교회에서는 유명하다는 것, 일반인들에게는 인정받지 못하지만 교인들에게는 하나님의 일을 수행하는 자로 인정되고 있다는 것을. 그 다음 반명제는 4장 10-11절의 삶과 죽음의 대조를 받아들였다. 바울은 매일 죽는다(고전 15:31). 날마다 그의 죽음에는 예수의 생명이 드러난다(고후 4:11). 그가 고생하는 걸 보면 징계를 받는 것 같아 보이지만 죽임을 당하지는 않는다. 바울의 삶은 환난으로 가득 차고 늘 근심이 가득한 것 같지만, 그 어떤 것도 그의 기쁨을 앗아가지 못한다. 왜냐하면 그의 기쁨은 그리스도 안에 그 근거를 두고 있기 때문이다. 겉보기에 사도 바울은 가난하다. 그는 노동을 해서 생계를 유지해 나가는 사람이었다(고전 4:12). 그러나 그는 그리스도로부터 충분히 받은 사람으로서 많은 사람을 부유하게 할 수 있었다. 이 모든 당당함과 기쁨은 하나님이 현재 그와 함께 하고 계시다는 것, 그러므로 지금은 하나님의 은혜의 때, 구원의 때라는 사도의 현재에 대한 선언(고후 6:1-2)에 근거를 두고 있다.

4) 바울의 현재 이해와 자기 이해

바울은 "현재가 구원의 때"라고 선언한다. 우리는 구원의 때라고 하면 아무런 고통이 없는 천국같은 것을 생각한다. 그러나 고린도후서 본문을 통해 알 수 있듯이 바울은 현재에서 많은 고난과 고초를 겪는다. 생명을 유지하기 위한 일차적인 차원도 위협 당하는 일이 허다하다. 굶주림과 목마름, 강도의 위험, 강과 바다의 위험, 매 맞음. 믿는 형제들로부터 칭찬을 받을 뿐만 아니라 오해를 받기도 한다. 그리스도를 전하는 다른 선교자들로부터 모함을 받기도 한다. 이 모든 경험들은 바울이 복음을 전하는 과정에서 겪는 일이다.

복음은 다름 아니라 예수 그리스도를 통해 하나님의 의가 나타났다는 것(롬 3:21-26)이다. 하나님이 예수 그리스도를 통해 구원 활동을 개시하셨고, 지금도 활동하고 계시다는 것이다. 바울은 하나님이 함께 하신다는 의식 속에서 모든 고난을 감내할 수 있었다. 그래서 그는 고후 6:1에서 "우리는 동역자로서 여러분들에게 권합니다"라고 말할 수 있었다. 바울은 그가 이방인을 위한 사도로서 복음을 전하는 일이 하나님에게서 받은 역사적 소명으로 이해했고, 이 사도직을 수행하는 과정에서 하나님이 함께 일하신다는 의식을 가지고 살았다.

바울에게 있어서 고난을 이기는 힘은 미래에 하나님이 심판하실 때에 구원받을 것을 확신함으로 오는 것이 아니라, 이미 예수 그리스도를 통해 하나님이 구원활동을 개시하셨다는 복음 그 자체에서 온다. 이미 나타난 하나님의 의를 방패로 삼아 현재의 고난을 극복함으로써 현재는 고난의 때가 아니라 구원의 때라고 바울은 선언할 수 있었다.

3. 의의 선생과 바울

1) 형식적 비교

고난의 현재에 직면해서 의의 선생은 하나님께 드리는 찬양시의 형식으로 자신의 현실에서 오는 두려움을 노래하고, 그런 중에도 의 엿하게 적대자들을 물리쳐 주실 하나님의 힘에 의지하는 굳건한 신앙을 노래한다. 그의 찬양시는 매우 개인적인 차원에서 지어진 것이지만 그의 공동체에서 이 찬양시도 다른 찬양시와 마찬가지로 공동체가 위기의식을 느낄 때 공동체를 강건하게 하기 위해 하나님께 찬양을 드릴 때 사용되어졌으리라 여겨진다.

사도 바울은 고난의 현재를 의식하여 하나님께 찬양하는 글을 쓴 것이 아니라, 그의 공동체에게 편지를 쓴다. 그가 예수를 전하기 위해 노심초사하는데, 그의 교회의 멤버들을 바울이 진정한 사도니 아니니 하는 태도들이 바울의 마음을 불편하게 했고, 그러므로 바울은 그가 사도로서 겪는 고통을 열거하고, 그럼에도 불구하고 사도로서의 기품을 유지하고 살고 있음을 자신있게 말한다. 왜냐하면 예수에게서 하나님의 결정적인 구원 행위를 본 그에게는 현재가 아무리 힘

들고 고통스러울지라도 이미 하나님의 구원행위는 시작되었고 따라서 현재는 은혜의 때, 구원의 날이기 때문이다. 이러한 구원의 현재라는 확신을 담은 그의 편지들은 교회가 문제에 처했거나 혹은 위기에 처했을 때마다 교회에서 회람되며 낭독되었을 것이다.

2) 내용적 비교

찬양시 1QH II, 20-30 전체는 의의 선생이 그의 현재에서 적대자들로부터 생명의 위협을 느끼면서 하나님의 언약에 의지하여 그가 보호해주심을 바라고 굳굳하게 살아가는 모습을 내용으로 하고 있다. 이는 고린도후서에 나타난바 자신의 사도직을 변호하는 가운데 표현된 사도로서의 생명의 위협을 느끼며 고난에 찬 그의 삶 속에서 하나님의 은혜에 힘입어 당당하게 살아가는 바울의 모습과 매우 유사하다.

그러나 그들의 삶의 태도에는 결정적인 차이가 있다. 바울의 당당함과 확신이 의의 선생의 그것과 다른 결정적인 차이점은 다음과 같다. 의의 선생이 미래에 있을 구원을 바라보면서 하나님을 의지하였다면, 바울에게 있어서 구원은 과거 예수 그리스도의 십자가 사건과 함께 이미 일어난 것으로 뒤돌아보고 있다는 점이다. 물론 구원은 아직 완성된 것은 아니다. 바울도 미래에 있을 구원의 완성을 희망하며 나아간다(빌 3:12). 이 희망은 이미 일어난 구원 사건에 대한 믿음에 기초를 두고 있다. 그렇기 때문에 의의 선생에게는 현재가 항상 고난의 때이지만, 바울에게 있어서 그의 현재는 어떠한 환난을 당하고 곤경에 처해 있을지라도 은혜받을 만한 때요 구원의 때이다. 그래서 그는 환난 중에 기뻐하며 하나님의 사도로서 복음을 위해 기뻐하며 나아갈 수가 있었던 것이다.

현재 당하는 고난에도 굴하지 않고 위대한 종교적 지도자로서 활약했던 의의 선생과 바울의 차이점은 다음과 같이 분류해 볼 수 있다.

	의의 선생	바울
1) 시대	BC 2세기 중엽	AD 1세기 중엽
2) 적대자	요나단과 그의 일당	유대출신 헬레니즘계 선교자들
3) 현재 이해	고난과 위협	고난(그러나 구원의 때)
4) 인내와 소망의 근거	미래에 있을 종말심판	과거에 있었던 그리스도 사건
5) 고난 호소의 방법	하나님에 대한 찬송	교인들에 대한 호소의 편지
6) 하나님 이해	언약 체결자 및 심판자	현재 구원을 위해 역사하심
7) 자기 이해	성서해석의 권위자	이방인을 위한 사도

에필로그

이 책은 2002년부터 2007년까지 5년간 국내에 발표했던 논문들을 모아 수정 보완한 것이다. 제1장에서 제4장까지는 2003/4년 학술진흥재단에서 지원하는 "선도연구자 지원 사업(KRF-2003-04- A00191)"에 힘입어 이루어진 연구 결과들이고, 제9장 "예수와 쿰란공동체"는 "2006년도 세종대학교 신임교수 연구지원금"으로 이루어진 연구결과물이다. 제10장은 이 책에 담긴 논문 중 가장 먼저 발표된 논문으로서, 대학 강사로서 오랜 세월을 지내는 동안 다가왔던 학자로서의 위기의식을 이겨내는데 기초석 역할을 하였다. 책의 구성상 가장 나중에 위치하게 되었다. 책의 구성을 위해 처음으로 발표하는 논문들도 두 편 있다. 독자들에 대한 안내 차원에서 이전에 발표되었던 논문들의 제목과 게재지를 소개한다.

제1장
"쿰란공동체와 초기 그리스도교 공동체 비교연구: 입회과정과 자격 조건을 중심으로", 『신약논단』11/4(2004년 겨울), 837-870.

제2장
"쿰란공동체와 초기 그리스도교 공동체 비교(2): 공동식사를 중심으로", 『신약논단』12/1(2005년 봄), 133-155.

제3장
"쿰란공동체와 초기 그리스도교 공동체 비교(3): 혼인생활을 중심으로", 『신약논단』12/3(2005년 가을), 645-671.

제4장
"쿰란공동체와 초기 그리스도교 공동체의 예배생활",
　『신학사상』제131집(2005 겨울), 131-159.

제5장
"쿰란문서의 메시아 이해와 신약성서의 예수 그리스도 이해",
　『신약논단』13/1(2006 봄), 223-253.

제6장
"쿰란문서와 신약성서의 성령이해"(미발표)

제7장
"쿰란공동체와 초기 그리스도교의 현재 이해"(미발표)

제8장
"쿰란공동체와 세례요한",『한국기독교신학논총』47(2006), 45-69.

제9장
"예수와 쿰란공동체"『신학사상』제137집(2007 여름), 97-127.

제10장
"고난의 현재에 임하는 두 영적 지도자 의의 선생과 사도 바울 비교(1QH II, 20-30와 고후 6:1-10을 중심으로)",
　『신약논단』9/2(2002년 여름), 479-511.

참 고 문 헌

김경희, "원시 기독교의 여성 선교자들", 「신학과 현장」 9 (1999), 35-56.
김경희, "갈라디아서 3장 28절을 통해서 본 원시 기독교의 평등비전", 『신약성서의 교회론』(신약논단 제7권), 서울: 한들, 2000, 48-82.
김경희(외 12인), 『신약성서개론』, 서울: 대한기독교서회, 2002.
김달수, 『히브리서』, 대한기독교서회 창립100주년 기념성서주석, 서울: 대한기독교서회, 1999.
김덕중, "1QpHab을 통해 본 쿰란공동체의 성서해석", 「구약논단」 제20집 (2006.4.), 35-58.
김지철, 『고린도전서』, 대한기독교서회 창립100주년 기념성서주석 38, 서울: 대한기독교서회, 1999.
김창락, 『갈라디아서』, 대한기독교서회 창립100주년 기념성서주석 40, 서울: 대한기독교서회, 1999.
김창선, 『쿰란문서와 유대교』, 서울: 한국성서학연구소, 2002.
김창선, 『21세기 신약성서신학』, 서울: 예영, 2004.
김판임, "고난 중에 가지는 구원의 확신과 희망(1QH III, 19-36을 중심으로)", 「말씀과 교회」 제18집(1998 봄), 113-131.
김판임, "바울은 왜 스스로 벌어가며 선교하였나(고전 9:1-27 연구)", 「말씀과 교회」 제19집 (1998 여름), 132-147.
김판임, "바울의 자비량 선교와 모금 운동에 나타난 경제 원칙", 『신약성서의 경제 윤리』(신약논단 제4권), 서울: 한들, 1998, 237-263.
김판임, 『고린도후서』, 대한기독교서회창립 100주년 기념성서주석 39, 서울: 대한기독교서회, 1999.
김판임, "쿰란문헌에 나타난 종말심판과 새창조", 『밀레니엄과 신약성서의 종말론』(신약논단 제5권), 서울: 한들, 1999, 65-80.
김판임, "쿰란문헌에 나타난 성령 이해", 『성서와 성령』(박창건교수 은퇴기념 논문집), 조경철(편), 서울: 대한기독교서회, 2000, 273-293.
김판임, "예수와 여성: 하나님나라와 관련하여", 『하나님나라, 그 해석과 실천』 (황성규 교수 정년 은퇴기념논문집), 천안: 한국신학연구소, 2000, 115-132.
김판임, "유대교에서의 여성의 역할과 지위 및 이에 대한 예수의 입장", 「한국기독교신학논총」제18집 (2000), 109-158.
김판임, "바울의 신앙고백과 선교", 「말씀과 교회」제 26집 (2000 가을), 221-235.
김판임, "이혼 논쟁에 나타난 예수의 결혼 이해(막 10:1-9를 중심으로)", 「한국여성신학」제44집(2000 겨울), 5-10.
김판임, "제10장 바울의 생애와 활동",『신약성서개론』, 서울: 대한기독교서회, 2002, 281-300.
김판임, "신약성서의 구원 이해: 예수와 바울을 중심으로", 「신약논단」제11집 제3권(2004 가을), 533-575.
김판임, "예수와 세례요한", 「말씀과 교회」제39집 (2005 여름), 125-155.
김판임, "아주 특별한 용기-하나님 아버지를 부름", 「한국여성신학」 61권 (2005 여름), 62-68.
김판임, "믿음 소망 사랑 중에 사랑이 제일인 이유 - 바울 신학 이해를 위한 소고", 「신학연구」47집 (2005), 99-121.
김판임, "지식과 사랑의 이중주: 고린도전서 8장 연구", 「말씀과 교회」제40집 (2006, 1), 64-76.
김판임, "공동식사에 관한 제언 - 고린도전서 11장 17-34절을 중심으로", 「말씀과 교회」제42집 (2007, 1), 181-195.
김희성,『부활신앙으로 본 신약의 성령론』, 서울: 대한기독교서회, 2000.
남호,『초기 기독교 예배』, 서울: 기독교대한감리회 홍보출판국, 2001.
다우첸베르크/윤선아 역, "바울로의 교회들에서 여성들이 차지한 위치",『원시 그리스도교의 여성』, 다우첸베르크 · 메르클라인 · 뮐러(엮음), 왜관: 분도출판사, 1992, 231-284.
던/박문재 역,『바울신학』, 파주: 크리스찬다이제스트, 2003.
디벨리우스/김득중 역,『목회서신』, 국제성서주석 42, 서울: 한국신학연구소. 1983.
로제/박창건 역,『신약배경사』서울: 대한기독교출판사, 1995.
로핑크/윤선아 역, "신약성서의 여성 부제",『원시 그리스도교의 여성』, 다우첸베르크 · 메르클라인 · 뮐러(엮음), 왜관: 분도출판사, 1992, 335-358.
마쉴론 투셍-사마/이덕환역,『먹거리의 역사 상』, 서울: 까치, 2002.
미헬/강원돈 역,『히브리서』, 국제성서주석 43, 서울: 한국신학연구소, 1988.
민영진,『히브리어에서 우리말까지』, 서울: 두란노, 1996.
박익수,『누가 과연 참 그리스도인인가?』, 서울: 대한기독교서회, 2002.
박정수, "'고난의 현재에 임하는 두 영적 지도자 의의 선생과 사도 바울 비교'

에 대한 논평", 「신약논단」 제9권 제2호 (2002 여름), 513-516.
바레트/한국신학연구소 번역실역, 『고린도전서』, 국제성서주석 35, 서울: 한국신학연구소, 1985.
버머스/노진준 역, 『유대인 예수의 종교』, 서울: 은성, 1995.
버튼 맥/김덕순 역, 『잃어버린 복음서- Q복음과 기독교의 기원』, 서울: 한국기독교연구소, 1998.
베이전트 M.·레이, R./서울대학교 성서연구모임 역, *The Dead Sea Scrolls Deception,* 『예수의 비밀-사해사본에 나타난 기독교의 뿌리』, 서울: 세기문화사, 1992.
보그/김준우역, "예수와 종말론: 최근의 동향," 「세계의 신학」 통권51호(2001. 여름), 28-70.
보 라이케/한국신학연구소 역, 『신약성서 시대사』, 서울: 한국신학연구소, 1986.
불트만/허혁 역, 『공관복음전승사』, 서울: 대한기독교서회, 1976.
불트만/허혁 역, 『신약성서신학』, 서울: 성광문화사, 1976.
불트만/허혁역, "바울의 윤리 문제", 『학문과 실존 III』, 서울: 성광문화사, 1982, 295-312.
서중석, 『복음서해석』, 서울: 대한기독교서회, 1991.
성종현, 『신약성서의 중심주제들』, 서울: 장로회신학대학교출판부, 1998.
수잔네 하이네/정미현 역, 『초기 그리스도교의 여성들』, 서울: 이화여자대학교 출판부, 1998.
스탠턴/ 김동건 역, 『복음서와 예수』, 서울: 대한기독교서회, 1994.
시어링/정성호 역, 『인간예수. 사해사본에 대한 새로운 해석』, 서울: 신천지, 1994.
얀 토마스, "5장 로마시민으로서의 아버지, 아버지의 도시로서의 로마(BC 2 세기-AD 2세기)", 『가족의 역사. 오래된 세계, 이질적인 선택』, 앙드레 뷔르기에르 외/정철웅 옮김, 서울: 이학사, 2001, 267-322.
예레미아스/김경희 역, 『예수의 선포』, 왜관: 분도출판사, 1999.
장홍길, 『신약성경 윤리』, 서울: 장로회신학대학교출판부, 2002.
정양모, 『마르코복음서』, 한국천주교회 200주년 신약성서, 왜관: 분도출판사 1981(2000 신정판).
정양모(역주), 열두 사도들의 가르침 - 디다헤』, 교부문헌총서 7, 왜관: 분도출판사, 1993, 64-77.
조명기, "쿰란공동체의 하박국 재해석", 「구약논단」 제20집 (2006. 4), 10-34.

안성림 · 조철수,『사해문헌(1)』, 서울: 한국문화사, 1999.
유상현,『사도행전 연구』, 서울: 대한기독교서회, 1996.
윤철원, "그레꼬-로마적 관점에서 본 목회서신의 결혼 문제",「신약논단」제8 권 제1호(2001 봄), 123-148.
이경재,『현대문예비평과 신학』, 서울: 다산글방, 2001.
이상규, "요세푸스는 초기 기독교를 어떻게 이해했을까?",「헤르메니아투데이」 26 (2004 봄), 119-130.
캐제만/한국신학연구소 번역실 역,『로마서』, 국제성서주석 34, 서울: 한국신학연구소, 1983.
콘첼만/김철손 · 안병무 외 2인 역,『신약성서신학』, 서울: 한국신학연구소, 1981.
크로산/김준우 역,『역사적 예수』, 서울: 한국기독교연구소, 2000.
천사무엘,『사해문서와 쿰란공동체』, 서울:대한기독교서회, 2004.
타이센/김명수역, "사회적 통합과 성례전 행위",『원시 그리스도교에 대한 사회학적 연구』, 서울: 대한기독교출판사, 1986, 368-387.
타이센/김명수 역, "사도적 정당성과 생계",『원시그리스도교에 대한 사회학적 연구』, 서울: 대한기독교출판사, 1986, 245-286.
타이센 · 메르츠/손성현 역,『역사적 예수』,서울: 다산글방, 2002.
헹엘/김명수 역,『하나님의 아들』, 서울: 대한기독교서회, 1983.

Abegg, M.G., "The Messiah at Qumran: Are We still Seeing Double?", *DSD 2* (1995), 125-144.
Albani, M., "Horoscopes in the Qumran Scrolls", *The Dead Sea Scrolls after Fifty Years Vol.2*, P.W. Flint · J.C. VanderKam(eds.), Leiden: Brill, 1999.
Barthelemy, D · Milik, J.T. , *Qumran Cave I*, DJD I, Oxford: Clarendon Press, 1955.
Beall, T.S., *Josephus' Description of the Essenes. Illustrated by the Dead Sea Scrolls*, SNTSMS 58, Cambridge: Cambridge University Press, 1988.
Beall, T.S., "Essenes", *Encyclopedia of the Dead Sea Scrolls 1,* L.H. Schiffman · J.C. VanderKam(eds.), Leiden: Brill, 2000.
Becker, J., *Das Heil Gottes,* Göttingen: Vandenhoeck und Ruprecht, 1964.
Becker, J · Conzelmann, H · Friedrich, G., *Die Briefe an die Galater, Epheser, Philipper, Kolosser, Thessalonicher und Philemon*, NTD 8, Göttingen: Vandenhoeck und Ruprecht, 1981.
Bergmeier, R. *Die Essener-Berichte des Flavius Josephus. Quellenstudien zu den*

Essenertexten im Werk des jüdischen Historiographen, Kampen: Kok Pharos Publishing House, 1993.

Betz, H.D., *Galatians. A Commentary on Paul's Letter to the Churches in Galatia,* Philadelphia: Fortress Press, 1979.

Betz, O., "Was John and the Baptist An Essene?", *Understanding the Dead Sea Scrolls,* H. Schanks(ed.), NewYork: Random House, 1992, 205-214.

Brooten, B., "Junia··· Outstanding among the Apostles (Romans 16:7)", *Women Priests,* L. Swidler · A. Swidler(eds.), New York: Paulist Press, 1977, 141-144.

Brownlee, W. H., "John the Baptist in the New Light of Ancient Scrolls", *The Scrolls and the New Testament,* K. Stendahl(ed.), London: SCM, 1958, 33-53, 252-256.

Brownlee, W. H., "Jesus and Qumran." *Jesus and the Historian: Written in Honor of Ernest Cadman Colwell,* L.F.T. Trotter(ed.), Philadelphia: Westminster, 1968.

Brownlee, W. H., *The Midrash Pesher of Habakkuk,* Missoula: Scholars Press, 1979.

Bruce, F. F., "Jesus and the Gospels in the Light of the Scrolls", *The Scrolls and Christianity,* M. Black(ed.), SPCKTC 11, London: SPCK, 1969.

Bruce, F.F., *I.&II. Corinthians,* The New Century Bible Commentary, Grand Rapids: Eerdmans 1971.

Charlsworth, J.H. "Jesus and the Dead Sea Scrolls", *Jesus within Judaism,* ABRL 4, NewYork: Doubleday, 1988.

Charlesworth, J.H., "John the Baptizer and Qumran. Bariers in the Light of the Rule of the Community", *The Provo International Conference on the Dead Sea Scrolls,* D.W. Perry · E.Urlich(eds.), Leiden: Brill, 1992, 205-214.

Chazon, E., "Hymns and Prayers in the Dead Sea Scrolls", *The Dead Sea Scrolls after Fifty Years,* P.W. Flint · J.C. VanderKam(eds.),(Leiden: Brill, 1997, 244-270.

Collins, J. J., "The Works of the Messiah", DSD 1 (1994), 98-112.

Collins, J. J., *The Scepter and the Star: The Messiahs of the Dead Sea Scrolls and other Ancient Literature,* New York: Doubleday, 1995.

Conzelmann, H., *Die Mitte der Zeit, Studien zur Theologie des Lukas,* Tübingen: J.C.B. Mohr, 1962.

Conzelmann, H., *Der erste Brief an die Korinther,* KEK V, Göttingen: Vandenhoeck & Ruprecht, 1969.

Conzelmann, H., *Die Apostelgeschichte,* HNT 7, Tübingen: J.C.B. Mohr, 1972.

Davies, P. R. · Brooke, G. J. · Callway, P. R. *The Complete World of The Dead Sea Scrolls,* London: Thames and Hudson, 2002.

Deichgräber, R., *Gotteshymnus und Christushymnus in der frühen Christenheit*, StUNT 5, Göttingen: Vandenhoeck & Ruprecht, 1967.

Deissmann, A. *Die neutestamentliche Formel 'In Christo Jesu'*, Marburg, 1892.

Deming, W., *Paul on Marriage & Celibacy. The Hellenistic Background of 1 Corinthians 7*, Grand Rapids: Eerdmans Publishing Co., 2004.

Dibelius, M., *Die Pastoralbriefe*, Tübingen: J.C.B. Mohr, 1966.

Dunn, J. D. G., *Romans 2(9-16)*, WBC 38a, Dallas: World Books, 1988.

Dupont-Sommer, A., *Die essenischen Schriften vom Toten Meer*, Tübingen: J.C.B. Mohr, 1960.

Eisenman. R. H. · Robinson J.M.(eds.), *A Facsimilie Edition of the Dead Sea Scrolls. 2 Vols.* Washington: Biblical Archaeology Society, 1991.

Elliger, K., *Studien zum Habakkuk-Kommentar vom Toten Meer*, Tübingen: J.C.B. Mohr, 1953.

Eisenmann, R., *The Dead Sea Scrolls and the First Christians,* Shaftesbury: Element, 1996.

Ernst, J., *Johannes der Täufer. Interpretation-Geschichte-Wirkungsgeschichte*, BZNW 53, Berlin: Walter de Gruyter, 1989.

Evans, C. A., "Jesus and the Dead Sea Scrolls," *Eschatolgy, Mesianism, and the Dead Sea Scrolls,* C. A. Evans and P. W. Flint(eds.), SDSRL 1, Grand Rapids: Eerdmans, 1997.

Evans, C. A., "Jesus and the Dead Sea Scrolls", *The Dead Sea Scrolls after Fifty Years Vol II,* P. W. Flint and J. C. VanderKam(eds.), Leiden: Brill, 1999.

Evans, C.A., "Messiahs", *Encyclopedia of the Dead Sea Scrolls,* L. H. Schiffman · J. C. VanderKam(eds.), Oxford: Oxford University Press, 2000, 537-542.

Falk, D. K., *Daily, Sabbath, and Festival Prayers in the Dead Sea Scrolls*, Studies on the Texts of the Desert of Judah Vol. XXVII, Leiden: Brill, 1998.

Farby, H. J., "Qumran." *Lexikon für Theologie und Kirche 8*, 1999.

Fee, G. D., *The First Epistle to the Corinthians*, NICNT, Grand Rapids: Eerdmans 1987.

Fields, W. W., "Discovery and Purchase", *Encyclopedia of the Dead Sea Scrolls 1*, L. H. Schiffman · J. C. VanderKam(eds.), Oxford: Oxford University Press, 2000, 208-212.

Fields, W. W. *Dead Sea Scrolls and Discovery,* Leiden: Brill, 2006.

Fitzmyer. J. A., *The Gospel according to Luke I-IX*, Garden City: Doubleday & Company, 1981.

Fitzmyer, J. A., *The Dead Sea Scrolls and Christian Origins*, Grand Rapids: Eerdmans, 2000.

Flint, P. W., *The Dead Sea Psalms Scrolls and the Book of Psalms*, STDJ XVII, Leiden: Brill, 1997.
Georgi, D., *Die Gegner des Paulus im 2. Korintherbrief*, WMANT 11, Neukirchen-Vluyn: Neukirchener Verlag, 1964.
Geyser, A. S., "The Youth of the John the Baptist", *Novum Testament I*(1956), 70 이하.
Glesmer, U., "Calendars in the Qumran Scrolls", *The Dead Sea Scrolls after Fifty Years*, Vol.2, P. W. Flint · J. C. VanderKam(eds.), Leiden: Brill, 1999, 213-278.
Habicht, Ch., *2. Makkabäerbuch*, Jüdische Schriften aus hellenistische-römischer Zeit, Bd./3 Gütersloh: Gütersloher Verlag, 1979.
Heitmüller, W, *Taufe und Abendmahl*, Göttingen: Vandenhoeck und Ruprecht, 1903.
Hempel, Ch. "Qumran Community", *Encyclopedia of the Dead Sea Scrolls 2*, L.H. Schiffman · J. C. VanderKam(eds.), Oxford: Oxford University Press, 2000, 746-751.
Hengel, M., "Die Qumranrolle und der Umgang mit der Wahrheit," *ThBeitr* 23(1993), 233-237.
Hofius, O., *Der Christushymnus Philipper 2, 6-11*, Tübingen: J.C.B. Mohr, 1976.
Holm-Nielsen, S., *Die Psalmen Salomos*, JSHRZ IV/2, Gütersloh: Gütersloher Verlag, 1977.
Horn, F. W., *Das Angeld des Geistes*, Göttingen: Vandenhoeck & Ruprecht, 1989.
Horsley, R. A., *1 Corinthians*, Abingdon New Testament Commentaries, Nashville: Abindon, 1998.
Jensen, J., "Does Porneia Mean Fornication:", *NovT* 20(1978), 161-184.
Jeremias, G., *Der Lehrer der Gerechtigkeit*. Göttingen: Vandenhoeck und Ruprecht, 1963.
Jeremias, J., *Abba. Studien zu neutestamentlichen Theologie und Zeitgeschichte*, Göttingen: Vandenhoeck und Ruprecht 1966.
Jeremias, J., *Neutestamentliche Theologie erster Teil: Die Verkündigung Jesu*, Göttingen: Vandenhoeck und Ruprecht, 1979.
Jeremias, J., *Die Sprache des Lukasevangeliums*, KEK Sonderband, Göttingen: Vandenhoeck und Ruprecht, 1980.
Jervell, J., *Die Apostelgeschichte*, Göttingen: Vandenhoeck und Ruprecht, 1998.
Kim, K. H., *Die Bezeichnung Jesu als (o) Christos. Ihre Herkunft und ursprüngliche Bedeutung*, Diss. Marburg, 1981.
Kim, P., *Heilsgegenwart bei Paulus. Eine religionsgeschichtlich-theologische Untersuchung zur Suendenvergebung und Geistgabe in den Qumrantexten bei Johannes dem Taeufer, Jesus und Paulus*, Diss. Göttingen, 1996.

Klauck, H.-J., *Hausgemeinde und Hauskirche im frühen Christentum*, SBS 103, Stuttgart: Katholisches Bibelwerk Verlag, 1981.

Knibb, M. A., "Eschatology and Messianism in the Dead Sea Scrolls", *The Dead Sea Scrolls after fifty Years,* P. W. Flint/J. C. VanderKam(eds.), Brill: Leiden, 1999, 379-402.

Knibb, M. A. *Teacher of Rightousness, Encyclopedia of the Dead Sea Scrolls, Vol. II,* 918-927.

Kollmann, B., *Ursprung und Gestalten der frühchristlichen Mahlfeier*, Göttingen: Vandenhoeck und Ruprecht, 1990.

Kramer, W., *Christos Kyrios Gottessohn. Untersuchung zu Gebrauch und Bedeutung der christlichen Bezeichnungen bei Paulus und den vorpaulinischen Gemeinden*, Berlin: Evangelische Verlagsanstalt, 1969.

Kuhn, H.-W., "Die beiden Messias in den Qumrantexten und die Messiasvorstellung in der rabbinischen Literatur", *ZAW* 70(1958), 200-208.

Kuhn, H.-W. *Enderwartung und gegenwärtiges Heil. Untersuchungen zu den Gemeindeliedern von Qumran mit einem Anhang über Eschatologie und Gegenwart in der Verkündigung Jesu.* Göttingen: Vandenhoeck und Ruprecht , 1966.

Laato, A., "Chronology in the Damascus Document of Qumran", *RdQ* 15(1992), 607-609.

Lang, P., *Die Briefe an die Korinther*, NTD 7, Göttingen: Vandenhoeck und Ruprecht, 1986.

Lichtenberger, H., "The Dead Sea Schrolls and the John the Baptist: Reflections on Josephus' Account of John the Baptist", *The Dead Sea Scrolls: Forty Years of Research,* D. Diamant and U. Rappapert (eds.), Leiden: Brill, 1992, 340-348.

Lichtenberger, H., "Qumran", *TRE* 28, 1997.

Lichtenberger, H., "Baths and Baptism", *Encyclopedia of the Dead Sea Scrolls* 1, L. H. Schiffman · J. C. VanderKam(eds.), Oxford: Oxford University Press 2000, 85-89.

Lietzmann, H., *An die Römer,* Tübingen: J.C.B. Mohr, 1928.

Lim, T. H., *Pesharim,* Sheffield: Sheffield Academic Press, 2002.

Lindemann, A. *Der erste Korintherbrief*, HNT 9/1, Tübingen: J.C.B. Mohr, 2000.

Lohfink, N., *Lobgesänge der Armen. Studien zum Magnifikat, den Hodajot von Qumran, und einigen späten Psalmen*, SBS 143, Stuttgart: Katholischer Verlag, 1990.

Lohse, E.(Hg.), *Die Texte aus Qumran, Hebräisch und Deutsch*, Darmstadt: Buchgesellschaft, 1981.

Lohse, E., *Der Brief an die Römer*, Göttingen: Vandenhoeck und Ruprecht, 2003.
Mack, B. *A Myth of Innocence: Mark and Christian Origins*. Philadelphia: Fortress, 1988.
Maier, J. · Schubert, K. *Die Qumran-Essener*, UTB 224, München: Ernst Reinhardt Verlag, 1982.
Maier, J., *Die Qumran-Essener: Die Texte vom Toten Meer*, Bd I, UTB 1862, München: Ernst Reinhardt, 1995.
Martinez, F. Garcia, "Messianic Hopes in the Qumran Writings", *The People of the Dead Sea Scrolls: Their Writings, Beliefs and Practices*, F. Garcia Martinez · J. Tribolle Barrera(eds.), Leiden: Brill, 1995, 159-189;
Martinez, F. G. · Tigchelaar, E. J. C.(eds.), *The Dead Sea Scrolls Study Edition*. Leiden: Brill, 1997/8.
Mebarki, F. · Puech, E., *Les manuscrits de la mer Morte*, Rodez: Rouergue, 2002.
Mell, U., *Neue Schöpfung. Eine traditionsgeschichtliche und exegetische Studie zu einem soteriologischen Grundsatz paulinischer Theologie*, Berlin/NewYork: Walter de Gruyer, 1989.
Merkel, H. *Die Pastoralbriefe*, NTD 9/1, Göttingen: Vandenhoeck und Ruprecht, 1991.
Milik, J. T., *Ten Years of Discovery in the Wildness of Judäa*, London: SCM, 1959.
Murphy-O'Connor, J. "Teacher of Righteousness", *Anchor Bible Dictionary IV*, 340-341
Newsom, C., *Songs of the Sabbath Sacrifice: A Critical Edition*, HSS 27, Atlanta: Scholars Press, 1985.
Niederwimmer, K., "Zur Analyse der asketischen Motivation in 1. Kor 7", *TLZ* 99, 1974, 241-248.
Niederwimmer, K., *Askese und Mysterium. Über Ehe, Ehescheidung und Eheverzicht in den Anfängen des christlichen Glaubens*, FRLANT 113, Göttingen: Vandenhoeck & Ruprecht, 1975.
Nitzan, B., *Qumran Prayer and Religious Poetry*. Studies on the Texts of the Desert of Judah Vol. XII, Leiden: Brill, 1994.
Park, S. Ch., *The Relation of imperativ to the indikative in Paul's thought: An exegetical study of Romer 6*, Diss. Princeton, 1977.
Proksch, O. "αγιος κτλ.", *ThWNT* I, 88-97.
Puech, E., "Notes sur le manuscrit de 11Q Melkisedek", *RdQ* 1987, 483-513.
Puech, E., *La croyance des Esseniens en la vie future; immortalite, resurrection, vie eternelle? Histoire d'une croyance dans le Judaisme ancien* I, Paris: Gabalda, 1993.
Puech, E., "Une apokaypse messianique (4Q521)", *RdQ* 15(1991-1992), 475-522.

Puech, E., "Messianism, Resurrection, and Eschatology at Qumran and in the New Testament", *The Community of the Renewed Covenant*. The Notre Dame Symposium on the Dead Sea Scrolls, E. Urlich/J. VanderKam(eds.), Notre Dame, 1994, 235-256.

Puech, E., "Messianisme, eschatologie et resurrection dans les manuscripts de la mer Morte", *RdQ* 18(1997), 255-298.

Puech, E., "4Q521(Apokalypse messianique)", *DJD XXV*, Oxford: Clarendon Press, 1998, 1-38.

Puech, E., "Le grand pretre Simen(III) fils d'Onias III. le Maitre de Justice?", *Antikes Judentum und Frühes Christentum*, FS für H. Stegemann zum 65. Geburtstag, B. Kollmann · W. Reinbold · A. Steudel(eds.), Berlin: Walter de Gruyter, 1999, 137-158.

Qimron, E. "Celibacy in the Dead Sea Scrolls and the Two Kinds of Sectariens", *The Madrid Qumran Congress: Proceedings of the International Congress on the Dead Sea Scrolls, Madrid 18-21 March 1991*, J. Trebolle Barrera · L. Vegas Montaner(eds.), Leiden: Brill, 1992, 287-294.

Schenk, W., *Die Philipperbriefe des Paulus. Kommentar*, Stuttgart: Kohlhammer, 1984.

Schiffman, L.H., *The Eschatological Community of the Dead Sea Schrolls. A Study of the Rule of the Congregation*, SBLMS 38, Atlanta 1989.

Schiffman, L.H., *Reclaiming the Dead Sea Scrolls*, New York: Doubleday, 1994.

Schnelle, U. *Gerechtigkeit und Christusgegenwart*, Göttingen: Vandenhoeck und Ruprecht, 1983.

Schrage, W. *Der erste Brief an die Korinther*, EKK VII/2, Neukirchen-Vluyn: Neukirchener Verlag, 1995.

Schubert, K., "Die Messiaslehre in den Texten von Chirbet Qumran", *BZ* 1(1957), 177-197.

Schuller, E. "Prayer, Hymnic, and Liturgical Texts from Qumran", *The Community of the Renewed Covenant*, E. Urlich and J.C. VanderKam(eds.), CCJA 10, Notre Dame: University of Notre Dame Press, 1993, 153-171.

Schuller, E. "Women in the Dead Sea Scrolls", *The Dead Sea Scrolls after Fifty Years*, Vol. II, P. W. Flint · J. C. VanderKam(eds.), Leiden: Brill, 1995, 117-144.

Schuller, E., "4Q 427-432", *DJD XXIX*, Oxford: Clarendon Press, 1999, 69-232.

Schuller, E., "Petitionary Prayer and the Religion of Qumran", *Religion in the Dead Sea Scrolls*, J.J. Collins · R.A. Kugler(ed), Grand Rapids: Eerdmans, 2000, 29-45.

Schunk Klaus-Dietrich, *1. Makkabäerbuch*, JShrZ Bd I/4, Gütersloh: Gütersloher Verlag, 1980.

Schüssler Fiorenza, E., *In Memory of Her. A Feminist Theological Reconstruction of Christian Origins*, NewYork: The Crossroad Publishing Company, 1983.
Stegemann, E.W. · Stegemann, W., *Urchristliche Sozialgeschichte,* Stuttgart: Kohlhammer, 1995.
Stegemann, H., *Die Entstehung der Qumrangemeinde,* Diss. Bonn, 1972.
Stegemann, H. "The Teacher of Righteousness and Jesus: Two Types of Religious Leadership in Judaism at the time of the Era", *Jewish Civilization in the Hellenistic-Roman Period.* Sh. Talmon(ed.), Sheffield: Sheffield University Press, 1991.
Stegemann, H. "Some Aspects of Eschatology in Texts from the Qumran Community and in the Teaching of Jesus", *Biblical Archaeology Today: Proceedings of the International Congress on Biblical Archaeology,* Amitai, J.(ed.), Jerusalem: Magnes, 1985.
Stegemann, H. "The Qumran Essenes-Local Members of the Main Jewish Union in late Second Temple Times", in: *The Madrid Qumran Congress, Proceedings of the International Congress on the Dead Sea Scrolls. Madrid 18-21 March, 1991,* J.T. Barrera and L.V. Montaner, (eds.), Leiden: Brill, 1992.
Stegemann, H., *Die Essener, Qumran, Johannes der Täufer und Jesus,* Freiburg: Herder, 1993.
Stegemann, H., "Qumran und das Judentum zur Zeit Jesu", *Theologie und Glaube* (1994), 175-194.
Stegemann, H., "Some Remarks to 1QSa, to 1QSb, and to Qumran Messianism", *RdQ* 17(1996), 479-505.
Stegemann, H., *The Library of Qumran: On the Essenes, Qumran, John the Baptist, and Jesus,* Grand Rapids: Eerdmans, 1998.
Steudel, A., "4QMidrEschat: 'A Midrasch on Eschatology'", *The Madrid Qumran Congress. Proceedings of the International Congress on the Dead Sea Scrolls, Madrid 18-21 March, 1991,* J. Trebolle Barrera · L. Vegas Montenar(eds.), Leiden: Brill, 1991, 531-541.
Steudel, A., "אחרית הימים in the Texts from Qumran", *RdQ* 16(1993), 225-246.
Steudel, A., *Der Midrasch zur Eschatologie aus Qumrangemeinde(4Q MidrEschata,b), Materielle Rekonstruktion, Textbestand, Gattung und traditionsgeschichtliche Einordnung des durch 4Q 174("Florilegium") und 4Q177("Catena")) repraesentierten Werkes aus Qumran Funden,* STDJ XIII, Leiden: Brill, 1994.
Steudel, A., "4Q408. A Liturgy on Morning and Evening Prayer-Preliminary Edition",

RdQ 63(1995), 313-334.

Sung, J. H., *Vergebung der Sünden*, Tübingen: J.C.B. Mohr, 1993.

Talmon, Sh., "The 'Manual of Benedictions' of the Sect of the Judaean Desert", *RdQ* 2(1960), 475-500.

Theißen, G., "Legitimation und Lebensunterhalt: Ein Beitrag zur Soziologie urchristlicher Missionare", *Studien zur Soziologie des Urchristentums*, WUNT 19, Tübingen: J.C.B. Mohr, 1989, 201-230.

Theißen,G. · Merz,A., *Der historische Jesus, Ein Lehrbuch*, Göttingen: Vandenhoeck und Ruprecht, 1997.

Tov, E.(ed.), *The Dead Sea Scrolls on Microfiche: A Comprehensive Facsimilie Edition of the Texts from the Judaean Desert*. Leiden: Brill, 1993.

VanderKam, J. C., *Calendars in the Dead Sea Scrolls: Measuring Time*, New York: Routledge, 1998.

VanderKam, J. C., "Messianism in the Scrolls", E. Urlich · J. VanderKam(eds.), 211-234.

VanderKam, J. C., *The Dead Sea Scrolls Today*, Grand Rapids: Eerdmans, 1994.

VanderKam, J. C., *Einführung in die Qumranforschung. Geschichte und Bedeutung der Schriften vom Toten Meer*. UTB 1998, Göttingen: Vandenhoeck und Ruprecht, 1998.

VanderKam, J. C., "The People of the Dead Sea Scrolls: Essenes or Sadducees?", *Understanding the Dead Sea Scrolls*. H. Shanks(ed.), New York, 1992.

Vermes, G., *Complete Dead Sea Scrolls in English*. New York: Penguin Press, 1997.

Vielhauer, Ph., "Johannse der Täufer," *RGG III*, 805.

Vielhauer, Ph., "Tracht und Speise Johannes des Täufers", *Aufsätze zum Neuen Testament*, München: Chr. Kaiser, 1965, 47-54.

Vielhauer, Ph., "Erwägungen zur Christologie des Markusevangelium", *Aufsätze zum Neuen Testament*, München: Chr.Kaiser, 1965, 199-214.

Vielhauer, Ph., *Geschichte der urchristlichen Literatur. Einleitung in das Neus Testament, die Apokryphen und die Apostologischen Väter*, Berlin: Walter de Gruyer, 1979.

Volz, P., *Die Eschatologie der juedischen Gemeinde im neutestamentlichen Zeitalter*, 2.Aufl., Tübingen: J.C.B. Mohr, 1934(im Nachdruck Hildesheim 1966).

Webb, R. L., "John the Baptist", *Encyclopedia of the Dead Sea Scrolls 1*, L.H. Schiffman · J. C. VanderKam(eds.), Oxford: Oxford University Press 2000, 420-421.

Weiss, J., *Der erste Korintherbrief*, KEK V, Göttingen: Vandenhoeck und Ruprecht,

1910(9), Nachdr. 1970/1977(2).

Wengst, K., *Christologische Formeln und Lieder des Urchristentums*, Gütersloh: Gütersloher Verlag, 1972.

Wengst, K., *Didache(Apostellehre), Barnabasbrief, Zweiter Klemensbrief, Schrift an Diognet. Eingeleitet, herausgegeben, beitragen und erläutert*, SUC II, Darmstadt: Buchgesellschaft, 1984.

Wrede, W., *Das Messiansgeheimnis in den Evangelien*, Göttingen: Vandenhoeck und Ruprecht 1901(nachdruck, 1963).

Weber, R., "Christologie und Messiasgeheimnis: ihr Zusammenhang und Stellenwert in den Darstellungsintentionen des Markus", *EvTh* 43(1983), 108-125.

Weiss, J. *Die Predigt Jesu vom Reiche Gottes,* Göttingen: Vandenhoeck und Ruprecht, 1964(3).

Wilckens, U., *Der Brief an die Römer*, EKK VI/1,2,3, Neukirchen-Vluyn: Neukirchener-verlag, 1978-82.

Zimmermann, J., *Messianische Texte aus Qumran*, Tübingen: J.C.B. Mohr, 1998.

색 인

쿰란문서

1QH

II, 20-30	183, 216, 265-270, 288
II, 31	267
III, 19	267
III, 19-36	151, 183, 216
III, 24-25	216
III, 26-36	216
III, 37	267
IV, 10	249
V, 5	267
V, 20	267
V, 25	240
VII, 6	217, 267
VII, 6-8	187
VII, 6-10	151, 157-160, 163
VII, 7	217
VII, 8-9	189, 217
VIII, 4	267
IX, 30-34	151, 160-161
X, 14	267
XI, 3-14	151
XI, 15	267
XI, 29	267
XII, 11-12	151, 161-162, 183
XIII, 18-19	151, 162-163
XIV, 8-22	106-108
XV, 1-26	151
XVI, 6-7	151, 163
XVII, 17	151, 164

1QM

VII, 9-10	245
XVII, 8-9	179(각주 9)
XII, 10	182
XIX, 2	182

1QpHab

I, 13	259(각주 3)
II, 2	259(각주 3)
II, 8-10	241
V, 7	179(각주 8)
IX, 6	178(각주 3)

V, 4-5	181	V, 7-9	249
V,10	259(각주 3)	V, 8-9	35,36
VII,1-VIII,3	186-187	V, 13-14	34, 37
VII, 3-5	241	VI, 2-6	37, 56-59, 246
VII,4	259(각주 3)	VI, 6-8	184, 249
VII,4-5	260	VI, 13-20	24
VIII, 1-2	252	VI, 24-25	34, 62
VIII,3	259(각주 3)	VII, 22-24a	34
VIII, 4-5	213	VIII, 1-4	34
VIII, 13-IX,2	214	VIII, 12-16	109, 202, 184-185, 209-211
IX, 8-12	214	VIII, 14	210-211
IX,9	259(각주 3)	IX, 4-5	106
XI, 2-8	268	IX, 9b-11	127
XI, 5	259(각주 3)	IX, 11	136, 180(각주 13, 15), 181, 251
		IX, 26-X, 3	104
		X,6-8	105

1QS

I, 1-III,12	26,28 , 100
I,11-12	28, 36, 184
I, 18-II, 18	101-103
I, 24-II,1	103
II, 18-24	100
III, 4-6	212
III,13-IV,25	153, 179(각주 10)
IV, 18-25	152-155, 182, 183(각주 23), 229
IV, 20-23	183

1QSa

I, 1	27, 128, 179(각주 7)
I, 4-5	31,32
I, 6-11	32, 75, 248
I, 21	179(각주 7)
II, 5-7	179(각주 7)

II, 11-21	127-129, 136, 251	XII, 10-11	29
II, 11-12	178(각주5), 181(각주 19)	XII, 14 이하	60
II, 12	136, 180(각주16)	XII, 23	136, 179(각주8), 180(각주 13,15), 251
II, 14	136		
II, 17-20	57-59, 246	XII, 23-XIII,1	129-130
II, 20	136	XIV, 18-19	130, 136
		XIV, 19	180(각주 13,15), 251

1QSb

		XV, 7	179(각주8)
V,20	137	XVI, 1-2	249
1Q32	181(각주 18)	XIX, 10	130, 136, 180(각주 13,15), 251
2Q24	181(각주 18)		
		XIX, 35-XX,1	130-131, 136
		XX, 1	180(각주 13,15), 251, 260(각주 5)

CD

I, 7-11	213	XX, 28	259(각주 4)
I, 9-11	263(각주14)	XX, 32	259(각주 3)
I, 11	259(각주 3)		
IV, 20-V,2	76	4QMMT	61, 215

4MidrEscha(=4Q174&177=4Q flor&4QCatena)

VI,14	179(각주 8)		
VII,18	136		
VII,20	137	III, 1-5	181(각주18)
X, 4-8	34	III,7-8	179(각주10)
X, 10-11	212	III,8-9	179(각주7)
XI, 12	29	III,11	136, 180(각주17)
XII, 1-2	78	III,10-13	178(각주 2)

III,14-15	178(각주 3)	4Q 505	30
X, 8-10	179(각주7, 10)	4Q507	156
X, 15	182	4Q512	30
XI, 7-8	181	4Q513	30
4QPatrBless 3	180(각주17)	4Q514,	30
4QpPs a II, 17-29	179(각주9)	4Q521 2 II	131-133
4QpPs37 III, 14-15	260	4Q555	181(각주 18)
II, 2-4	178(각주 2)	5Q15	181(각주 18)
III, 1-8	252	11Q18	181(각주 18)
4QpIs a III, 15-29	178(각주 5), 181(각주 21)	11QMelchMidr	144, 226
		11QT 29,8-10	181(각주 18)
4Q159	30		
4Q175(=4QTest)	134-135, 181, 253		
4Q180	144	**신약성서**	
4Q181	144		
4Q184	30	**마태복음**	
4Q186	154, 183(각주 23)		
4Q251	30	1:1-18	142
4Q256	30	1:19-26	142
4Q285	5, 3.4. 180(각주17)	3:1-6	219
4Q400-405	105	3:3	219
4Q408	105	3:7-10	39, 227
4Q415-416	30	3:7-12	226
4Q427-432	264(각주 16)	3:9	228
4Q461	30	3:10	228, 229
4Q503	105	3:12	229
4Q504	105	5:17-48	142

5:18	250	1:16-17	245
5:27-32	85	1:21-22	241
5:31-32	83	1:27	241
5:32	97	2:7	225
5:43-48	243	2:13-17	246
10:5-15	242	2:16-18	242
11:7-10	226	3:31-35	245
11:7-14	243	5:18-20	242
11:19	245	6:7-13	242
12:28	256	7:1-6	247
15:1-20	247	8:27-33	139, 142
16:13-28	139	9:12-13	229
18:21-22	243	10:1-12	83-91
19:3-9	83	10:10-12	84, 97
19:9	88	10:17-19	250
19:16-19	250	11:32	226
22:34-40	254	12:28-34	254
24:29-31	147	13:24-27	147
28:19	196	14:38	117
		14:61	141
		15:9,12	141
		15:32	141

마가복음

1:2	220, 222
1:3	219, 221
1:4	225
1:4-5	219, 225
1:7-8	229

누가복음

1:80	217-218
2:41-42	110

3:7-9	39, 226, 227	16:13	172
3:8	228	16:14	172
3:9	228, 229		
3:15-18	226	사도행전	
3:17	229		
6:27-36	243	2:38	39, 43
7:24-27	226	2:42	39
7:34	245	2:45-46	110
7:36	246	3:15	168
8:23	242	4:10	168
9:1-6	242	4:24-30	117
9:18-27	139	6:1	277
10:25-28	254	13:33	168
10:38-42	246	13:34	168
11:20	256	13:37	168
16:17	250	16:31	46, 47
16:18	83, 85, 88, 97	17:31	168
18:1	117		
18:18-20	250	로마서	
21:25-28	147		
21:36	117	1:3-4	168-170
		1:7	51
요한복음		1:18-3:20	195
		2:4	284
14:1-26	171-172	3:21	192
15: 26	172	3:21-26	285, 286
16:8	172	3:22	194

3:25a	193	12:17-18	200
3:26	192	12:21	200
4:24	115, 168	13:8	200
5:5	150	13:10	200
5:6	138	14:2	70
5:8	138	14:3	70
5:11	192	14:6	70
6:1-11	44	14:15	70
6:3-4	43	14:21	70
6:11	195	15:20	273
6:1-23	50	16장	47
6:19	42		
6:22	42	고린도전서	
8:9	171		
8:11	168	1:2	42, 51
8:15	167, 171,	1:10-4:21	274
8:35	282	1:13	196
8:38-39	201, 203	1:30	42
9-11장	45	2:12	150
9:1-3	282	3:16	111, 171
10:1	168	3:18	171
10:9	50, 115, 197	4:12	286
10:13	197	5:1-13	48, 274
12:1	118	6:1	42
12:6-8	112	6:1-11	274
12:12	116	6:11	41-44, 49, 50,51,
12:5	200		90, 91, 166, 170,

	195, 197	11:17-34	50, 51, 63, 72, 113
6:12-20	274	11:21-22	63
6:14	168	11:23-25	65, 67
6:19	111	11:33	64, 113
7:1-2	92	12:1-3	112
7:1-24	84, 89	12:1-11	166
7:1-40	274	12:1-14:40	274
7:8-9	92	12:3	43, 49, 166, 167, 196
7:15	89		
7:26	95	12:7	170
7:27-28	95, 96	12:8	283
7:29	96	12:8-10	112, 166, 170
7:32	94	12:13	43, 171
7:32-34	92	12:28-30	112
7:32-38	95	12-14장	200
7:35	94	13:4	284
7:39	90, 91	13:5	284
8:1-13	69	14:26	112
8:1-11:1	274	15:1-58	274
8:4	69	15:15	168
8:5	49	15:23	146
8:6	46, 50, 138	15:24	146
8:11		15:28	148
9:1-27	282(각주 37)	15:31	286
9:12	282	15:51-52	146
9:20-22	111, 273		
11:2-34	274	고린도후서	

1:1	51		6:3-10	191
1:1-11	275		6:7b-10	284
1:4-10	282		6:8b-10	285
1:12-2:11	275		6:14-7:1	275
1:12-7:16	275		7:5-16	275
1:22	43, 150		8-9장	275
1-7장	275		10-13장	275
2:4	282		10:2	277
2:14-3:6	275		10:3-4	285
3:7-5:10	275		10:10	276
1-7장	275		11:4	276
4:10-11	285		11:6	276, 277
4:11	286		11:18	277
4:14	168		11:16	276
5:5	150		11:22-23	276
5:11-6:10	275		11:23-27	191, 283
5:14,15	138		11:28	282
5:17	190, 194, 203		12:12	277
5:17-21	281		12:14-13:10	275
5:18	191		13:11-13	275
5:19	284			
5:21	192		갈라디아서	
6:1	286			
6:1-10	279-286		1:1	115, 168
6:1-2	281, 286		1:15-16	272
6:2	190		2:11-12	69
6:3-7a	281-284		2:16-21	192

색인 315

2:21	138	1:9-10	145
3:26	46, 49, 167	1:10	168
3:26-28	41, 45, 194, 197	4:3,4,7	42
3:27	41, 49	4:13-18	148
3:28	45, 47	4:15-16	145
5:22-23	170, 284	4:17	146
5:25	284	5:8	285
		5:10	138
		5:17	116

에베소서

골로새서

1:4-5	115		
1:7-8	115		
1:9	115	2:12	168
1:13	43	2:13	168
4:30	43		

디모데전서

빌립보서

2:6-11	114-115	3:2	82
3:8	284	3:12	82
3:12	288		

디도서

4:6	116		
4:7-8	273	1:6	82
4:12	282		

히브리서

데살로니가 전서

		4:14	143
1:9	39	5:1-10:39	143

5:5-10	143	9:25-26	143
7:20-23	143	9:28	146
9:6-14	143	10:25	146
9:11-12	143	13:20	168

저자소개

　1957년 서울에서 태어나 이화여자대학교 기독교학과 학부, 대학원 졸업하고 박사과정 중, 1983년 여름 세계교회협의회(WCC) 장학생으로 독일로 유학, 1996년 2월 독일 Gerog-August-Universität (Göttingen) 신학부에서 신약신학 전공으로 박사학위(Dr. theol.)를 취득하였다.

　유학기간동안 지도교수 쉬테게만 박사(Prof. Dr. Dr. Hartmut Stegemann)의 신약학 관련 과목 뿐만 아니라 쿰란문서 관련 세미나에 참여하였고, 쉬테게만 교수가 이끄는 쿰란 필사본 연구소(Qumran Forschungsstelle)에서 조교로도 있었다. 1993년부터 1996년까지 매해 여름 2-4주 정도 예루살렘에 있는 성서-고고학 연구소(Ecole Biblique et Archeologique in Francais)에 머물면서 쿰란 문서 필사본이 보관된 록펠러 박물관을 오가며 필사본을 직접 보며 연구하였으며, 세계적으로 권위 있는 쿰란 문서 연구자들을 만나 사귈 기회를 가졌다. 박사학위 논문은 구원과 관련하여 쿰란 문서와 세례요한, 역사적 예수와 바울의 입장을 비교하는 내용이다.

　박사학위를 마친 후 1996-2005년 10년 동안 국내에서 이화여대, 연세대, 한신대, 협성대, 강남대, 목원대, 배재대, 한남대, 장신대, 감신대, 서울여대, 명지대,대한성서공회 등에서 신약성서와 기독교에 관해 강의하고, 한신대, 한남대, 배재대에서 겸임교수를 역임했다. 현재는 세종대학교 교양학부 교수로 재직 중이다.

　저자는 주로 신약성서와 쿰란 문서에 관한 연구를 하고 있다. 주된 관심은 신약성서를 기록하고 전수한 초기 그리스도교의 경건 생활과 신학, 그리고 쿰란 문서를 기록하고 소장하며 유대교의 전통을 지켜온 쿰란공동체의 경건 생활과 신학에 있다. 최근 수년간 이 두 공동체를 비교하는 논문을 꾸준히 발표해왔다. 앞으로 쿰란 문서와 신약성서에 관한 연구를 계속할 예정이다.

　저서로는『고린도후서』(대한기독교서회 창립100주년 기념성서주석 39), (서울: 대한기독교서회, 1999); 공저『신약성서개론』(서울: 대한기독교서회, 2002) 등이 있다.

쿰란 공동체와 초기 그리스도교

2008. 7. 13. 초판 1쇄 발행

지은이   김 판 임
발행인   이 두 경
발행처   비블리카 아카데미아
           등록   1997년 8월 8일, 제10-1477호
           주소   서울시 광진구 광장동 114번지
                  크레스코 빌딩 102호
           전화   (02) 456-3123
           팩스   (02) 456-3174
           홈페이지   www.biblica.net
           전자우편   biblica@biblica.net

값은 표지에 기재되어 있음
ISBN 978-89-88015-14-8   93230